LES

ÉTATS-UNIS

ET LE CANADA

LES ÉTATS-UNIS

ET

LE CANADA

PAR

M. XAVIER MARMIER

DE L'ACADÉMIE FRANÇAISE

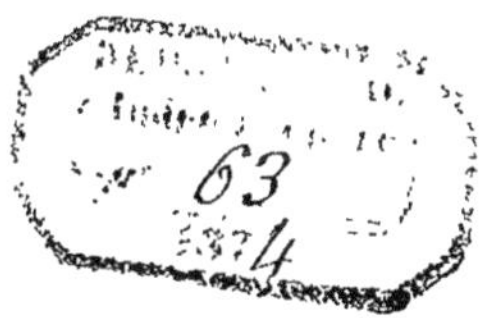

TOURS

ALFRED MAME ET FILS, ÉDITEURS

M DCCC LXXIV

AVIS DES ÉDITEURS

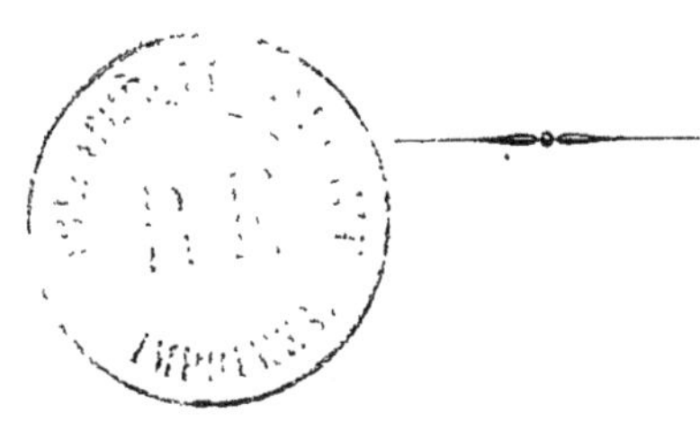

M. Xavier Marmier a bien voulu détacher de son roman intitulé *Gazida*, et surtout de ses récits de voyages en Amérique, des études historiques, pittoresques, morales sur les États-Unis et le Canada, et en former le volume que nous publions.

Il y décrit avec non moins de vérité que d'*humour* les puissantes villes de *la grande république*, et cette nature admirable du nouveau monde, qui, elle du moins, n'est pas atteinte de quakerie.

Mais la main du peintre s'émeut dès qu'il lui faut représenter à nos yeux le Canada, qui fut une colonie, ou plutôt une province de la vieille France, et qui a conservé non pas seulement l'amour du nom français, mais, hélas ! plus fidèlement que ne l'a fait la patrie même, la foi et les simples mœurs de nos pères.

Sans aucun doute, la jeunesse qui lit et qui étudie recevra avec gratitude une marque de bienveillance que lui donne pour la seconde fois l'éminent académicien.

ÉTATS-UNIS

ET LE CANADA

I

LE DÉPART

Le temps n'est plus où l'on pouvait considérer comme
une entreprise audacieuse une traversée de l'Océan, et
tirer quelque vanité d'un voyage dans les régions trans-
atlantiques. Trois siècles et demi sont écoulés depuis que
Christophe Colomb, cette grande gloire d'une nouvelle ère,
s'embarquait dans le petit port de Palos pour s'en aller,
dans l'ardeur de sa foi, dans la conscience de son destin,
à la recherche de l'empire du Cathay et des autres régions
merveilleuses décrites par Marco Polo. Depuis cette époque, le globe a été parcouru, exploré dans tous les sens.
Espagnols et Français, Anglais et Portugais, tous les
peuples se sont jetés à l'envi dans cette croisade qui leur
promettait, non plus comme celles que prêchait Pierre
l'Ermite, les saintes reliques du christianisme, mais les
découvertes de la science, les richesses d'un autre monde,
les temples aux colonnes d'or des intérêts matériels.
Chaque nation a eu, dans cette immense entreprise, sa
part de combats et sa part d'honneur, et comme dans le
royaume de l'Évangile, où le triomphe est promis aux
cœurs humbles, plus d'un pauvre petit navire a obtenu

dans sa course aventureuse plus d'un succès envié par les vaisseaux superbes des rois. Maintenant, du pôle nord au pôle sud, il n'est pas un point qui n'ait été signalé par les navigateurs, mesuré, ou tout au moins noté par les géographes. L'imagination de Daniel de Foe ne pourrait promener dans l'espace un nouveau Robinson, sans qu'on indiquât la latitude précise de ses stations. Si la mer, qui, dans sa suprême puissance, accepte sans s'en soucier les orgueilleuses tentatives des hommes, si la mer, où tout s'efface, conservait sur ses lames mobiles les vestiges des navires qui l'ont traversée, on la verrait, comme un champ de la Beauce, sillonnée dans toute sa longueur par une active charrue.

En moins de temps qu'il n'en fallait autrefois à un honnête bourgeois pour se rendre par le coche de Lyon à Paris, on franchit, dans le tourbillon de fumée d'un bateau à vapeur, un millier de lieues. Vous vous embarquez un beau matin sur un steamer de Liverpool, et en assistant chaque jour à des dîners homériques, chaque soir à d'énormes libations, vous arrivez en moins de deux semaines sur une plage du nouveau monde, vous passez du comfort d'un hôtel anglais à la prodigalité d'un hôtel américain, sans avoir vu s'éteindre, dans le trajet, le feu d'une abondante cuisine, ou tarir les flots de vin de Bordeaux et de wiskey.

« Cependant, dit Mme de Staël, tout est solennel dans un voyage dont l'Océan marque les premiers pas. » Cette mer si calme et si belle à voir dans la rade, cette mer qui de ses flots azurés caresse mollement les flancs du navire, qui par son doux murmure vous invite, comme le pêcheur de Gœthe, à vous confier à ses nappes d'écume, à ses vagues limpides ; cette mer inconstante, cette sirène trompeuse, on connaît ses mensonges, ses caprices et ses fureurs. Aujourd'hui elle se courbe devant vous comme une esclave ; demain, peut-être, elle se soulèvera avec une rage implacable et vous brisera sur un écueil.

Sur les bords du quai, et le long de la jetée du Havre, une quantité de spectateurs sont réunis pour assister au départ du large paquebot américain qui chaque mois va à New-York. Un grand nombre d'entre eux sont attirés là par la curiosité, d'autres par l'intérêt matériel, qui pour eux est engagé sur ce bâtiment, et beaucoup d'autres par un sentiment d'affection. Au moment où le navire, remorqué par un bateau à vapeur, quitte le bassin où il a reçu sa cargaison et rase les blocs de granit du môle, des saluts s'échangent entre ceux qui s'en vont et ceux qui restent ; à défaut de la voix, qui des bastingages à la jetée ne peut plus se faire entendre, des mouchoirs et des chapeaux agités en l'air transmettent d'un endroit à l'autre, comme un télégraphe électrique, un dernier souvenir et un dernier vœu. Plus d'un cœur qui se croyait aguerri aux lointaines excursions, se sent alors saisi d'une impression de tristesse qu'il essaye en vain de surmonter. Plus d'un passager pose, en détournant la tête, sa main sur ses yeux et la retire humectée de larmes. A cette heure des longs adieux, à ce moment suprême, combien de rêves qui par leur prestige éblouissaient naguère l'imagination, s'effacent devant les regrets du passé et les appréhensions de l'avenir. On s'est laissé séduire par l'ambition d'essayer ses forces dans une nouvelle tentative, par le désir d'occuper son esprit d'une nouvelle étude, de voir de nouveaux horizons. On a voulu partir, on s'est dérobé aux tendres anxiétés d'une mère, aux indulgentes remontrances d'un ami. A présent qu'on est là sur le pont du navire, aux bords de cet Océan sans fin, on revient par la pensée aux lieux où l'on a vécu et que l'on va quitter. Ah ! la paisible retraite qu'on s'était plu à décorer selon ses goûts ! Ah ! la maison de prédilection où chaque jour on était sûr de trouver un doux sourire et un doux entretien ! Ah ! les êtres aimés ! qui

sait quand on les reverra ou comment on les reverra !
L'absence est une sorte de mort. L'oubli croît sur les pas
de celui qui s'en va, comme sur la pierre des tombeaux.
Quelle que soit la modeste attente du voyageur, il est
difficile qu'à son retour elle ne soit pas trompée. Ou un
anneau se sera brisé dans le cercle d'affections qui entourait son existence, ou ce cercle aura changé de face.
Présent, il eût pu prévenir peut-être ce changement, ou
tout au moins s'y préparer; absent, il doit, en l'apprenant tout à coup, en être frappé comme d'une amère
déception.

Tandis que je me laisse aller à ces réflexions, le bâtiment sort de la rade et s'avance fièrement en pleine mer.
Bientôt les maisons du Havre s'affaissent derrière les
vagues ondulantes. Tous les passagers regardent encore
cette ville qui semble fuir dans l'espace. Moi, qui n'ai
point eu de capitaux à semer dans les sillons de cette cité
du commerce et qui n'y ai connu d'autres démonstrations
courtoises que le salut de profession et le sourire stéréo-
typé dont un maître d'hôtel accompagne sa note, je ne
cherche point à voir les derniers contours de ses remparts. Mais aussi longtemps que la terre se distingue des
flots, où peu à peu elle s'efface, mes yeux restent fixés
sur la cime fugitive des coteaux de Honfleur.

Sur le plateau de Honfleur il y a une chapelle consacrée à Notre-Dame de Grâce, à la patronne des matelots,
à la Vierge sainte que les litanies nomment : *Stella maris,*
étoile de la mer, étoile plus ravissante pour les âmes
pieuses, à l'heure du péril, que celle que les Suédois
émaillent sur leur décoration de *Nordstierna,* avec cette
fière devise : *Nescit occasum* (elle ignore la chute). Nul
architecte protégé par le conseil des bâtiments ne s'est
appliqué à faire de cette chapelle une œuvre d'art; nul
Froment Meurice ne l'a décorée d'une de ses précieuses
orfévreries; nul peintre de l'école impériale ou de l'école

romantique n'y a déposé un de ses tableaux célèbres dans les annales de l'exposition. Très-humble est son entrée, très-humble aussi sa nef. Quelques images grossièrement peintes ornent ses murailles, quelques candélabres en bois doré brillent sur ses autels. Mais chacune de ces naïves peintures qui représente une barque battue par les flots est l'*ex-voto* d'un cœur reconnaissant, et chacun de ces candélabres est presque constamment rempli de cierges dont la flamme s'élève vers le sanctuaire de la Mère de Dieu, comme un symbole de l'élan religieux des âmes émues qui l'implorent dans leurs angoisses, ou la remercient dans leur bonheur.

Le jour où je visitai cette chapelle, c'était un jour de fête. De la ville de Honfleur, du frais village d'Ingouville, de plusieurs hameaux de la cité, les pèlerins arrivaient là en grand nombre, s'agenouillaient sous la voûte, sous le portique, assistaient dévotement à la messe, puis se répandaient dans le préau qui touche à l'église, et s'asseyaient çà et là au pied des tilleuls, entre cette mer dont chacun d'eux connaît les orages et cette modeste chapelle où chacun d'eux aime à fixer son espoir. Il y a dans tout ce qui tient à la mer, dans la sérénité de son calme suprême, dans la fureur de ses tempêtes, une poésie sublime dont les matelots, les pêcheurs ont une profonde compréhension et qui éclate dans leurs naïfs entretiens, dans leurs traditions et leurs usages religieux, bien plus que dans les dithyrambes de salons. Chaque fois que j'ai retrouvé l'expression de cette poésie, soit sur l'avant d'un navire en prêtant l'oreille aux causeries du mousse ou du gabier, soit dans quelques-unes de ces chapelles vénérées des marins, je me suis dit : Là est le vrai, et j'en ai gardé une vive émotion.

En contemplant, quelques jours après, du haut du paquebot américain les collines de Honfleur, je pensais à ces braves gens qui s'en allaient là invoquant le secours

de Celui qui commande aux flots, soulève ou apaise les
vents, et, selon les paroles du Psalmiste, change en calme
la tempête.

. . . .

Me voilà loin de mon paquebot ; j'y reviens avec l'amer
sentiment de ce que j'ai déjà souffert en pareille occur-
rence : averses et rafales, fatigues du roulis, secousses
du tangage, et l'interminable longueur des jours et l'in-
somnie des nuits, et les autres misères d'une traversée.
Cependant ce navire a pour moi un aspect tout nouveau.
Il me présente par anticipation un échantillon des mœurs
du pays que je vais parcourir.

Nous avons un équipage de vingt-quatre hommes,
appartenant à trois ou quatre nations différentes : Américains, Hollandais, Français, s'entendant entre eux dans
cet étrange dialecte des marins, composé de toutes sortes
de bribes des langues européennes. Plusieurs de ces matelots seraient pour un peintre de physionomies excen-
triques, tel que Cooper, un curieux sujet d'analyse. Ils
n'appartiennent point comme nos marins à tel ou tel
port, à telle ou telle entreprise. Leur patrie est la mer,
leurs foyers les navires sur lesquels ils s'embarquent.
De celui-là, ils s'en vont sur un autre avec la même faci-
lité que le Tartare abandonne le pâturage épuisé de la
steppe, et transporte plus loin sa tente nomade. Charre-
tiers de l'Océan, leur métier est d'aller et de venir, de
hisser et de carguer des voiles, de charger et décharger
des cargaisons, n'importe en quel lieu, sur quel port, à
quelle latitude. Leur indépendance de caractère ne leur
permet pas de se mettre au service d'un État, ou d'une
compagnie de commerce, pour un temps indéterminé.
Ils ne s'engagent que pour un voyage, après quoi ils serrent leurs dollars dans leur poche, et sont à la disposition du premier armateur qui veut les payer. Des froides
régions du Nord, ils partiront du jour au lendemain

pour les Indes, des Indes pour l'Amérique. Pourvu que
la nourriture soit suffisante et la solde convenable, le
changement de climat leur est parfaitement indifférent.
Leur vie n'est-elle pas tout entière concentrée entre les
bastingages de bâbord et de tribord, et un navire ne
ressemble-t-il pas toujours plus ou moins à un autre
navire ?

Je m'amuse quelquefois à causer avec un de ces matelots, Français d'origine, qui, avec sa barbe grise et sa
veste en laine d'un jaune pâle, ressemble à un vieux
phoque. Les notions de patrie et de parenté sont à peu
près complétement effacées dans son esprit; il croit qu'il
est né à Landerneau, mais il n'en est pas très-sûr. Embarqué comme mousse à l'âge de dix ans, il n'a plus eu
de nouvelles de sa famille depuis quarante ans, et il a
tout lieu de penser que son père et sa mère sont morts.
Quant à ses voyages, il en parle comme nous parlerions
d'une excursion de Paris à Saint-Germain. Il a doublé
six fois le cap Horn, sept ou huit fois le cap de Bonne-
Espérance. Il a été à la pêche de la baleine au Groënland, et à la pêche des perles à Ceylan. Il se souvient
qu'une fois il a eu froid dans le détroit de Behring, et
qu'une autre fois, à Java, il ne savait comment faire pour
se préserver de l'ardeur du soleil. Des orages qu'il a
subis, des avaries dont il a été témoin, des temps de cap,
des voiles enlevées et des mâts brisés, il n'en est pas
question. Un soir que le ciel s'était couvert de nuages
noirs, indice ordinaire d'un coup de vent, comme nous
touchions à l'équinoxe, je lui demandai s'il ne pensait pas
que le lendemain nous aurions une tempête. Sans prononcer une syllabe, il jeta sur moi un regard rempli d'un
dédain superbe. Ce regard voulait dire : Pauvre voyageur
d'eau douce! une tempête! est-ce qu'un homme se soucie d'une tempête ?

Ces matelots exécutent toutes leurs manœuvres en

chantant, d'une voix gutturale, des chants dont l'accent
mélancolique a un singulier charme. L'un entonne la
mélodie maritime, les autres répètent en halant la bou-
line, et les voiles et les cordages se meuvent, pour ainsi
dire, en mesure à chaque cadence musicale. J'imagine
que les pierres dont Amphion construisait des cités marchaient ainsi aux sons de sa lyre. Souvent ces chants
n'ont à peu près aucun sens ; ce ne sont que des mots
sonores, coordonnés par une règle d'harmonie. Mais
quelquefois les matelots improvisent une sorte de ballade,
dans laquelle ils racontent ou les plaisirs ou les contra-
riétés de leur navigation. Ainsi, le lendemain de notre
départ, à la suite d'une altercation que quelques-uns
d'entre eux avaient eue avec le lieutenant, ils chantaient
à pleine voix un refrain où ils disaient en termes assez
nets : « Le capitaine est bon enfant, le lieutenant un
vaurien. » Un tel fait ne donne pas une haute idée de la
discipline de bord ; mais on sait que sur les bâtiments
de commerce la discipline n'est pas forte.

II

EN MER

Notre paquebot américain est destiné particulièrement
à transporter, à chacun de ses voyages dans le gouffre
de New-York, une légion d'émigrants, que d'habiles
agents recrutent dans toutes les contrées de l'Europe,
pour la grande arène agricole et industrielle de l'Amérique.

A la place réservée sur notre navire pour les passagers
de première classe, il y a une quinzaine d'individus dont
je n'ai point à m'occuper ; ce sont des négociants que

l'espoir d'une fructueuse spéculation conduit dans le nouveau monde, qui possèdent dans leur portefeuille une bonne liasse de billets de banque ou une ample lettre de crédit, et ne songent, quant à présent, qu'à se distraire, par tous les moyens possibles, des ennuis de la traversée. Ils font de longs déjeuners et de plus longs dîners, jouent aux cartes, boivent de nombreux verres de grog, et fument des quantités de pipes ou de cigares. A diverses reprises quelques-uns ont essayé d'entrer en conversation avec moi. Peut-être me prenaient-ils pour quelque sournois concurrent, ou quelque mystérieux inventeur d'une nouvelle machine. En découvrant que je n'étais associé à aucune entreprise industrielle, que d'ailleurs je ne manifestais aucun goût pour leurs bruyants banquets, ils m'ont abandonné à mon inutilité.

Sur l'avant du bâtiment sont les prolétaires, les ilotes de cette maison flottante, les ouvriers de cette fourmilière, et ceux-là font un triste trajet. La compagnie d'émigration les transporte d'un endroit à l'autre à très-bas prix; mais, pour le minime tribut qu'elle leur impose, elle les charrie comme des bestiaux dans les wagons ouverts à tous les vents; elle les entasse sur ses navires, pêle-mêle avec des amas de marchandises; elle leur donne le plus rude moyen de locomotion, et ne s'en occupe plus.

Quel contraste entre la situation de ces pauvres gens, auxquels les premiers éléments de bien-être sont mesurés avec tant de parcimonie, et les patriciens du quartier aristocratique du navire, qui occupent une bonne cabine, disposent de plusieurs domestiques et s'assoient deux ou trois fois par jour à une table richement servie! Matin et soir les plébéiens nomades de la colonie voient défiler devant eux les volailles rôties, les quartiers de bœuf fumés de Hambourg, tandis qu'ils n'ont à partager entre eux qu'un morceau de pain noir et une parcelle de lard rance. Souvent, à la courte distance qui les sépare de la salle à manger de leurs riches compagnons de voyage, ils peuvent entendre sauter les ouchons des bouteilles de vin de Champagne, et respirer l'arome odorant des tasses de café, tandis qu'ils n'ont pour toute boisson que l'eau jaunie dans les caisses de fer.

Quelques centaines de *markbanko* m'ont fait inscrire au nombre des privilégiés du navire. Autrefois mes regards se seraient naturellement dirigés du côté de la gent souffreteuse, et son aspect aurait éveillé mes sympathies; mais une fatale tristesse m'a détourné de ce sentiment d'humanité, et je suis resté pendant plusieurs jours froidement indifférent à ces misères, si voisines de moi. J'ai passé une partie de mon temps enfermé dans ma cabine, une autre à me promener à l'écart sur le pont, concentré en moi-même.

C'est le hasard qui m'a conduit près de ceux dont j'aurais dû me rapprocher par un mouvement naturel de charité. Un matin le capitaine nous parla à déjeuner d'un de ses passagers malades, dont il ne comprenait pas la langue et qui ne comprenait pas davantage l'allemand. « Je crois, ajouta-t-il, que c'est un Suédois, et je ne sais comment faire pour m'entendre avec lui. »

Un de mes plus agréables souvenirs est celui d'un voyage que je fis, il y a quelques années, en Suède. J'ai conservé pour cette romantique région une prédilection particulière; j'ai appris sa langue, et je crus pouvoir offrir au capitaine de lui servir d'interprète, ce qu'il accepta avec empressement. Un instant après nous descendions ensemble dans les profondeurs de l'entre-pont.

Dans les plis d'une toile de hamac, sans matelas, sans oreiller et presque sans couverture, était étendu un jeune homme, dont la pâle figure m'est apparue comme une des plus touchantes images de la pauvreté.

Il souffrait d'une fièvre de langueur, produite par le défaut de nourriture ou par des aliments indigestes et par une atmosphère malsaine. Aux questions que je lui adressai, il répondit d'une voix débile quelques mots qui ne pouvaient me laisser aucun doute sur les privations qu'il avait endurées. Le capitaine, dont j'invoquai la commisération, et qui, lui-même, sous sa rude écorce de marin, se sentait attendri à l'aspect de ce malheureux, le fit transporter dans la dunette, et me promit de le confier aux soins d'un attentif sommelier.

Nous n'avons point de médecin à bord ; mais une couche meilleure, un air plus pur et un bon régime suffiront peut-être pour relever les forces de ce jeune émigrant ; il m'inspire un vif sentiment de pitié ; j'irai le revoir, et, autant que je le pourrai, je ferai en sorte que les prescriptions du capitaine ne soient pas oubliées.

Après avoir rempli ma première tâche d'interprète, je rentrai dans le gîte d'où l'on venait d'enlever le malade, et me mis à observer cette sombre retraite avec une émotion dont je voudrais, s'il se peut, donner une idée.

Qu'on se figure une espèce de grotte ténébreuse en bois, si basse qu'un homme de taille moyenne ne peut s'y tenir debout ; l'air n'y pénètre que par la porte de l'escalier, la lumière par l'écoutille ouverte à l'une de ses extrémités, et çà et là, par les verres opaques des hublots. Une quarantaine de personnes seraient étroitement logées dans ce sinistre endroit, et près de cent cinquante individus, hommes, femmes, enfants et vieillards, y sont entassés avec leurs couchettes, leurs vêtements, leurs bagages et leurs provisions.

Les Anglais et les Américains parlent avec une tendre componction de la rigueur des négriers. Je ne pense pas que sur les navires employés à la traite des noirs on puisse voir un aménagement plus cruel que sur ce clipper américain, qui s'honore de faire la traite des blancs.

Depuis notre départ de Hambourg nous avons eu, presque chaque jour, un mauvais temps : tantôt des brumes froides, tantôt des rafales violentes et une mer houleuse. La plupart des pauvres gens casernés dans cet entre-pont n'en peuvent sortir par ces fatales intempéries. Les femmes sont malades, les enfants pleurent, les vieillards grelottent, appuyés contre les ais du bâtiment, par où suinte une froide humidité. De quelque côté que je tourne mes regards, je distingue dans l'ombre des visages blêmes, des corps amaigris, des êtres languissants. On dirait une salle d'hôpital, et n'est-ce pas l'hôpital des pauvres, des déshérités de la terre, des vaincus et des blessés dans la bataille de la vie ?

Je suis resté là je ne sais combien de temps, dans une sorte de sinistre enlacement qui me retenait captif comme un cercle magique, dans un saisissement de cœur qui paralysait en moi la parole et l'action.

. . . .

Le temps s'est adouci. Le ciel s'est épuré. Le vent impétueux qui, selon l'expression intraduisible de nos matelots français, nous faisait *bourlinguer,* s'est changé en une brise régulière, à l'aide de laquelle nous filons paisiblement nos six à sept nœuds à l'heure, dans la direction de l'ouest.

La colonie d'émigrants est sortie de son atmosphère méphitique, et peu à peu s'est rangée sur le pont, qui deçà, qui delà, au pied du beaupré, autour du mât de misaine, et jusque auprès du grand mât, que les règlements ne lui permettent pas de franchir.

En songeant à tout ce qu'elle a dû souffrir dans son étroit réduit, par les roulis et les tangages, j'éprouve un agréable soulagement à la voir se récréer au grand air et se réchauffer aux rayons du soleil.

Les vieillards fument tranquillement leurs pipes ; les

jeunes gens, plus actifs, aident aux manœuvres des matelots ou causent bruyamment entre eux; les enfants courent étourdiment de côté et d'autre, et quelquefois trébuchent, tombent et se relèvent en riant ; les femmes sont assises le long des bastingages, leur aiguille ou leurs ciseaux à la main : mères de famille ou jeunes filles, toutes ont leur tâche d'ouvrière : un vêtement à réparer, une robe à coudre, un tricot à finir.

Peu à peu j'ai pris l'habitude de visiter plusieurs fois dans la journée cette humble population. Pour m'y faire amicalement admettre, je porte aux enfants les débris de nos desserts : des biscuits, des noix, des raisins secs. Déjà ils connaissent le moment de mon apparition et l'attendent avec impatience ; ils courent éperdument à ma rencontre, puis s'en vont tout joyeux montrer à leurs parents ce que je leur ai donné. Les mères me remercient par un regard ou un sourire. J'acquiers par là une sorte de droit de bourgeoisie au milieu de cette ambulante colonie qui, par sa variété de costumes et de physionomies, attire ma curiosité, et, par sa situation, excite mon intérêt.

Il y a là des gens de diverses contrées et de diverses conditions : des fermiers qui, après avoir longtemps cultivé les champs de leurs maîtres, se sont laissé entraîner par l'idée de devenir à leur tour propriétaires, avec un petit capital, dans les terrains encore incultes du nouveau monde ; des ouvriers séduits par ce qu'ils ont entendu raconter des gros salaires que l'on gagne, avec deux bras vigoureux, à New-York ; de naïfs utopistes qui, croyant avoir découvert un nouveau moyen de fortune, s'imaginent que leurs rêves ne peuvent nulle part mieux se réaliser que dans la vaste arène américaine ; enfin, il faut le dire, des marchands en déroute, des industriels d'un aloi plus ou moins équivoque, qui, à la suite de différentes crises, vont chercher un refuge dans les populeuses cités de l'Amérique, et y seront probablement un jour enrôlés dans les plus mauvaises castes, s'ils n'y meurent de misère.

En faisant cette nomenclature, je ne puis m'empêcher pourtant de songer que tous ces gens, quels qu'ils soient, ont eu dans leur bourgade ou dans leur village l'asile du foyer paternel, le toit béni de la famille; et ils dénouent ou brisent violemment les liens qui les unissaient à la terre natale, pour aller au hasard sur une terre lointaine, au sein d'une race étrangère; et jamais peut-être ils ne reverront ni la maison où s'écoula leur enfance, ni le tertre de gazon et la croix en bois du cercueil de leur père. Par quelles vicissitudes, par quelles amères déceptions, ou par quel vertige ces gens en sont-ils venus à se résoudre aux rigueurs d'un exil sur lequel ils s'abusent peut-être, mais où, peut-être aussi, un grand nombre d'entre eux subiront le sort si tristement décrit par Ovide?

> Exul, inops erres, alienaque limina lustres,
> Exiguumque petas ore tremente cibum.

En lisant des romans, nous nous attendrissons sur des infortunes fictives; au théâtre, nous assistons à des drames imaginaires; mais autour de nous combien de romans vivants et de drames réels qui restent ignorés!

Si simples que soient les circonstances dans lesquelles la plupart de ces émigrants ont vécu, et les motifs qui les ont portés à s'expatrier, il y a là plus d'une histoire touchante. A mesure que nous descendons des hautes régions dans lesquelles a été si longtemps concentrée l'invention des drames et des romans, et que nous touchons aux fibres d'une nature humaine plus humble que celle des Agamemnon, mais plus vivace et plus vraie, on doit être surpris de voir combien de larmes peuvent contenir les yeux de l'homme du peuple.

J'ai remarqué ici une vieille femme qui porte le costume des paysannes de la forêt Noire, qui malgré son grand âge est vive et alerte, fait elle-même toute seule son petit ménage, et, lorsqu'elle a fini, s'assied sur son coffre, met ses lunettes sur son nez, lit une page de la Bible, puis tricote des bas. Elle a soixante-dix ans. Avant de mourir, elle a voulu, dit-elle, revoir son fils qui est établi depuis une trentaine d'années en Amérique. Comme il ne pouvait entreprendre lui-même ce voyage, c'est elle qui un beau matin s'est décidée à quitter sa paisible maison, son enclos, son jardin, pour s'aventurer sur la grande mer, pour porter à son cher enfant la bénédiction maternelle et celle que son mari lui a léguée à ses derniers moments. « Mais en partant, lui ai-je dit, vous vous êtes sans doute résolue à ne jamais revoir votre belle Allemagne, à finir vos jours près de votre fils? — Non pas, non pas, m'a-t-elle répondu, je reviendrai. J'ai d'autres enfants qui m'attendent dans le village de Neukirche ; des enfants, reprit-elle en baissant la tête, qui ne sont plus de ce monde, qui dorment dans le cimetière avec leur père; et que diraient-ils, et que dirait mon bon Sépélé, avec qui j'ai vécu si heureuse pendant près de quarante ans, si je n'allais reposer à côté d'eux ? »

Le jeune Suédois malade a aussi son drame ; il s'appelle Éric, comme les anciens rois de son pays ; mais je ne pense pas qu'aucune royauté lui soit réservée en ce monde. Il est le fils d'un bûcheron de la Smaland ; il n'avait que trois à quatre ans lorsque sa mère mourut. Quelque temps après, son père se remaria ; il croyait lui donner une nouvelle mère, et ce fut une marâtre, avare, rude, cruelle, comme celle dont les Danois ont fait une émouvante légende dans leurs *Folkviser*. Cette femme traita sans pitié le pauvre enfant confié à ses soins, le priva de nourriture et de vêtements. De là vient sans doute que ce garçon, qui a près de dix-huit ans,

ne paraît pas en avoir plus de douze, tant il est faible.
Subjugué, dès sa première enfance, par sa redoutable
belle-mère, il vécut dans une telle crainte qu'il n'osait
même se plaindre des rigueurs qu'il endurait. Quelquefois cependant son père, en revenant de la forêt, le trouvait pleurant et grelottant à la porte de sa cabane, et
intervenait en sa faveur ; mais alors la méchante femme
accusait le pauvre être débile de toutes sortes de vices,
et le bonhomme, pour avoir la paix du ménage, cessait
son plaidoyer, et l'enfant craintif baissait la tête comme
un coupable. A dix ans, en vertu de la loi suédoise qui
oblige tous les parents, sans exception, à donner à leurs
enfants l'instruction au moins élémentaire, il fut envoyé
à l'école du village, et y apprit promptement à lire et à
écrire. Sa belle-mère, irritée de l'éloge que l'instituteur
faisait de lui, mit bientôt fin à ses études, et, pour ne plus
le voir, chercha à lui procurer dans quelque ferme éloi-
gnée un emploi de domestique ; mais à l'aspect d'Éric,
si petit, si grêle, les paysans déclaraient qu'ils ne pouvaient l'employer à aucun de leurs travaux ; l'un d'eux
enfin consentit à le prendre pour garder ses moutons.
« J'étais très-bien dans cette ferme, me dit Éric, d'un
ton de voix touchante. Mon maître ne me battait pas, et
ne voulait pas que j'eusse faim, et au commencement
de l'hiver il me fit faire un chaud vêtement complet
avec ses vieux habits, et il me donna des chaussures.
Jusque-là je n'avais eu, dans la dure saison, qu'un pantalon de toile, et le plus souvent point de bas ni de souliers. » Malheureusement une nuit les loups pénétrèrent
dans le bercail et y enlevèrent deux moutons ; le lendemain, deux encore ; le fermier furieux le renvoya, et le
pauvre Éric, n'ayant pas d'autre refuge, fut obligé de
retourner dans la demeure paternelle. Sa belle-mère,
qui croyait être à jamais délivrée de lui, poussa un cri
de rage à son aspect, et, s'élançant sur lui un bâton à la

main, lui causa une telle frayeur qu'il n'osa franchir le seuil de la porte. Il s'enfuit dans l'étable. Quelques instants après, son père, qui avait vainement essayé de le défendre, vint le rejoindre, lui apportant du lait caillé et des pommes de terre. « Il était bien triste, dit Éric, qui me faisait ainsi son récit ; et comme il m'appelait avec douceur son cher enfant, je lui pris la main pour la baiser, et je vis deux grosses larmes rouler dans ses yeux. »

Dans la nuit même, son père partit pour Wexiö ; il en revint le jour suivant, ouvrit la porte de l'étable où Éric s'était tenu renfermé, et s'asseyant à côté de lui sur une botte de paille : « Il faut nous quitter, mon cher enfant, lui dit-il ; je vois que tant que tu resteras ici il n'y a nul repos à espérer ni pour toi ni pour moi. J'ai un cousin qui est établi à New-York, un habile menuisier qui fait, dit-on, de bonnes affaires ; j'ai pensé qu'il pourrait te prendre comme apprenti : c'est ce qui te conviendrait le mieux. J'ai été chez le marchand de bois pour lequel je travaille, et lui ai soumis mon projet, qu'il a approuvé ; il m'a lui-même tracé ton itinéraire, il m'a avancé l'argent nécessaire pour payer ton voyage. Voici cet argent, voici une lettre pour notre cousin, et un sac où j'ai mis plusieurs choses qui te seront utiles. Pardonne-moi, mon cher enfant, ce que tu as souffert, et puisse aussi ta bonne mère me pardonner, si elle voit ce qui se passe ici ! Mais le Seigneur, je l'espère, te récompensera de ta douceur, de ta patience, et un jour tu me remercieras de ma cruelle résolution. »

« Alors, ajouta Éric, nous nous sommes embrassés en pleurant. Le lendemain je suis parti. Le marchand de Wexiö n'avait pas justement calculé mes frais de voyage. Après avoir payé à Hambourg le prix de mon passage, je n'avais plus qu'une douzaine de skellings [1], avec les-

---

[1] Le skelling de Suède vaut dix centimes.

quels j'ai acheté dix livres de pain noir. Quand vous êtes venu me voir dans mon lit, il y avait deux jours que ma provision était épuisée. »

Voilà l'histoire que j'abrége, et dont je ne puis reproduire le naïf caractère. Éric me l'a racontée sans fiel, sans amertume, tout naturellement, comme si c'était une chose toute simple qu'il fût né dans une si triste condition, qu'il fût haï de sa belle-mère, et banni, par la commisération de son père, au delà de l'Atlantique. En l'interrogeant et en l'écoutant, j'éprouvais une émotion qu'il ne pouvait pas même deviner.

Même dans notre monde chrétien, il est des êtres qui sans cesse seront opprimés dans leur faiblesse, outragés dans leur innocence, contemplant, comme Tantale, les sources vivifiantes et ne pouvant y tremper leurs lèvres, y rafraîchir leur cœur.

Quand on observe le cours de leur malheureuse destinée, on se demande pourquoi ils sont condamnés à leur misère, quelle est la loi mystérieuse dont ils subissent l'arrêt, et quelle sera, pour tant de souffrances, leur rémunération. Une autre vie ! Sans une autre vie, comment expliquer la justice de Dieu ?

Près de ces déshérités de la joie et de l'opulence mondaines, nous avons une mission à remplir ; nous devons, autant que nos moyens nous le permettent, les assister dans leur détresse, les relever dans leur affaissement : c'est notre loi évangélique, c'est notre devoir d'humanité. Voilà ce que je me disais en pénétrant au milieu de ces émigrants, dont la plupart sont si dignes de pitié ; et, l'avouerai-je ? en leur portant quelques chétives aumônes et quelques faibles consolations, plus d'une fois je me suis senti ressaisi, dans mon mouvement de charité, par l'amer souvenir de plusieurs fausses expériences, par une glaciale étreinte de scepticisme. Oui, je songeais que peut-être ces vieillards, ces femmes, me trompaient

par une feinte misère, et peut-être se raillaient secrète-
ment de ma crédulité, et qu'en tout cas, quand ils n'auraient plus besoin de moi, ils ne me garderaient pas la
moindre gratitude. Mais quelle honte j'ai éprouvée de
mes indignes réflexions, quand j'ai vu comme ces pauvres gens s'aidaient entre eux libéralement, fraternellement! Oh! glorieuse pauvreté! tu es une rude institutrice;
mais que de nobles enseignements on peut recueillir à
ton école! « Il faut avoir été pauvre, dit un écrivain anglais, pour apprécier les qualités du pauvre et connaître
sa générosité. Le riche ne donne que son superflu. Le
pauvre donne ce dont il a lui-même besoin. »

Dimanche dernier, toute cette légion nomade, qui mé-
riterait une peinture plus détaillée, s'est réunie sur le
pont autour d'un jeune théologien d'Iéna qui va com-
mencer sur le sol américain ses fonctions de missionnaire. Le temps était beau, la mer paisible. Pour donner
plus de calme au service religieux, le capitaine avait
fait carguer plusieurs voiles, et le bâtiment se balançait
mollement à la surface des flots. Le service commença
par le chant des psaumes, puis le ministre fit son sermon. Certes, ce sermon n'était point ce qu'on eût dû
attendre en un tel lieu et devant un tel auditoire. Il ne
s'y trouvait pas un mot sur cet immense temple qui
pour parvis avait l'Océan, pour enceinte l'horizon sans
bornes, pour flambeau le soleil, pour orchestre le bruis-
sement des vagues, et pour voûte le ciel; pas un mot non
plus, un mot de cœur sur la situation de tant de malheureux qui abandonnaient la maison où ils étaient nés,
le sol où ils avaient grandi, la terre où ils avaient enseveli leurs pères, pour aller à tout hasard chercher une
autre existence sur une terre étrangère. Le jeune ministre
ne parut pas même y songer. A un tel tableau, à un tel
sujet d'émotions, il prononça d'une voix fort monotone
une banale homélie élaborée dans une de ses veilles uni-

versitaires, et destinée sans doute à lui servir de brevet de capacité près des coreligionnaires qu'il va chercher en Amérique. Une cérémonie catholique, une simple messe eût eu un caractère bien autrement imposant qu'un de ces offices, où l'homme fier d'avoir proclamé le principe de libre examen ne s'incline pas même devant la majesté de Dieu. Cependant, en dépit de la sèche nature du culte des réformateurs et de la froide harangue du ministre, c'était un grand spectacle que celui de cette foule rassemblée avec une intention pieuse sur le pont de ce navire au milieu de l'Océan.

La vieille femme de la forêt Noire m'a dit que cette célébration du dimanche nous porterait bonheur, et je suis tenté de le croire. Depuis qu'elle m'a fait cette prédiction, nous avons traversé les bancs de Terre-Neuve sans autre inconvénient qu'une brume épaisse et pluvieuse, et nous n'avons payé notre tribut à l'équinoxe que par quarante-huit heures de ce joli petit temps vulgairement appelé temps de cape. Il est vrai que quand on a joui de ce divertissement maritime, on peut s'en souvenir pendant plusieurs semaines et plusieurs mois. Alors le navire ôte fort civilement son bonnet à monseigneur le vent, plie en signe de soumission armes et bagages, et se dépouille du haut en bas de son dernier vêtement de toile, comme pour être mieux fustigé sur sa carcasse nue. Si le fantasque Éole est dans une de ses vraies colères, s'il a lâché les grosses outres de sa légion, le bénin navire n'a souvent rien de mieux à faire que de retourner très-lestement en arrière, fouetté, serré, chassé par l'ouragan, qui ne lui permet pas la moindre résistance : heureux s'il se trouve assez loin en pleine mer pour n'avoir pas à craindre de rencontrer trop tôt les rocs de la côte. Si, au lieu de rétrograder ainsi par le chemin qu'il a eu tant de peine à parcourir, il parvient à se maintenir à peu près en place, il n'y reste qu'en subissant de cruelles secousses. Des vagues gigantesques frappent avec fureur ses flancs comme les béliers et les autres machines de guerre devaient jadis frapper les remparts des villes assiégées. D'autres vagues s'élancent à l'assaut de la citadelle flottante, inondent le pont de leur écume et se retirent en frémissant par les sabords. Dans cette lutte ardente, le bâtiment trébuche et vacille comme s'il avait le vertige : tantôt tombant affaissé sur un de ses côtés, puis se relevant avec effort pour retomber sur l'autre; tantôt plongeant de toute la longueur de sa flèche de beaupré dans l'abîme béant, comme s'il voulait d'une seule fois en finir avec les misères de la vie, puis soudain se redressant de toute sa hauteur avec une magnifique indignation et bondissant sur la lame comme s'il s'enorgueillissait de la braver.

C'est un imposant spectacle que celui d'un orage dans les montagnes, de l'avalanche qui s'écroule, des arbres brisés par la foudre, des torrents qui se précipitent de cascade en cascade dans la vallée; mais plus imposant est le spectacle de la mer aux prises avec l'œuvre de l'homme isolé dans l'immense espace, le spectacle des éléments en fureur, hurlant, sifflant, mugissant sur tous les tons effroyables du gong, du tam-tam et de cent soufflets de forge autour de la frêle construction à laquelle est confiée une foule d'existences, qui n'a pour parvenir à son but qu'un gouvernail et des voiles, et dont la tempête rend inutiles à la fois les voiles et le gouvernail.

Que d'émotions s'éveillent dans le cœur à l'aspect de cette terrible beauté de la mer! Sans être Faust ou Manfred, parfois on éprouve une joie étrange, une sorte de joie sauvage à se sentir emporté, au bruit lugubre de la rafale, par les vagues écumantes comme par un coursier impétueux. Parfois on éprouve je ne sais quelle sombre fierté à se représenter le péril de l'orage plus imminent encore qu'il ne l'est réellement, à se dire qu'on l'affronte assez stoïquement et qu'en tout cas on a dans ces heures graves connu des impressions ignorées de la plupart des autres hommes. Puis bientôt, à l'aspect de ces flots dont nulle puissance humaine ne peut vaincre la violence, ni subjuguer la force, de ces nuages noirs qui courent avec le vent, de ce ciel sans azur, de ce désert des eaux cerclé d'un horizon de fer, on se trouve tout à coup saisi d'une pensée plus humble et plus chrétienne, et l'on s'incline, dans la conscience de sa faiblesse, devant l'image de l'infini.

Par suite de ces orages, nous avons assisté à une triste cérémonie, à l'ensevelissement d'un enfant. Le mal de mer à lui tout seul ne tue pas; mais quand il se joint à une autre maladie, il l'aide grandement à tuer. L'enfant que nous avons livré aux flots était déjà souffrant lorsque son père, pauvre ouvrier du Wurtemberg, l'apporta sur le navire. Les fatigues de la traversée, les misères de l'entre-pont l'ont achevé. Un soir, dans l'agitation de la fièvre, il disait à sa mère :

« Je vois bien que l'Amérique est trop loin, je ne puis y arriver sans m'arrêter en chemin. L'air est chaud, le soleil me brûle; mais là-bas je vois le Neckar, qui est si beau et si riant qu'il m'invite à me baigner dans son eau rafraîchissante. Ouvre-moi la porte du jardin, laisse-moi descendre vers le pont et me reposer dans le Neckar... »

Quelques heures après, il reposait dans l'Océan. Un matelot l'avait enveloppé dans une toile à voile, puis lié sur une planche : un cercle de passagers l'entourait dans un morne silence, le ministre prononça une prière, et la planche descendit dans les vagues. La mère et le père pleuraient dans l'entre-pont, et il n'était personne de nous qui ne comprît la rigueur de leur affliction. Perdre en mer un être que l'on aime, c'est le perdre deux fois. Ailleurs il semble qu'on ne soit pas aussi cruellement séparé de lui. Dans cette amère mémoire de la mort, dont parle la sainte Écriture, il y a une consolation à placer près de soi les restes de celui qui nous fut cher, à visiter le cimetière où il est enterré, à cultiver et à voir reverdir chaque année le gazon de sa tombe Les femmes du pays des Natchez croyaient respirer dans les fleurs l'âme de leur enfant ; les femmes turques, en se penchant dans leur douleur sur un sépulcre, croient que l'esprit de celui qu'elles pleurent, touché de leur souvenir, attendri par leurs larmes, se réveille de son sommeil et vient s'entretenir avec elles. Les chrétiens considèrent comme un symbole de la résurrection en laquelle ils ont foi, comme une image de la vie éternelle qui est leur espoir, les plantes qui croissent sur une sépulture, les roses qui s'y épanouissent au souffle du printemps; mais dans l'impitoyable sépulture de la mer, adieu ces tendres soins qui soulagent les regrets. Le navire ne s'arrête même pas pour la cérémonie funèbre. La même lame qui le pousse en avant emporte dans son repli le mort qu'on lui abandonne. En un clin d'œil elle s'est ouverte sous le poids du cercueil : en un clin d'œil elle s'est refermée, et rien à sa surface n'indique qu'elle vient d'engloutir une victime humaine. Si le cœur a, comme je n'en doute pas, sa boussole et son aiguille aimantée, ni cette boussole ni cette aiguille ne révèleront à la malheureuse mère qui se désole près de nous l'endroit où gît son enfant.

Cette mort a fait une triste impression sur plusieurs passagers malades, et comme, dans la monotonie d'un voyage nautique, toutes les impressions bonnes ou mauvaises arrivent à un rapide degré d'exagération, peut-être n'en aurait-il pas fallu davantage pour achever de démoraliser quelques caractères affaiblis par un long malaise. Par bonheur, le vent, après s'être fort occupé des navires qui voguaient dans une autre direction que nous, a daigné enfin se tourner de notre côté, et grâce à cette aimable attention, grâce aux qualités du *Havre,* renommé comme un fin voilier, nous franchissons en deux jours un large espace, nous filons à vol d'oiseau devant les George's Banks, nous touchons au parallèle de Long-Island. Un cri de triomphe retentit du haut des huniers : Terre ! terre ! Et tout le monde de se précipiter sur le pont et de chercher à l'horizon, qui avec une longue vue, qui avec des binocles, une ligne blanchâtre que l'œil exercé du marin peut seul découvrir à une énorme distance. C'était bien la terre pourtant, la terre qui va nous consoler des ennuis d'une traversée de trente-cinq jours, la terre que l'on salue comme si on n'espérait plus la revoir, avec le même enthousiasme que les compagnons éperdus du valeureux Christophe Colomb.

Le lendemain, une barque rasant les flots avec la légèreté d'une hirondelle, dépose sur notre bâtiment un pilote qui nous apporte des journaux américains ; nous y cherchons avec avidité les nouvelles de France qui ont dû arriver par les steamers de Liverpool. Mais des annonces de toute sorte, trois grandes pages d'annonces, une page sur les dernières élections de Philadelphie, sur la poudre d'or du Sacramento, et pas un mot de la France. Quel désappointement !

Trois heures après, un bateau à vapeur vient au secours de notre impatience. Maintenant nous pouvons rire du vent capricieux et de la marée. *L'Hercule* nous entraîne de toute la puissance de sa machine gigantesque. Nous voilà dans la magnifique baie de New-York, si vaste que les flottes du monde entier y tiendraient à l'aise ; puis nous entrons dans la rivière de Hudson, et cette fois, adieu les fatigues, les privations du voyage. Tout est oublié devant le grand et magnifique tableau qui se déroule à nos yeux : ici la ligne azurée de Long-Island ; là les vertes collines, les forêts de New-Jersey ; à droite et à gauche d'élégantes maisons de campagne, kiosques et châteaux à tourelles, pavillons aériens et habitations rustiques; sur la rivière une quantité de chaloupes, de goëlettes, de bateaux à vapeur qui voguent vers l'Europe, vers les Indes, vers les Antilles; et en face de nous, les clochers, les toits, les docks immenses, les légions de navires de New-York.

Nos passagers de l'entre-pont, encaqués pendant cinq mortelles semaines, comme des noirs du Congo dans la cale d'un négrier, courent et sautent sur le pont, et se serrent les mains, et sont si heureux que c'est un bonheur de les voir, en se rappelant tout ce qu'ils ont souffert, et qu'avant d'y poser le pied, je me sens disposé à aimer cette terre d'Amérique dont l'aspect seul fait battre tant de cœurs et enfante tant d'espérances.

III

NEW-YORK

Par une belle matinée, par une mer étincelante, nous sommes arrivés à New-York. A peine étions-nous ancrés dans le port, qu'une nuée d'éperviers, de vautours, de chacals, c'est-à-dire de taverniers et d'agioteurs de toute sorte, se précipitaient sur notre navire pour s'emparer des passagers, pour les entraîner dans quelque affreux repaire, décoré du nom d'hôtel, ou les séduire et les fasciner par l'appât d'un emploi fabuleux, ou d'un achat de terrain ruineux.

Les pauvres émigrants, qui s'embarquent sur un de ces navires, disposés tout exprès pour les transporter dans la grande armée de l'industrie américaine! Ce qu'il y a de plus dangereux pour eux, ce n'est pas la traversée de l'Atlantique, c'est leur débarquement dans cette capitale commerciale des États-Unis, qu'on appelle l'Empire-City; dans ce pandémonium de tant de richesses subitement acquises, et de tant de misères; dans cet immense réservoir où le torrent de l'émigration européenne jette à la fois ses ondes vivaces, son écume et son limon; dans cette Babel de tant de nations diverses, où le culte de la matière, l'amour du dollar, l'idolâtrie du veau d'or enfantent les plus fiévreuses convoitises et les plus funestes passions!

En quelques instants, notre navire a été dépeuplé, les bagages enlevés, les passagers dispersés de côté et d'autre. Il en est qui sont nés près du même clocher, qui viennent de passer six semaines ensemble, dans la plus étroite communauté, qui, dans quelques semaines, seront peut-être à six cents lieues l'un de l'autre, et ne se reverront jamais.

Quant à moi, mon but n'était point de m'arrêter dans ces cités américaines, dont je puis admirer la prodigieuse activité, mais où je n'entrevois rien qui séduise une pensée, rien, si ce n'est çà et là, dans de modestes retraites, quelques nobles études d'art, de poésie : savantes recherches de Prescott, récits historiques et romanesques de Washington Irving, délicieux chants de Longfellow, qui de temps à autre surgissent au milieu des rumeurs de la bourse, des discussions politiques et des arrivages de navires.

Ce qui m'attire, c'est la tradition et la poésie encore vivante de notre ancienne possession, de notre terre du Canada, découverte par Cartier, le pieux et hardi marin de Saint-Malo, colonisée par Champlain, convertie par nos missionnaires, illustrée par notre courage, arrosée de notre sang, et tout imprégnée encore des plus purs, des meilleurs éléments de notre nationalité.

C'est là que je veux aller, et comme l'oiseau nomade

qui, après avoir traversé l'Océan, ne s'arrête qu'un instant sur la plage et reprend son vol pour atteindre la région de son nid d'été ou de son nid d'hiver, je m'en irai, le plus vite possible, hors de cette zone républicaine, affairée, tumultueuse, dont les qualités ne m'inspirent aucune sympathie, et dont les vices me révoltent.

Toutefois, avant de quitter l'opulente capitale, je dois faire une halte pour y introduire le lecteur.

En posant pour la première fois le pied sur l'île fortunée de Mahattan, je n'éprouvais, faut-il l'avouer, qu'un très-vulgaire désir, le désir de savourer, après l'infâme boisson corrompue qu'on nous avait constamment servie à bord, un véritable verre d'eau pure, et de me mettre au lit. A peine le dernier de ces vœux était-il réalisé, que j'entendis tinter la cloche d'une église voisine. Ce tintement me rappelait celui qui autrefois m'avait souvent frappé à Stockholm par une harmonie mélancolique ; et soudain, par la magique puissance que l'assimilation des sons exerce sur l'esprit, me voilà de songer à la romantique capitale de la Suède. Je me représente le pittoresque tableau de ses édifices gothiques et de ses maisons modernes, son port sur le lac Mélar, ses chaloupes conduites par des Dalécarliennes et son Diurgarden chanté par Bellemann. Je m'imprègne tellement la pensée de ces riantes images que toute la nuit j'y rêve, et que mon rêve m'emporte tour à tour sur les hauteurs du Mosebacka, dans le salon où le vénérable Wallin nous lisait jadis ses vers, et dans celui où le bon roi Charles-Jean daignait m'accueillir sans tenir compte de mon obscurité de voyageur.

Dans aucune ville du monde, un tel rêve ne pouvait être une illusion plus complète; car ici il n'y a ni monuments gothiques, ni rois, ni poésie. Le lendemain matin je m'éveillai au bruit des charrettes, des omnibus qui roulaient sous mes fenêtres, au bruit d'une foule active, pressée, qui déjà courait à ses affaires. D'un côté, je voyais se dérouler devant moi les longues perspectives des magasins de Broadway; de l'autre, mes regards s'arrêtaient sur les milliers de navires, de bateaux à vapeur qui, de leurs larges flancs, couvrent la rivière du Nord. Adieu les doux songes de mes anciennes pérégrinations, les légendes que j'allais cherchant sur les rives de la Baltique, les souvenirs de gloire semés là-bas en tant de lieux, les monuments mythologiques qui racontent les croyances des siècles passés, les coutumes traditionnelles qui se sont perpétuées au foyer scandinave, les vertus hospitalières qui l'animent, les chants populaires qui l'égayent.

Je suis dans la cité des intérêts pécuniaires, des idées positives, dans la cité qui rejette loin d'elle, comme de vaines frivolités, toute chronique chevaleresque, toute rêverie idéale, qui n'admet que le labeur positif et le rigoureux exercice des idées pratiques.

Certes, pour un grand nombre d'hommes distingués, il n'y a peut-être pas un sujet d'étude plus intéressant que celui des incroyables progrès de cette métropole américaine. La nature lui a donné une situation merveilleuse, une île qui s'élève comme un vaisseau à l'ancre entre les flots de l'Atlantique et la magnifique rivière de l'Hudson. Cette île de quatorze milles de longueur est maintenant, sur presque toute son étendue, couverte d'édifices, d'ateliers, de magasins, entourée d'un cercle de quais où l'on négocie avec le monde entier. La grande rue de Broadway va de l'une de ses extrémités à l'autre, et par les rues transversales qui la coupent de distance en distance, vous voyez d'un côté les navires qui se dirigent vers l'océan Pacifique; de l'autre, ceux qui pénètrent jusque dans les plus lointains parages du Nord. Par sa mer, par son fleuve, le plateau de terre de Mahattan touche aux quatre points du globe, et des quatre points du globe le commerce, l'industrie viennent peupler sa rade, allumer ses fournaises, agiter ses comptoirs. D'année en année, cette ville s'accroît dans des proportions extraordinaires. Naguère encore, elle avait à lutter contre la puissance de la Nouvelle-Orléans, de Boston, de Philadelphie; à présent, elle ne reconnaît plus d'autre rivale que Liverpool. Elle s'appelle la Cité de l'Empire (Empire City). Elle mérite ce nom. C'est vraiment la cité capitale d'un nouvel empire dont il est impossible de calculer le développement.

Oui, c'est un beau et noble spectacle que celui d'une telle prospérité, pour l'homme qui est particulièrement porté à l'observer, et qui par ses études est en état d'en examiner les causes, d'en comprendre l'avenir. Il est beau de voir cette Amérique du Nord abandonnée, il y a moins de deux siècles, à quelques misérables tribus d'Indiens, et maintenant défrichée, habitée par les colonies d'émigrants qui y arrivent sans cesse des diverses contrées de l'Europe. Il est beau de voir ces majestueuses flottes voguant sur ces ondes, qui jadis n'étaient sillonnées que par de grossières barques d'écorce, d'observer dans ces parages le mouvement continu du travail de l'homme et les magiques succès qui peuvent en résulter.

Pour moi, pauvre touriste, qui ignore jusqu'aux premiers principes des sciences mécaniques, qui préfère encore, faut-il l'avouer, le simple air frais du matin au râlement d'une locomotive, et un rustique sentier bordé d'aubépines à un chemin de fer paré de ses deux voies, il est clair que je ne puis pas apprécier le mouvement industriel des États-Unis, les grands travaux qu'ils ont déjà accomplis et ceux qu'ils projettent. Puisque j'ai commencé ma confession, autant vaut la finir tout d'une fois, dussé-je, au lieu de l'absolution à laquelle mon humilité me donne peut-être quelque droit, entendre prononcer sur ma tête une sentence qui me bannisse de cet élysée des amants de la fortune comme un profane. Eh bien! je vous le dirai, je m'étais fait une autre image de l'Amérique. Même après avoir lu les récits de M. Michel Chevalier, le livre de M. de Tocqueville et celui de miss Martineau, il m'était resté dans l'esprit je ne sais quels fantastiques tableaux des grands fleuves, des grandes forêts, des traditions indiennes et des profondes, silencieuses savanes. En pensant de loin à New-York, je voyais cette ville s'élever comme une île enchantée entre les vagues de l'Océan et les flots azurés de l'Hudson, dans le prestige poétique d'un monde paré des charmes de la jeunesse. Et le prestige a disparu, et ma folle poésie s'est noyée dans des tourbillons de vapeur.

Je ne vois plus à présent ici qu'une vaste métropole qui, par toutes ses portes, par toutes ses fenêtres, annonce une nouvelle ère et proclame un nouveau dogme.

Pendant que Moïse était sur le Sinaï, recueillant la parole de Dieu et lisant ses lois sur les tables de marbre, les Israélites, impatientés de l'attendre, se mirent à fabriquer une idole et adorèrent le veau d'or.

Pendant que la vieille Europe cherchait dans les orages des révolutions les nouvelles lois qui, il est vrai, n'étaient pas toujours celles de Dieu, en dépit de l'axiome : *Vox populi, vox Dei,* la république des États-Unis a fait comme les Israélites, elle s'est passionnée pour le veau d'or, elle s'est agenouillée devant lui. Bien plus, elle prétend nous démontrer qu'elle seule est dans le droit chemin, et que nous n'avons fait jusqu'à ce jour que marcher dans l'erreur. Elle nous crie : « Adorez ce que vous avez brûlé, et brûlez ce que vous avez adoré. » Il n'y a qu'une religion vraie, la religion du bien-être matériel. La banque est son temple, le registre en partie double sa loi, et l'or son soleil. Ceux qui pratiqueront dignement cette religion auront la joie infinie de con-

UNE RUE DE NEW-YORK (BROADWAY)

templer face à face la splendeur d'une caisse de dollars,
et ceux qui la renieront languiront dans les tortures de
la pauvreté.

En formulant ainsi le dogme des États-Unis et de la
moderne Carthage, je ne prétends pas dire que la digne
république bannisse de son sol tout autre symbole religieux. Au contraire, elle est à cet égard d'une complaisance sans pareille. Elle enfante des sectes dont l'énumération seule est déjà fort longue, elle paye des prêtres, des
missionnaires, elle fonde des églises. A New-York, on
ne compte pas moins de deux cent vingt-deux églises, et
une vingtaine de communautés différentes, depuis celle
des Épiscopaux, qui est la mieux dotée, jusqu'à celle des
Swedenborgiens, qui ne possède encore que deux chapelles. Mais les fidèles ne donnent qu'un jour, une heure
au prône du pasteur, et le reste de la semaine est du
matin au soir dévotement consacré au culte par excellence, au culte de l'argent. Qui prononce ici ce grand
mot d'argent est sûr de tenir les esprits attentifs et les
oreilles éveillées. Tout autre langage n'est admis que par
occasion, ou ne résonne que comme une parole vide de
sens au milieu d'une foule indifférente.

New-York est la Jérusalem de cet évangile, et toutes
les autres cités se conforment à qui mieux mieux à l'enseignement de New-York.

Tout ici doit être chiffré ou pesé au trébuchet de l'or-
févre. Tel capitaine de bâtiment s'est illustré par un
voyage de découverte; vous vous plaisez à citer les lieux
intéressants qu'il a vus, les observations qu'il a faites;
on vous interrompt pour vous demander quels étaient
ses appointements. Tel peintre s'est distingué à l'exposition et a reçu avec les éloges les plus encourageants une
médaille d'or; on ne s'arrête pas aux éloges, on veut
savoir le poids de la médaille. Quand on raconte à un
Américain que Murray donnait à lord Byron mille six

cents guinées pour un chant de *Childe-Harold*, il ouvre de grands yeux, et s'écrie avec un poétique enthousiasme qu'il voudrait bien avoir composé *Childe Harold*. Mais si l'on ajoute qu'un illustre poëte occupe une modeste maison et qu'il n'a pour tout bien qu'une rente modique, l'Américain se moque de la gloire du poëte et pense qu'il eût mieux fait d'entrer dans le commerce.

Avec de telles idées, vous concevez que la littérature ne prend pas ici un grand essor.

Cependant, quand on entre dans les librairies de New-York, et quand on énumère l'immense quantité de journaux qui se publient en Amérique, on pourrait croire qu'il n'existe pas à la surface du globe un pays plus littéraire. Mais ces libraires ne font que réimprimer en format compacte, au prix le plus modique, les élégants in-octavo de l'Angleterre, ou traduire nos feuilletons de romans. Quant aux deux mille quatre cents journaux dont se glorifient les États-Unis, comme d'un signe de diffusion de lumière, à moins qu'on ne les ait tenus entre ses mains et parcourus de ses propres yeux, je ne pense pas qu'il soit possible de se faire une idée d'un tel amas de diatribes personnelles, de chroniques grossières, d'anecdotes puériles, d'une telle confusion de notices politiques ou commerciales, entremêlées de dithyrambes en vers, ou de réclames de marchands, et noyées dans un océan d'annonces. Rien de ce que l'on voit en France ne peut vous donner une idée de ces annonces. C'est un inventaire quotidien de toutes les marchandises imaginables entassées pêle-mêle comme dans une immense arène; c'est le registre de toutes les inventions et de toutes les industries, depuis celle du tavernier jusqu'à celle de l'homme d'affaires.

En résumé, la profession d'homme de lettres, de savant, de *privat Gelehrte*, comme disent les Allemands, n'existe pas ici, ou n'y existe que dans des conditions d'humilité et de souffrance. L'unique profession convoitée, honorée, est celle de l'industriel et du négociant. C'est celle qui ouvre le difficile sentier de la fortune, et la fortune est la première, sinon l'unique ambition de l'Américain.

On emploie aux États-Unis, dans la conversation habituelle, dans les livres et les journaux, une expression qui mérite d'être citée comme un trait de mœurs, et que j'essaierai de faire ressortir plus nettement par une comparaison. En France, lorsque nous parlons de la situation matérielle d'un individu, nous disons : Il possède tant de terres ou tant de capitaux. Il possède ! c'est-à-dire, il est le maître de ce domaine. Il en use comme d'un instrument, selon son bon vouloir. Par cette énonciation, la propriété est placée dans l'ordre secondaire, l'homme la domine. Dans le langage des États-Unis, l'homme, au contraire, tombe non-seulement dans un ordre inférieur, il est absorbé et annulé dans le chiffre de ses propriétés. On vous dit : Cet homme vaut un million. Peu importe qu'il soit instruit ou ignorant, beau ou laid, élégant ou vulgaire. Il vaut un million, voilà le fait, et si demain il était frappé par une banqueroute, il ne vaudrait peut-être plus que cinq cent mille francs, et après-demain, peut-être plus rien du tout.

C'est qu'en effet, de même qu'en France, d'après notre organisation décimale, nous n'avons pour les distances et les pesanteurs qu'une mesure uniforme, il n'existe ici qu'un mode d'appréciation : l'argent. De même qu'en Russie, les rangs de la hiérarchie sociale sont assimilés à différents grades militaires, de même chaque position est ici classée suivant une certaine quantité d'argent. Si les Américains, qui se vantent de faire une étude assidue de la Bible, pensent quelquefois à l'échelle divine de Jacob, je suppose que beaucoup d'entre eux doivent se la représenter comme un édifice magique où, au niveau du sol, le génie de l'industrie n'entasse que des schellings, où plus haut résonnent les écus, et plus haut encore les chères pièces en or qu'on appelle des aigles. Succès et défaites, peines et récompenses, tout est tarifé, réglé sur une somme d'argent. Un crime même se paye par une amende.

A propos de crimes, j'ose affirmer qu'en aucune capitale d'Europe, dans aucune *whitechapel* de Londres ou de Paris, la misère ou la cupidité n'enfante des crimes aussi monstrueux que ceux qui se commettent périodiquement aux États-Unis, et dont les journaux de chaque ville, de chaque bourgade, semblent se complaire à narrer les affreux détails. New-York est le refuge d'une immense quantité d'aventuriers que la police de l'ancien monde a la cruauté de troubler dans leur industrie; c'est le Botany-Bay volontaire du crime et du vagabondage de l'Europe. Comme on entre là sans passe-port, comme on peut, en posant le pied sur cette terre de liberté, échanger sans la moindre difficulté un nom mal sonnant contre un nom encore vierge, comme il est très-aisé ensuite d'obtenir le titre de citoyen américain et de jouir de tous les priviléges qui y sont attachés, il résulte de cette bienfaisante organisation que tel individu qui ne pourrait sans quelque danger prendre l'air dans les rues d'une de nos capitales, peut ici se montrer tranquillement au grand jour et se livrer en paix à ses chers petits trafics. Nulle part, j'en suis convaincu, il n'existe dans la proportion de la population autant de fripons patentés et de filous de grandes rues qu'à New-York. L'étranger y est à tout instant exposé à se voir très-doucement dupé, ou audacieusement volé. En pareil cas, ce qu'il a de meilleur à faire est de se résigner en silence à son accident, et de s'en souvenir comme d'une bonne leçon. S'il essaie de réclamer, il peut fort bien arriver qu'il ne soit pas entendu. S'il persiste, s'il a le courage de s'aventurer dans la filière judiciaire, on appliquera peut-être à sa blessure un remède qui la lui rendra plus cuisante. Juges et commissaires sont ici élus par le peuple, et ils ont de touchants égards pour ce bon peuple qui leur donne un titre, des appointements. Quant à l'étranger, ces honnêtes gens ne lui doivent rien. Il n'a point voté pour eux aux dernières élections, et il ne votera point aux prochaines élections. L'étranger volé est à leurs yeux une espèce de naufragé sur lequel un citoyen américain prend un droit d'épave. En conscience, est-ce là un si grand mal? Ce que je dis ici, je pourrais l'appuyer d'une quantité de faits authentiques. Et ce n'est là qu'un des côtés de l'immoralité de New-York. Quel effrayant tableau il pourrait peindre celui qui a observé de ses propres yeux l'intérieur de ces antres de rapines, où un hôte famélique héberge à leur arrivée les innocents émigrants, celui qui a pénétré dans ces quartiers maudits, dans ces Cours des Miracles de la métropole commerciale! J'en ai entendu citer des traits, raconter des scènes qui font frémir.

Après cette esquisse, comprendrez-vous que New-York soit une ville agréable! Et cependant c'est vrai, non au premier abord, mais dans un séjour de quelque durée. Il y a là tout le caractère d'une très-grande ville; puis il y a dans sa romantique situation, dans les magnifiques points de vue qui l'entourent, dans ses ressources infinies, dans ses actives relations avec l'univers entier, je ne sais quel charme d'une forte et étrange saveur qui finit par séduire les plus rebelles et les attacher à cette puissante Carthage. Pour mon compte, j'avoue qu'après l'avoir maudite, j'en suis venu comme tant d'autres à fléchir sous son singulier magnétisme. Après l'avoir quittée pendant un mois, j'y rentrais avec plaisir, j'étais heureux de revoir son Broadway; et du plus loin que je pouvais l'apercevoir, je saluais avec joie ma jolie chambre de l'hôtel Delmonico, le seul bon hôtel du reste que j'aie trouvé aux États-Unis.

IV

DE NEW-YORK A ALBANY

A New-York, la dernière chose dont on doive se mettre en peine, c'est le moyen de locomotion, à quelque heure que ce soit, et de quelque côté qu'on désire aller. Le quai de la rivière du Nord est inondé de tourbillons de fumée. Les Israélites n'avaient qu'une colonne de feu pour les guider pas à pas dans le désert; mais ici, si je puis parler de la sorte, il y en a des centaines qui vous mènent dans toutes les directions. Vous en cherchez une pour remonter l'Hudson, la voilà qui flamboie au-dessus d'un bâtiment colossal sur lequel brille en grosses lettres d'or : *The New-World* (le Nouveau-Monde). On monte à bord avec une nuée de passagers. Ces bateaux américains qui font le trajet d'une rivière, d'un lac, sont de vraies maisons distribuées en trois grandes sections. Au rez-de-chaussée, la salle à manger, l'office; au premier, un salon pour les femmes, un salon pour les hommes; au second, une galerie avec un toit supporté par des colonnettes. Il en est qui ont de plus, au niveau du premier étage, un large balcon circulaire. Il en est dont le toit est fait, non point en verres grossiers comme ceux de nos passages, mais en verres de couleurs comme les vitraux de nos cathédrales. Tous sont, du reste, d'une incroyable splendeur. L'amour du luxe est bien certainement un des enfants les plus impérieux de la civilisation, et les Américains, qui, dans leur puritanisme démocratique, n'oseraient avoir nos belles voitures ni nos domestiques en livrée, se dédommagent de ces privations par l'ameublement de leurs maisons et par celui de leurs bateaux. Ici les plus brillantes soieries de Lyon, les plus riches damas sont employés à décorer le salon. L'or y brille de toutes parts, et des tapis superbes en couvrent la surface. Les chambres à coucher sont disposées avec un soin qui ne laisserait rien à envier à nos plus difficiles fashionables.

Sauf quelques cabines, il n'y a, dans ces steamers républicains, ni premières ni secondes places. Non, tous les passagers sont égaux devant l'*office* du capitaine, et l'émigrant le plus dénué de ressources, l'ouvrier le plus mal vêtu circulent librement entre ces parois dorées, sur ces tapis, comme le négociant qui dispose de plusieurs millions. Seulement celui que la fortune a bien voulu favoriser de ses dons retrouve le privilége des dollars en s'installant dans la salle à manger, devant une table où brille un de ces jolis petits livres qui contiennent tant de choses en si peu de pages, le memorandum de Brillat-Savarin, le poëme du café anglais, la carte enfin, puisqu'il faut l'appeler par son nom, la carte en anglais et en français, imitée de l'œuvre parisienne, mais modifiée selon les productions et les habitudes locales.

Me voilà parti, et je rends grâces à l'invention de la galerie, où je puis me promener de long en large tout à mon aise, et d'où je puis voir le paysage de chaque côté. Derrière nous, les églises, les maisons en briques des riches quartiers de New-York s'effacent rapidement; mais à notre droite longtemps encore apparaissent les chantiers, les fournaises de ses faubourgs, vraie cité de Vulcain, où sans cesse la fumée du charbon de terre s'échappe en nuages épais des hautes cheminées, où l'acier siffle dans l'eau qui le trempe, où le fer est tordu, effilé, arrondi sous toutes les formes, où des milliers d'ouvriers façonnent à grands coups de marteau les

énormes machines qui bientôt subjugueront les vagues des
deux océans. A notre gauche, autre tableau mélancolique
et doux, les collines de New-Jersey couvertes de bois
jaunis, rougis par l'automne. Nulle part je n'avais encore
vu tant de teintes diverses dans une même forêt, nulle
part ce feuillage des chênes qui a la couleur écarlate du co-
rail, ou des grappes de l'arbre de Judée. Autour de nous
passent et repassent sans interruption des chaloupes dont
les deux voiles ressemblent aux deux ailes étendues d'un
oiseau, des bateaux de transport à trois étages, magasins
ambulants remplis de bétail et de denrées agricoles, des
navires à trois mâts non moins chargés que les steamers,
des barques de pêcheurs, et vers la plage, au bord de
cette même rivière, occupée par tant de bâtiments, une
locomotive entraîne en mugissant une trentaine de wagons sur un rail-road qui doit faire concurrence à tous
les bateaux à vapeur. En France, nous n'avons pas idée
d'un tel déploiement de machines, d'une telle abondance
de moyens de communication. Mais nous ne sommes pas
voyageurs. Nous aimons la promenade à quelques lieues
de distance, la rêveuse flânerie sur les boulevards et le
retour au foyer. L'Américain est le peuple le plus nomade
qui existe. Plus nomade que le Tartare des steppes, que
le Bédouin du désert, s'il a une tente quelque part il est
prêt à la quitter à chaque instant. Au premier espoir de
lucre lointain qui lui sourit, au moindre souffle de spéculation qui lui arrive du nord ou du sud, il prend sa valise
sous son bras, court à un embarcadère, passe d'un bateau
dans un chemin de fer, d'un chemin de fer dans une
carriole, campe dans une auberge, se remet en route et
s'en revient à son comptoir, ayant fait des centaines de
lieues pour recommencer le même trajet quelques jours
après. A cette nature d'une activité fiévreuse, il faut sans
cesse un nouvel aliment; à ce joueur intrépide, une nouvelle martingale. Il vient de faire sa fortune dans une

entreprise heureuse, vous croyez peut-être qu'il va réaliser ses bénéfices, se retirer dans une paisible habitation, vivre de la vie du bourgeois, planter des arbres, dessiner un parterre, regarder tranquillement, du port où il est abrité, ceux qui aspirent au même repos et qui sont encore livrés aux orages de la mer. Non pas, non pas. Il ignore ou méprise le voluptueux *far niente* de l'existence du rentier. Il est en ce monde pour faire circuler des dollars et des billets de banque, pour rouler perpétuellement sur la montagne de l'industrie son rocher de Sisyphe, dût ce roc, en retombant, l'écraser dans sa chute. Le même million qu'il aura gagné dans une saison propice, d'ans un achat de cotons, dans un voyage aux Indes ou en Chine, il le placera à l'instant même d'un seul coup sur une construction de machines, sur une cargaison de glaces et de glacières pour les nababs de Calcutta. Naguère il était passionné pour les terrains des États du Sud ; il jouait sur des portions de sol qu'il n'avait jamais vues, comme jadis les Hollandais sur des tulipes qui n'existaient pas ; maintenant il a d'ardents transports pour la Californie, et déjà il tourne ses regards vers le Canada. Où s'arrêtera-t-il dans sa soif d'entreprises ? Dieu sait. Quand l'onde se dessèchera dans ses bassins, quand la terre lui fuira sous les pieds ; et alors je ne serais pas surpris que, dans ce naufrage de la nature, il ne découvrît un nouvel élément pour aligner des chiffres et forger des métaux.

Dire qu'une telle puissance de facultés commerciales et de telles habitudes constitue ce qu'on appelle une nation aimable, non vraiment, et je ne vous souhaite pas de vivre au milieu d'elle, et je n'imagine pas qu'elle me laisse jamais dans le cœur un des tendres souvenirs des chers peuples de Scandinavie, voire même des Turcs, qui sont de si braves gens. Mais je reviendrai sur les agréments de ces fiers Américains. Pour le moment, j'ai

près de moi l'aspect d'une nature qui me détourne de
leur contact, et je bénis cette nature. C'est, d'un côté de
l'Hudson, une ligne de rocs d'une couleur de granit, taillés à pic comme les remparts d'une citadelle, surmontés
d'une masse d'arbustes qui, avec leur feuillage jaune,
brillent au soleil comme une couronne d'or. C'est, de
l'autre, une colline ondulante, parsemée de riants cottages. Çà et là on distingue au fond d'une anse étroite
une cabane en bois où l'on se plaît à rêver un modeste
bonheur. Au delà de ce premier détroit, nous entrons
dans une double barrière de coteaux élevés qu'on appelle
les Highlands. Au-dessus d'un de ces coteaux solitaires
et sauvages apparaît la façade de Westpoint, l'école mi-
litaire et polytechnique du pays. Comment le gouvernement a-t-il eu l'idée de fixer à quinze lieues de distance
de New-York, et dans une pareille situation, le seul établissement national des États-Unis ? Si j'étais en Allemagne ou en Suède, je dirais qu'on a été séduit par la
poétique pensée de placer les maîtres et les élèves de
cette institution en dehors du bruit, du mouvement des
affaires, dans le silence d'une nature austère; mais comme
je connais les bons citadins de New-York, je suppose
qu'ils n'ont pas conçu un tel rêve, et que par la raison
seulement que le sol de Westpoint était d'une nature
aride, difficile à défricher, ils se sont dit qu'ils n'avaient
rien de mieux à faire que d'en doter la science.

Après une halte de quelques minutes au pied de l'école
et des batteries de Westpoint, on s'arrête successivement devant plusieurs villes dont le rapide accroisse-
ment atteste la prospérité de cette partie de l'Amérique.
C'est Newbourg, fondé en 1789 par quelques émigrants
du Palatinat, qui maintenant a une population de neuf
mille cinq cents âmes ; Pougkeepsie, jadis petit hameau
indien, qui a maintenant des bâtiments à voiles, des
bateaux à vapeur, et douze mille habitants ; Catskill,

bâti au bord d'une large baie, et la riante petite cité d'Hudson, et une quantité de villages, de hameaux, dont je ne vous dirai pas les noms, de peur que vous ne m'accusiez de copier le *Guide du voyageur*.

Il n'y a guère plus de cent soixante ans que le pilote anglais Hudson, attaché au service de la compagnie hollandaise, découvrit cette superbe rivière qui porte son nom. De Terre-Neuve il arriva le 3 septembre 1609 sur la côte de New-Jersey, puis de là s'avança jusqu'à l'île où s'élève à présent New-York. Toutes ces plages étaient occupées par des tribus d'Indiens ignorants, sauvages, hostiles l'une à l'autre, mais qui reçurent avec douceur et confiance les Européens, ne se doutant guère que ceux à qui ils apportaient amicalement leurs fruits et leurs pelleteries les déposséderaient de leurs demeures, les chasseraient de leur terre natale.

« En remontant la rivière, j'entrai, dit l'illustre navigateur, dans une cabane en écorces d'arbres, très-habilement construite et occupée par un chef indien. J'y trouvai une quantité de maïs et des fèves, et au dehors il y avait un amas de ces mêmes produits, de quoi charger trois navires. Quand nous eûmes franchi le seuil de cette demeure, on nous apporta des nattes pour nous asseoir, puis des aliments dans des vases en bois artistement travaillés ; puis deux hommes sortirent avec leurs flèches, pour se procurer du gibier, et revinrent un instant après avec une couple de pigeons. Non contents de m'offrir ce produit de leur chasse, ils égorgèrent un chien, dont ils enlevèrent la peau avec des coquilles. »

Il y a un peu plus d'un demi-siècle que cet homme de génie, ce Robert Fulton, dont l'immense découverte ne rencontra d'abord, comme celles de tant d'autres hommes de génie, que des railleurs et des sceptiques, lança son premier bateau à vapeur sur cette grande rivière. Méconnu par Napoléon, qui pourtant comprenait si bien les plus hautes conceptions; rejeté comme un rêveur par les savants, qui ont tant de peine à admettre ce qu'ils n'ont pas eux-mêmes inventé ou mis en pratique, il s'en revint en Amérique, gardant obstinément en son sein la pensée en laquelle il avait foi, la pensée qui devait conquérir le monde entier. Après une année de tentatives inutiles pour se créer un appui dans ses projets, il parvint enfin à y intéresser M. Livingston, qui s'associa à ses travaux. Mais rien ne justifiait encore ses audacieuses prévisions, et il faut voir dans sa correspondance à quelles souffrances son cœur était livré lorsqu'il se mit à l'œuvre.

« A New-York, dit-il, les uns regardaient mon entreprise avec un froid dédain; d'autres la traitaient de chimère. Mes amis eux-mêmes, tout en écoutant avec une bienveillante patience mes explications, se montraient froids et incrédules. Presque chaque matin, je passais devant le chantier où l'on construisait mon bateau, et je voyais là des groupes d'oisifs qui demandaient ce que c'était que ce bâtiment de nouvelle forme. Tous en parlaient avec mépris, se moquaient de moi en calculant les vaines dépenses que j'allais faire, et s'entretenaient en riant de la *folie de Fulton*. Pas une fois, en m'arrêtant près de ces cruels discoureurs, je n'entendis une remarque encourageante, une parole qui m'entrât doucement dans le cœur.

« Enfin le jour décisif, le jour de l'épreuve arriva. J'invitai mes amis à monter à bord de mon bâtiment. Plusieurs se rendirent à mon appel; mais il était évident pour moi qu'ils venaient à regret, craignant d'être témoins de mon humiliation. J'avais, de mon côté, des raisons pour douter de mon succès. La machine était neuve, mal construite, faite en grande partie par des hommes qui n'avaient pas l'intelligence d'un semblable travail. Le moment étant venu où le bateau devait se mettre en mouvement, mes amis se réunirent sur le pont. Dans leurs regards, je ne voyais qu'un funeste présage, et je regrettais presque d'avoir tant osé et tant espéré. Cependant le signal est donné : le bâtiment se meut, chemine, puis tout à coup s'arrête et reste immobile. Au pénible silence qui naguère régnait sur le pont succèdent des murmures ou d'amères remontrances. « Je l'avais bien prévu, disait l'un, c'est une erreur. — Un rêve, reprenait un autre, et un rêve dangereux, je voudrais être hors d'ici. » Je m'approchai d'eux, je leur annonçai que je venais de découvrir la cause de cette halte subite, et je les priai de vouloir bien m'accorder encore une demi-heure; après quoi, si je ne réussissais pas entièrement dans mon entreprise, je l'abandonnerais à jamais. Je descendis près du machiniste et rajustai une pièce qui était mal posée. Le bateau se remit en marche. Nous quittâmes la rade de New-York, nous franchîmes les Highlands, nous arrivâmes à Albany [1]. »

Que dirait le capitaine Hudson si, à cette même place où un Indien lui servait, dans une cabane en écorce, de la chair de chien bouilli, il voyait les splendides hôtels, les riches magasins, les opulentes maisons de New-York? Et que dirait Fulton s'il savait quelle route a faite sa découverte ?

Pendant que je m'en vais ainsi causant avec vous, j'oublie cette salle à manger que j'ai déjà notée, cette carte imprimée sur papier vélin, et ces garçons de restaurateurs en veste ronde, en tablier blanc, comme ceux de Véfour. C'est une des félicités du bateau que mes compagnons de voyage n'ont pas oubliée. Il en est qui, dès

---

1 En rapportant cet essai de Fulton, nous ne devons pas oublier qu'à un de nos compatriotes, à M. le marquis de Jouffroy, appartient l'honneur d'avoir le premier appliqué la vapeur à la navigation. En 1782, M. de Jouffroy construisit à Lyon un bateau à vapeur de quarante et un mètres de longueur sur cinq mètres de large. Ce bateau fut pendant quinze mois en usage sur la Saône. (*Traité des machines à vapeur*, par M. Tredgold, p. 54.)

le moment de l'embarquement, ont fait là une longue station et qui bientôt y sont retournés. N'est-ce pas Brillat-Savarin qui, dans une de ses pages d'axiome, a dit : « Ailleurs on mange, à Paris seulement on sait dîner. » S'il avait vu ce pays, il aurait dit : Ici on ne mange pas, on dévore. Le mot est à peine assez expressif. Pour mieux comprendre l'étendue que je désire lui donner, veuillez vous rappeler ce que vous avez lu dans Buffon à l'article *Brochet et Requin*. Vous aurez peut-être par là une idée de la voracité de l'Américain. Règle générale, voici l'ordre des repas journaliers aux États-Unis : entre sept et huit heures du matin, une cloche, un gong, ou quelque autre instrument des plus retentissants annonce le déjeuner.

Ce déjeuner se compose de quartiers de bœuf rôti, de langues de bœuf d'un seul bloc, de canards, de poulets, le tout accompagné de plats de pommes de terre, de pains de beurre, et autres mets légers. Les Américains se précipitent à table comme des animaux affamés. Je ne puis en vérité employer un autre terme de comparaison. Sans s'inquiéter de son voisin, sans se soucier d'une des règles les plus banales de notre politesse européenne, chacun tire à soi tout ce qui se trouve à sa portée et entasse sur une ou deux assiettes des pyramides monstrueuses de viande, de beurre, de légumes. Puis le voilà travaillant des mains et des dents, comme si chaque seconde lui était comptée, ne parlant pas, ne soufflant pas, mais suivant d'un œil hagard les plats qui s'éloignent de lui, et les harponnant dès qu'ils reviennent près de lui, pour y puiser une nouvelle provision.

Cette première opération finie, il allume un cigare, s'en va au comptoir de spiritueux qu'on appelle le *barroom*, boit d'un trait un verre de whiskey ou de vin de Madère, puis se met à ruminer en attendant midi. Midi est bien loin, et il en est beaucoup qui ne peuvent passer ce mortel intervalle de quatre heures sans faire une seconde et troisième descente au cher barroom, après quoi ils ruminent de nouveau. La cloche annonce le *luncheon*, qui se compose d'une soupe, d'une boîte de sardines, de viandes froides, de beurre et d'une boule de chester. A trois heures, autre coup de tam-tam, le meilleur, le plus désiré; il proclame le dîner, dont les deux repas précédents n'étaient que la modeste préface. Cette fois la table est d'un bout à l'autre couverte de vastes plats où figurent à la fois les rôtis les plus larges, les sauces les plus épicées et les puddings les plus prodigieux. Même appétit qu'au déjeuner, même silence sur chaque chaise. Vous n'entendez que le cliquetis des couteaux et des fourchettes, et le broiement des os qui irritent ces mâchoires avides. L'empressement avec lequel on met fin à ce troisième repas est tel, qu'on ne se donne pas la peine d'essuyer son couteau pour le porter à la salière ou à l'assiette de beurre, et que la serviette est habituellement mise de côté, par l'évidente raison que l'usage de la serviette exige un mouvement qui entraîne une perte de temps. Ces gens se moquent pourtant des Turcs, qui n'emploient dans leurs repas ni cuillers ni fourchettes. Je me souviens de quelques dîners que j'ai faits avec des Turcs, et je déclare que c'étaient des modèles de propreté comparés à ceux auxquels j'ai été forcé d'assister dans les hôtels et sur les bateaux américains.

Le dîner fini, le reste de la journée est long. Aussi, vers les sept heures, vous entendez sonner pour la quatrième fois la bienheureuse cloche qui invite les habitants du logis à vouloir bien venir boire une tasse de thé ou de café, escortée de quelques tranches de gibier ou de salaison, après quoi on peut encore recommencer à volonté ses visites au barroom.

A voir ces hommes d'affaires courir ainsi à table et engloutir une cargaison de denrées culinaires, en moins de temps qu'il n'en faut à un Espagnol pour prendre une légère tasse de chocolat, on pourrait croire que les minutes qu'ils passent dans la salle à manger leur semblent autant de minutes perdues, qu'ils ont hâte de rentrer dans leur comptoir, de reprendre leur registre ou leur carnet. Par malheur, comme au sortir de là je les ai constamment presque tous trouvés, le corps penché sur une chaise, les pieds posés au niveau de leur tête sur le dossier d'un autre chaise, humant nonchalamment la fumée d'un cigare, ou mâchant une once de tabac, j'ai dû en conclure que ce n'était point le souci du négoce, mais une voracité sans pareille qui les portait à faire de chaque repas une sorte de steeple-chase au canard rôti et au pudding fumant.

Plusieurs voyageurs que l'on trouve ici fort impertinents, et qui cependant écrivent avec des dispositions bienveillantes, attribuent la froide taciturnité des Américains à la préoccupation des combinaisons commerciales ou des affaires politiques. Je crois que, sans être injuste envers eux, on pourrait très-souvent l'attribuer au labeur des facultés digestives, qui, quatre fois par jour, sont mises à une épreuve difficile, qui fréquemment dans leur fatigue nécessitent l'emploi du *soda-water* et presque toujours l'acide et hideuse mastication d'un rouleau de tabac.

Le fait est qu'en général l'Américain est beaucoup plus silencieux que le Turc. En outre, il y a entre l'un et l'autre cette différence : le Turc, assis sur une natte, avec sa veste en soie, sa longue barbe, son large turban, a une attitude noblement indolente ou doucement méditative, et une expression de physionomie calme et bonne sur laquelle l'œil de l'étranger se repose avec complaisance; l'Américain, au contraire, est dans son silence sombre et inquiet, sec et dur. Sa figure est pointue, ses mouvements roides et anguleux. Son repos n'est pas l'heureuse placidité de l'homme d'Orient, ou de l'Européen du Sud, la jouissance du kief, le plaisir de la siesta; c'est une sorte de prostration agitée de temps à autre par un mouvement fébrile, et sa marche est une course impétueuse.

Traçons maintenant le portrait physique de l'Américain. Imaginez-vous, s'il vous plaît, une maigre stature avec des poignets osseux, des pieds d'une dimension qui ternirait à jamais le blason d'un gentilhomme, un chapeau renversé sur le derrière de la tête, des cheveux plats, une joue enflée, non point par une fluxion accidentelle, mais du matin au soir par une boule de tabac, des lèvres jaunies par le suc de cette même plante, un habit noir aux pans effilés, une chemise en désordre, des gants de gendarme, un pantalon à l'avenant, et vous aurez, je puis le dire, l'exact portrait d'un Yankee pur sang. Sur cette figure de Yankee, ne cherchez ni cet éclair de la prunelle qui annonce l'essor de la pensée, ni ce sourire qui rayonne comme le reflet d'une âme affectueuse. Non, cette figure est impassible et froide comme un masque ou comme une médaille.

Que de fois, dans mon audace de voyageur, j'ai essayé d'émouvoir ces chiffres ambulants et dévorants qu'on appelle des Américains, d'engager avec eux quelque entretien, d'obtenir de leurs seigneuries financières un de ces renseignements qu'en France et ailleurs un homme du pays donne à l'étranger avec tant d'empressement ! J'ai presque constamment été repoussé dans mes tentatives comme un assaillant téméraire par une forteresse imprenable. Tout à l'heure encore, après avoir étudié les groupes dispersés autour de moi, j'aperçois à l'écart un Yankee qui considérait d'un air assez débonnaire les bords de l'Hudson. Je m'approche de lui et je lui demande poliment, trop poliment peut-être, si la ville que l'on voit poindre à l'horizon n'est pas Albany. Il se détourne, me toise en silence des pieds à la tête, puis broie entre

ses dents comme dans un casse-noïsette ces deux monosyllabes : *No, sir*, et s'en va.

Avec un flegme auprès duquel le flegme britannique
est une joviale vivacité, l'Américain pourtant est curieux
comme un sauvage des anciens temps, et l'attention que
je n'ai pas obtenue de lui par le désir d'avoir quelques
détails sur les lieux que nous traversions, je l'ai fixée à
mon grand désagrément par les diverses choses que je
portais sur moi. L'un d'eux est venu prendre sans façon
ma chaîne de montre, l'a tournée et retournée entre ses
doigts sales, puis, satisfait de son examen, s'est éloigné
sans murmurer un mot. Un autre qui se trouvait assis
à côté de moi me dit : *You have a pariser hat*, et, sans
plus de cérémonie, il le prend sur ma tête, en fait ployer
les ressorts, le montre à un de ses voisins, le contemple
avec lui en dehors et en dedans, puis me le remet dans
les mains. Un instant après, pour payer mon compte au
restaurant, n'ai-je pas eu le malheur d'ouvrir ma bourse,
un bijou de bourse or et cerise ? Aussitôt voilà un Américain qui se passionne pour cette bourse, qui tire de sa
poche un affreux tricot et me propose un libre échange.
Je lui ris au nez. Je cache ma bourse; il me poursuit.
Pour mettre un terme à toutes ces obsessions industrielles, j'ai été renfermer mon chapeau dans son étui,
j'ai posé sur ma tête la vulgaire casquette, j'ai enfermé
ma chaîne de montre dans mon gousset, boutonné mon
gilet sur mon épingle, et, grâce à ces précautions, j'ai pu
me promener et m'asseoir sans être exposé à une stupide
importunité.

Voilà le récit fidèle d'une de mes impressions de
voyage en Amérique. Maintenant les Américains ont le
droit de me dire : Nous ne sommes pas polis, c'est vrai;
nous ne cherchons à être ni affables ni prévenants, il
faut en convenir, et l'étranger qui vient parmi nous doit
être fort choqué de notre froideur. Mais nous dédaignons

comme des frivolités les habitudes élégantes de la société
européenne, et nous avons une audace d'entreprises et
une rapidité d'action qui doivent étonner l'Europe. Ainsi,
à ne prendre pour point d'observation que le lieu même
où nous sommes, nous avons en quarante ans couvert
de bateaux à vapeur et de bâtiments de toute sorte cette
rivière déserte de l'Hudson, défriché, peuplé ses rives,
transformé en villes florissantes ses hameaux, creusé des
ports et des canaux, aligné des chemins de fer, répandu
sur cet espace la vie, le mouvement, la prospérité commerciale.

Je reconnais la justesse d'un tel raisonnement, et je
courbe la tête devant cette puissance du génie humain
appliqué aux merveilles de l'industrie. Mais, ô braves
Yankees, l'Évangile l'a dit : L'homme ne vit pas seulement de pain, le cœur et l'esprit ont d'autres besoins.
A moins que notre esprit ne s'absorbe dans les mouvements d'une machine à haute pression et que notre cœur
ne se change en un bank-note, il nous restera toujours
des pensées d'art et de poésie, des jouissances de vie
sociale et d'affections expansives que les efforts de votre
courage et les succès de votre labeur ne peuvent remplacer.

V

D'ALBANY A MONTRÉAL

J'ai voulu voir Albany, capitale de l'État de New-York,
magnifique ville, disent les Américains, qui n'emploient
que le superlatif de la louange dès qu'il s'agit de leur
pays. Je n'ai vu que des magasins et des boutiques en-

combrées de marchandises en désordre, des édifices pu-
blics construits en marbre, il est vrai, mais que nos
moins illustres architectes ne voudraient pas avouer.

Comme je n'avais point de balles de coton des États
du Sud à vendre, point de bois du Canada à placer, je
me suis senti saisi d'un ennui glacial après avoir erré
dans ces rues dont l'alignement augmente encore la monotonie, après avoir contemplé le ventre en briques des
storehouses et les arbres grelottants des squares. Je suis
parti par le chemin de fer de Troy. Ah! voilà un chemin
de fer égalitaire, un chemin de fer commode. Tout le
monde y entre pêle-mêle, sans passer par un comptoir,
sans se soucier de cette horrible différence d'une première à une seconde place. Les voyageurs sont assis sur
deux bancs dans une longue et étroite avenue qui a la
forme d'un omnibus. Il se peut que votre bonne fortune
vous amène là, à droite et à gauche, des voisins qui se
lavent quelquefois les mains et qui ne crachent que
toutes les deux minutes; mais il se peut aussi que vous
vous trouviez flanqué de quelques compagnons qui n'ont
pas fait leur tour de France *en belles blouses artistiques*.
C'est ce qui m'est arrivé. Je vous fais grâce des détails,
et j'avoue qu'il me serait à moi-même fort peu agréable
de les remémorer. Je dirai seulement que, quoique plusieurs de mes voisins fussent assez bien vêtus, ils igno-
raient complétement l'usage du mouchoir de poche. Pendant ce trajet, qui n'est pas long, mais qui m'a paru
interminable, je pensais que je voudrais bien voir un de
nos apôtres de l'égalité humaine installé à la place que
j'occupais, et jouissant de ce pur parfum de république.
Je crois qu'il deviendrait plus aristocrate que les aristo-
crates contre lesquels il a si valeureusement guerroyé
par la plume et par la parole.

Nous voici à Troy, et, pour comble de malheur, j'y
entre la veille d'un dimanche. Je sais ce qu'est ce saint

jour dans les villes des États-Unis. Je voudrais fuir ; mais
l'auguste liberté américaine ne permet pas de tels caprices : il faut, bon gré, mal gré, qu'on subisse la loi pu-
ritaine. Vous avez lu des livres sur l'Amérique, vous y
avez trouvé de terribles descriptions du dimanche ; faut-
il essayer d'en faire une nouvelle ? Eh bien ! imaginez
un jour de pluie avec le proverbe qui l'accompagne : « En-
nuyeux comme la pluie. » Joignez à cela les mille petites
misères de la vie humaine tombant à la fois sur vous
comme la grêle : une cheminée qui fume, un vent coulis
qui pénètre jusque sous votre chancelière, un orgue de
Barbarie enroué sous vos fenêtres, un bois humide qui
pleure sur vos chenets, une écritoire que vous renversez
sur un album, un domestique qui d'un coup de plumeau
casse un de vos verres de Venise, un importun des plus
redoutés, des plus tenaces, qui traverse votre antichambre
au moment même où vous alliez sonner pour faire fer-
mer votre porte, un ami qui se présente inutilement
quand cette même porte est close, une lettre que vous
attendez impatiemment et qui n'arrive pas, une autre
que votre concierge se hâte de vous envoyer et qui vous
oblige à abandonner un de vos plus agréables projets.
Imaginez tout ce qui peut, par un picotement continu,
irriter votre esprit, agacer vos nerfs, tout ce qui fatigue-
rait la résignation la plus robuste, vous aurez à peine
une idée de la longueur, du deuil d'un dimanche américain. Pas un mouvement dans les rues. De loin en loin
seulement quelques étrangers intrépides, quelque cita-
din forcé de sortir, et qui rase les murailles comme une
ombre craintive. On dirait d'une ville dévastée par la
peste, ou plongée par quelque sortilége dans le sommeil
des Sept dormants.

A l'intérieur des maisons, même silence et même immobilité. Le piano est fermé, la musique interdite. Il est
bon, il est louable d'aller au temple s'associer au chant des

psaumes; mais, l'office fini, personne n'oserait, sans causer un grand scandale, entonner chez soi un hymne religieux. Étrange despotisme du peuple qui se proclame le peuple le plus libre du monde! Étrange déviation des enseignements de la Bible, où il prétend puiser sa règle de conduite! La Bible nous montre à tout instant les Israélites, les prophètes, les rois élevant leur voix vers Dieu, soit pour chanter ses bienfaits, soit pour implorer sa miséricorde. Elle ne dit pas qu'à tel moment seulement on célèbrera sa grandeur, et que le reste du temps il sera défendu de toucher à la cymbale et au psaltérion. Les catholiques n'ont point ainsi faussé le dogme divin; à toute heure, leurs églises sont ouvertes; à toute heure, ils peuvent s'y jeter à genoux dans l'effusion de leur joie, ou dans l'étreinte de leur douleur. Les protestants ont jugé plus sage d'ouvrir leurs temples une fois dans la semaine, et d'employer les autres jours à leurs affaires.

Vous croyez peut-être qu'en se condamnant à ce mutisme général, à cette inaction, à cette pénitence du dimanche, ils ont voulu, comme les têtes rondes du XVIIe siècle, comme les puritains de Cromwell, se livrer sans trouble à leurs méditations, s'absorber dans l'étude des livres saints; détrompez-vous. Il est des familles, en effet, qui suivent cette pratique, qui font de pieuses lectures, accompagnées d'austères commentaires. Mais celui-là se tromperait grandement qui ne verrait dans la loi du dimanche que l'impérieuse expression d'un sentiment religieux. C'est un calcul matériel qui l'a dictée; c'est l'hypocrisie qui la soutient. Plusieurs Américains me l'ont eux-mêmes avoué. « Nous sommes, me disaient-ils, si occupés pendant six jours qu'il en faut un pour nous reposer, et nous ne nous reposerions pas convenablement si en fermant notre comptoir, notre atelier, nous voyions fonctionner celui de notre voisin. Pour ne pas être inquiétés par l'aspect d'une concurrence en action, nous obligeons chacun à suspendre pendant vingt-quatre heures ses travaux. Qu'il soit juif ou mahométan, déiste ou athée, n'importe. La question n'est pas là. Elle repose essentiellement sur le désir que nous avons de ne pas travailler pendant un jour, avec la consolante pensée qu'aucun de nos rivaux en industrie ne travaille et ne nous enlève par là une partie des bénéfices que nous aurions pu faire. »

A l'hôtel de Troy, il y avait une cinquantaine d'individus qui se promenaient d'une salle à l'autre, s'étendaient de toute leur longueur sur deux chaises, mâchaient du tabac, fumaient, crachaient. Pas un ne tenait un livre et ne songeait à cette nourriture de l'âme. Un propagandiste, un membre de quelque société biblique est venu déposer gratuitement sur le comptoir, je ne sais combien d'exemplaires d'une brochure qui recommandait, au nom des prophètes et des apôtres, l'étude de l'Écriture sainte. Les uns ne l'ont pas même regardée ; d'autres l'ont prise, et, après en avoir parcouru quelques lignes, l'ont remise à sa place.

A table, j'ai pourtant été un instant édifié de la mortification des Américains. Ils ne buvaient que de l'eau. J'ai demandé du vin ; le domestique m'a répondu qu'on n'en donnait pas. Je me suis dit que j'étais sans doute au sein d'une société prêchée par le révérend Matthieu, convertie à la tempérance, et j'ai puisé comme les autres à la cruche d'eau, qui, du reste, est toujours en Amérique servie à la glace et excellente.

Après le dîner, pendant que j'en étais encore dans mon innocence à réfléchir aux bienfaits des prédications du révérend Matthieu, et à l'heureuse influence que sa doctrine doit exercer sur la moralité des classes ouvrières, j'ai vu mes sobres Américains se glisser l'un après l'autre dans l'enceinte du barroom et boire d'un trait plusieurs couples de verres de wiskey, de gin et de vin de Porto. Si ce n'est pas là une coutume de sauvage, ou un acte d'hypocrisie, quel nom faut-il lui donner?

Pour être juste, je dois reconnaître qu'à la suite de ces copieuses libations, les mêmes Américains ont repris en silence leur position horizontale sur leurs chaises [1].

Le lendemain, je m'éveille à un rayon de soleil d'automne qui éclaire les flots de l'Hudson et les collines de Troy. Un chemin de fer conduit d'ici en trois heures les voyageurs à Whitehall. L'essai que j'en ai fait m'épouvante, et je vais m'embarquer sur le canal qui rejoint l'Hudson au lac Champlain, dans une barque pontée qui chemine lentement comme les treckhuits de la flegmatique Hollande. Il ne me donnera point les joyeuses émotions du bateau de Meaux; mais il me fera voir pas à pas un beau pays.

Cette barque est pleine de marchandises et pleine de passagers. Je ne sais quel moyen dè locomotion on pourrait inventer aux États-Unis qui n'attirât pas des voyageurs, tant l'Américain est possédé du besoin d'aller et de venir. Dans la cabine, pas de place; sur le pont je finis par trouver un rouleau de cordages où je m'installe avec un livre. L'air est doux, le ciel pur, la nature riante, le livre que j'ai choisi m'intéresse, et personne ne semble vouloir m'importuner. En voilà plus qu'il n'en faut pour me mettre dans une heureuse disposition d'esprit.

De chaque côté du canal s'étendent des plaines ondulantes parsemées d'arbres, de hameaux, de maisons en bois, les unes élégamment construites, couvertes d'une couche de peinture, comme celles des villes de Suède et de Norwége; les autres plus simples, *loghouses* des colons primitifs. A droite, à quelques centaines de pas de nous,

---

1 L'auteur blâme avec raison le pharisaïsme où sont tombés les protestants d'Amérique; mais si l'on fait un retour sur la France, on ne saurait trop s'affliger d'y voir le jour du Seigneur publiquement méprisé!

coule la Mohawk, rapide et impétueuse, luttant en mugissant contre des rochers qui interrompent le cours de ses flots, et çà et là enlaçant, comme notre gracieuse Saône, des massifs d'arbres, des îles qui, en été, avec leurs couronnes de chênes et leur vert gazon, doivent être charmantes. Un peu plus loin, cette rivière nous apparaît tombant en cascades du haut d'un rempart de rocs, puis se déroulant au large en une nappe azurée comme le ciel, transparente comme le cristal.

Nous faisons des haltes fréquentes aux cabanes des éclusiers, sur la porte desquelles on lit en grosses lettres : *Groceryes* (épiceries). Ces magasins d'épiceries se composent de quelques pains de suif, de quelques livres de sucre et de café. Mais sur leur comptoir brillent des bouteilles en verre qui ont un grand attrait pour mes compagnons de voyage, et pour notre capitaine ; long et maigre Américain, aussi morose, mais beaucoup plus indolent que ses compatriotes. Parfois ses stations en face des précieux flacons sont si longues, que je me demande si, avant de se remettre en route, il n'a pas envie d'épuiser les trésors bachiques de la taverne. Cependant il finit par s'arracher aux prestiges du gin, s'essuie les lèvres avec sa manche, donne un coup de fouet aux chevaux pour leur faire expier sa paresse et saute sur le pont.

A tout instant le paysage varie. Tantôt ce sont des terres basses où les troupeaux achèvent de brouter l'herbe flétrie par l'automne ; tantôt des élévations de terrain d'où la Mohawk se précipite en écumant et se trouve, quoi qu'elle fasse, emprisonnée par l'industrie américaine, qui l'emploie, la belle rivière, comme une esclave vaincue, à tourner des roues de soieries et des moulins : tantôt des rangées de collines étagées en amphithéâtre, sillonnées par la charrue, coupées par des jardins ; et en face de nous, les lignes vaporeuses, les cimes dentelées des *Green Mountains*, autrement dit des montagnes de l'État du Vermont, qui s'étendent du côté du Canada, et dont quelques-unes s'élèvent jusqu'à quatre mille pieds de hauteur.

Souvent ce pays me rappelle l'aspect des coteaux de Franche-Comté, avec leurs habitations solitaires, leurs prés-bois et leurs pâturages. Seulement je n'y vois pas s'élancer dans l'air nos majestueuses cimes de sapins ; je n'y vois pas briller, au haut des forêts sombres, la croix de l'église catholique, et je n'y entends pas retentir la plaintive et harmonieuse clochette des troupeaux. Un grand silence règne dans ces campagnes, un silence qui n'est interrompu que de loin en loin par un marteau de forge, par la roue d'une mécanique. Du reste, pas un bruit et pas un gazouillement d'oiseau. On m'a dit qu'il y avait moins d'oiseaux sédentaires aux États-Unis qu'ailleurs, et je le crois sans peine. Ces chers petits chantres du bon Dieu ne doivent pas pouvoir supporter le râlement des locomotives qui éclate au milieu de leurs concerts, le tourbillon de fumée des machines à vapeur qui souille la pureté de leur atmosphère. Ils s'en vont loin de cette terre industrielle, ils émigrent dans les régions où ils peuvent construire leur nid en paix.

Avec mon livre, ma contemplation de la nature, ce baume salutaire des cœurs, j'ai passé une agréable journée sur le canal de Whitehall, oubliant que je devais aussi y passer la nuit. Vers le soir, le ciel s'est chargé de nuages, la pluie est tombée. Il a fallu rentrer dans la cabine, une cabine de trente pieds de long sur dix de large, occupée par une quarantaine de passagers qui devaient y trouver leur lit. Comment établir quarante lits dans un tel espace ? Voilà un de ces problèmes qui embarrasseraient plus d'un mathématicien. En Amérique il a été bien vite résolu ; vous allez voir de quelle façon. Sur les parois intérieures de la barque sont des planchettes qui, pendant le jour, restant collées à plat, semblent faire partie de la boiserie. La nuit on les relève, et au moyen de quelques bouts de cordes et de quelques crochets, on les superpose l'une sur l'autre en deux ou trois étages selon les nécessités du moment. Sur les planchettes, un domestique étend une couverture, pose un sachet qui représente un oreiller, et tout est prêt. Je n'en croyais pas mes yeux en regardant successivement sortir des flancs du bateau toutes ces couchettes. Il me semblait voir le tentateur de l'infortuné Pierre Schlemihl tirant de sa poche un télescope, une tente pour une douzaine de personnes, et un carrosse à quatre chevaux. Les lits ainsi disposés, chacun choisit le sien. A ce moment décisif, je tombai dans une grande perplexité. Si j'avais pu rester assis près de la table avec une lumière et un livre, c'est ce qui m'aurait le mieux convenu; mais les tables, les chaises, les bancs, tout avait été enlevé pour faire place aux couchettes. Force était donc de me décider, et je me demandai quel rang j'adopterais. Le rez-de-chaussée, malgré ses avantages incontestables sous plusieurs rapports, était exposé à un certain nombre de désagréments que je ne me sentais pas le courage d'affronter. Le second étage, plus aéré et plus indépendant, me paraissait perché bien haut. A la suite de ces graves observations, je finis par me glisser dans l'étui du premier étage, comme un lapin dans son terrier. Et d'abord je m'applaudis de ma sagesse. Celui qui se trouvait sur la même ligne que moi me donna bien un instant quelque inquiétude. Il avait les jambes tournées de mon côté, et comme sa couchette n'était probablement pas mesurée à sa taille, il essaya de faire une invasion sur mon domaine. Par malheur pour lui, il s'était complétement déshabillé; moi, j'avais, au contraire, gardé mes vêtements, et lorsque ses pieds nus rencontrèrent les clous de mes bottes, il jugea que la partie n'était pas égale et se retira comme une limace dans sa coquille.

J'allais donc jouir en paix du résultat de mes prudentes combinaisons, quand soudain voilà un homme énorme, un colosse, qui, ne trouvant plus d'autre couchette, se mit à escalader celle qui pendait sur ma tête. Jugez de ma terreur. Un tel corps était en état de briser sous son poids les ressorts les plus solides. Je le vis deux fois prendre son élan du haut d'un escabeau, deux fois échouer dans sa tentative. J'allais le prier de ne pas recommencer son essai et de prendre mon lit, quand il parvint à se hisser sur sa planchette. Crochets et supports, tout craqua sous lui. Je pensai que je n'avais qu'à déguerpir au plus vite, si je ne voulais pas être écrasé sous une avalanche de chair et d'os. Cependant les lits aériens étaient plus forts qu'il ne semblait. Je restai dans le mien, il resta dans le sien. Mais au moindre mouvement qu'il faisait, je me préparais à sauter à terre; car j'avais sur moi une épée de Damoclès d'une nouvelle espèce, peu aiguë, il est vrai, mais effrayante par sa pesanteur.

Le matin de bonne heure, notre bateau, qui, pour surcroît d'agrément, s'est heurté pendant la nuit à toutes les pierres des écluses, arrive enfin au terme de ses combats, de ses fatigues, sur le quai de Whitehall, à une trentaine de lieues des frontières des États-Unis.

Whitehall n'a que des rues fort désagréables à traverser par un temps de pluie, car il ne s'y trouve pas le moindre brin de pavé. Ses maisons sont en grande partie d'une construction peu recherchée et peu coûteuse. Des planches clouées sur des poutres, une porte par-ci, cinq ou six fenêtres par-là, une couche de vernis sur la façade, et l'édifice est fait. Comme dans le nord de l'Europe, la truelle du maçon n'est guère employée ici qu'aux fondations, le charpentier et le menuisier se chargent du reste. Mais la situation de cette petite ville est très-pittoresque.

Une partie de ses maisons sont alignées le long du canal et du lac; d'autres sont dispersées dans la plaine; d'autres ont grimpé, comme des écoliers alertes, sur la crête d'une colline escarpée, se sont posées sur des bancs de rocs, au pied d'un rideau de sapins, et de là semblent narguer leurs timides voisines accroupies dans le vallon.

Un de ces énormes bateaux à vapeur qu'on ne voit qu'en Amérique, part d'ici chaque jour pour traverser le lac qui porte le nom de Champlain, le nom de ce noble marin de France qui fut, on peut le dire, le créateur de notre colonie au Canada, dont la vie ne fut qu'une longue suite de voyages d'une des plages à l'autre de l'Océan, d'explorations hardies sur un sol inconnu, de luttes incessantes contre les tribus sauvages et contre les cabales jalouses, les agitations politiques de la France.

Ce lac, qui, presque à l'extrémité des États-Unis, rappelle au voyageur une de nos mémorables pages d'histoire, a quarante et quelques lieues de longueur. Ce n'est pourtant pas un des plus grands lacs d'Amérique. Mais par le chemin de fer de Troy, par le canal Érie, il se joint d'un côté à l'Hudson, qui conduit à New-York; de l'autre, aux voies de communication de l'Ontario, du Niagara, du lac Supérieur. Par le chemin de fer de Saint-Jean, il se rattache au Saint-Laurent, à Montréal, à Québec, au Labrador.

Près de Whitehall, il est tortueux, étroit, si étroit, que de sa proue à sa poupe notre bateau en couvre toute la largeur, et que c'est un spectacle saisissant de voir le gigantesque bâtiment s'aventurer sur ce filet d'eau, tourner dans ses contours anguleux, serpenter avec ces méandres, en face de deux ou trois bateaux dont la coque échouée atteste les dangers de ce passage, comme les carcasses des chameaux qu'on trouve dans les sables d'Égypte attestent les longueurs et les fatigues de la traversée du désert.

Ses bords sont en cet endroit hérissés de forêts sombres au milieu desquelles apparaît çà et là une cabane de bûcheron qui, le pied sur un tronc d'arbre, et la hache à la main, regarde en paix la périlleuse manœuvre des marins.

Un peu plus loin, le Champlain s'élargit, et de ses flots baigne la rive de deux plaines, dont l'une offre aux regards une vaste surface parsemée d'arbres ou d'arbustes, dont l'autre aboutit à une échelle d'ondulations de terrain, de coteaux et de montagnes imposantes. On s'arrête à droite et à gauche, tantôt devant un embarcadère qui touche à un hameau, tantôt devant une industrieuse bourgade.

Sur une langue de terre enlacée par le confluent du lac et de la rivière de Winooski s'élève Burlington, dans une position charmante; en vue des eaux, des bois, des cimes les plus escarpées des Green Mountains, et les sommités de la chaîne d'Addrondaski, qui ont une hauteur de six mille pieds.

A vingt-cinq milles de distance est Plattsburg, dont les maisons s'étendent sur les deux côtés du Saranac, à l'embouchure de cette rivière dans le Champlain. Ici vous avez des chances pour que l'Américain qui aura passé des heures entières sans se soucier de vous, qui n'aura reçu vos prévenances que comme un dogue de mauvaise humeur, pare tout à coup sa métallique figure d'un sourire jovial, et s'approche de vous d'un air complaisant. Car il aspire à vous raconter la victoire que les Américains remportèrent en 1814, près de cette ville, sur les troupes anglaises commandées par le commodore Macdonough, et il vous la raconte avec tant de détails et une telle emphase, que vous en venez à souhaiter qu'il rentre dans son mutisme habituel.

Les Américains ont, comme les Russes, un orgueil national qui va au delà de toute expression. Ils ne peuvent, comme le peuple russe, parler de leurs vieilles traditions; ils n'ont pas comme lui des monuments anciens d'un caractère vénérable, et des monuments nouveaux d'un aspect grandiose. Ils n'ont pas, comme les soldats de Souwaroff, d'Alexandre, conquis une réputation de bravoure sur les principaux champs de bataille de l'Europe. Ils n'ont pas non plus cette littérature si naïve dans ses chants populaires, si originale dans les compositions de Pouschkin et de Gogol. Mais peu leur importe ce qui existe en d'autres contrées. Ils ont le bonheur de croire que les autres nations leur sont fort inférieures, et tout ce que l'usage perpétuel des chiffres leur a laissé d'imagination est agréablement employé à élever l'aérien édifice de leur gloire. Pour eux, le moindre succès est un événement dont le monde entier doit être occupé. Une bataille où ils ont pris un drapeau et tué une trentaine d'hommes est un autre Marengo. Le nom de leur général Scot doit être transmis à la postérité avec le même éclat que celui des Alexandre, des César, et chacun de leurs soldats qui a pris part à la guerre du Mexique est un petit Napoléon. Quand ils se mettent à parler de leur pays et de ses progrès, la langue usuelle est trop faible pour leur enthousiasme. Il sont obligés de chercher des épithètes extraordinaires, des termes que le savant Johnson n'a jamais admis dans son dictionnaire. Ils me rappellent ce cicerone italien qui, montrant à un étranger un tableau de l'Albane, lui dit : Ah! *signor, questo è un maestro, e un grande pittore, e un pittorissimo.*

J'ai donc entendu de point en point le récit de la bataille de Plattsburg; après quoi mon officieux Américain, satisfait probablement de mon attention, s'est incliné, chose rare! Je crois même, chose plus rare encore, qu'il a fait mine de porter la main à son chapeau. Puis, comme il n'avait plus d'autre épopée homérique à me narrer pour le moment, il s'est retiré me laissant en face des rives du Champlain, livré à mes réflexions.

Ces rives me présentaient de plus en plus un aspect mélancolique. La nuit les enveloppait d'un voile obscur. La lune, poursuivie par les nuages, lançait de temps à autre sur les flots un rayon qui éclairait l'espace d'une sorte de lueur fantastique, puis les laissait en s'éteignant dans une ombre plus profonde. Ce ciel brumeux, cette terre qui de chaque côté de nous se déroulait comme une double ceinture de fer, ce grand silence au milieu duquel on n'entendait que le sourd clapotement des flots et le mouvement du balancier de la machine à vapeur, monotone, régulier comme celui d'une pendule, tout en moi éveillait une de ces graves, pesantes émotions où le cœur, saisi d'une tristesse indicible, d'une espèce de frisson, cherche, dans sa pénible étreinte, un rêve d'espoir, une pensée religieuse qui le rassure et se réjouit de la trouver.

...... Je me suis parfois retiré dans mon *stateroom*, songeant à mon aimable poëte Tieck. Le matin, je me suis réveillé sur les frontières du Canada, près de l'île aux Noix, occupée, fortifiée par les Anglais qui, de là, au moyen de leurs canons, arrêteraient à droite et à gauche toute tentative d'invasion ennemie sur le lac. A quatre lieues plus loin est le village de Saint-Jean, garni aussi de casernes. Un chemin de fer me conduit de là en quarante minutes à la Prairie.

Ici nouveau transbordement de bagages et de voyageurs. Nouveau bateau à vapeur. Cette fois nous sommes sur le Saint-Laurent. Je touche à la terre qui jadis était inscrite sur nos cartes, dans notre histoire, sous le nom de Nouvelle-France, qui, en cessant de nous appartenir, n'a pas cessé de nous aimer. J'entends parler français

autour de moi, j'entends prononcer des noms qui transportent ma pensée à deux siècles de distance. Au delà
d'une magnifique rade, je vois se dresser des mâts de
navires, des tours, des clochers, des cimes d'édifices.
C'est la ville construite en ces lointaines régions par la
main de nos pères. C'est Montréal.

VI

MONTRÉAL

Dieu soit loué! Je suis rentré en France. Je rencontre,
il est vrai, des soldats en habit rouge que nous n'aime-
rions pas à voir défiler sous nos fenêtres. Devant le palais
du gouverneur flotte un drapeau qui n'est point le nôtre,
et à l'entrée d'une place s'élève une statue que nous n'aurions nulle envie d'ériger parmi nous, la statue de Nel-
son. Et, jetant les yeux sur une carte, je remarque aussi,
entre la situation de cette contrée et celle que j'ai quittée
tant de fois pour y retourner toujours avec tant de joie,
une différence de latitude et de longitude qui me fait faire
bien des réflexions.

Mais je suis pourtant sur la terre de France, c'est certain; sur cette terre du Canada découverte par Cartier,
colonisée par Champlain, convertie par nos missionnaires, régie pendant plus de cent ans par des gouverneurs français, et conquise par les Anglais après une
longue lutte où chacun de nos soldats fit vaillamment
son devoir, où notre armée, si forte par son courage,
fut écrasée par le nombre de ses adversaires.

Un peu plus d'un siècle s'est écoulé depuis le fatal
événement qui nous enleva ce beau et riche pays, rejoint

par les grands lacs à une autre de nos possessions, aux rives du Mississipi découvertes par le père Marquette.

Dans ce long espace d'un siècle, l'Angleterre a envoyé ici ses gouverneurs et ses bataillons ; elle y a introduit une partie de ses lois et de ses règlements administratifs. Elle a agi sur cette région par tous les moyens qu'elle a en sa puissance, par son industrie et son commerce, par le courant d'émigrants britanniques, irlandais, qu'elle a cherché à porter de ce côté, elle n'a pu parvenir à dénationaliser la petite population française qui se trouvait dans le Canada à l'époque de la conquête.

Autour de moi je n'entends parler que français. Le domestique de l'hôtel où je loge, la pauvre femme qui vend des fruits au coin de la rue, le cocher de fiacre qui m'invite à monter dans sa voiture, l'avocat, le médecin, le rentier, le marchand, tout le monde parle français, et tout ici me rappelle par un fait, par une date, par un monument public, quelque pieux souvenir de la France. La grande rue qui s'étend d'un bout à l'autre de la cité s'appelle la rue Notre-Dame ; à droite et à gauche est la rue Saint-Jacques, la rue Saint-Paul, coupée par les rues Saint-Laurent, Saint-François-Xavier. Les Anglais n'ont encore baptisé que deux rues ; tout le reste vient de la France.

Représentez-vous une de ces plantes dont un coup de vent emporte le germe sur une plage lointaine où il prend racine, où il se développe, où il produit des rejetons qui s'élèvent au milieu d'un amas de plantes étrangères. C'est l'image de cette population française, si petite d'abord, mais si ferme, qui a grandi entre les tribus indiennes, qui les a peu à peu surmontées, qui maintenant conserve, comme le vase aromatique dont parlaient les anciens, le parfum de son origine, le feu sacré du foyer natal, sous l'empire du léopard britannique, sous les brumes du régime anglais.

Lorsque cette vaste contrée fut découverte, on lui donna le nom de Nouvelle-France. On pourrait maintenant l'appeler la Vieille-France; car elle a gardé mieux que nous ne l'avons fait sur les rives de la Seine, à travers toutes nos commotions politiques, le culte, les mœurs, les traditions d'une autre époque.

Au fond des mers du Nord, il existe une île peu fréquentée et peu connue, où quelques centaines de Norwégiens se retirèrent, il y a environ huit siècles, pour échapper au despotisme d'un conquérant. Cette île est devenue le sanctuaire de la langue primitive et des sagas historiques de la péninsule scandinave. Les Islandais, séparés du reste du monde, parlent encore le même idiome et s'entretiennent des mêmes expéditions aventureuses. Ce que je remarque dans le Canada me fait souvenir de ce qui me frappait si vivement autrefois sous le toit des pêcheurs de Reykiavik, dans les cabanes de Skalholt, avec cette différence que les Islandais ont dû, par le fait de leur isolement, maintenir sans effort tout ce qu'ils portaient au fond de leur cœur dans leurs migrations, et que les Canadiens ont maintenu le même trésor patrimonial dans leurs relations de commerce avec l'Amérique, dans leur contact perpétuel avec l'Angleterre.

Ici le demi-million d'enfants de la France, qui se nomment les *habitants*, a pour la religion catholique, pour les prêtres, le même respect qu'au temps de Louis XIII. Dans chaque village, le curé exerce sur ses paroissiens une autorité incontestée. Il est le guide des familles, le confident des douleurs secrètes, l'arbitre des dissensions domestiques. Quand on le voit passer, il n'est personne qui ne le salue avec respect, et l'on s'honore de s'entretenir avec lui. Aux jours de fête l'église est pleine de fidèles, hommes et femmes, qui assistent dévotement à l'office et n'entendent point, à leur retour, au logis, une raillerie philosophique sur le chant du chœur ou la longueur du prône. En faisant de côté et d'autre quelques excursions avec des membres du barreau et des membres du parlement, je les ai vus, comme nos bonnes gens de Franche-Comté, ôter leur chapeau devant chaque humble croix qui s'élevait au bord du chemin.

Ici l'on a gardé, dans l'usage de notre langue, cette élégance, cette sorte d'atticisme du grand siècle. Le peuple lui-même la parle assez correctement et n'a point de patois.

Ici l'on se complaît à narrer les expéditions de nos anciens marins, les courageux voyages de nos missionnaires, la vaillante odyssée de Champlain, les brillants combats qui ont illustré çà et là les rives du Saint-Laurent. C'est la légende vénérée de cet essaim chevaleresque qui traversa l'Océan avec la croix et l'épée; c'est le poëme de ces pieux Énées.

Chaque famille a, en outre, sa petite chronique particulière, qu'elle garde précieusement dans ses archives et dans sa mémoire. Chacune de ces familles remonte à la France par une ligne plus ou moins directe, et s'arrête au nord ou au sud sur une ville, sur un hameau que les enfants apprennent à connaître dès leur bas âge. Celle-ci est venue de la Normandie, celle-là de la Vendée, cette autre des montagnes du Jura. Chacune d'elles vante par tradition les qualités de la province d'où elle est issue, et il s'établit quelquefois entre les descendants de ces diverses provinces de glorieuses discussions d'amour-propre national, après quoi tous se réunissent amicalement sous leur titre générique d'*habitants,* dans leur communauté d'origine française.

Je suis entré dans la demeure d'un de ces aimables Canadiens au moment où il venait de recevoir une lettre qui lui rajeunissait le cœur. Cet homme, qui s'est acquis,

VUE DE MONTRÉAL.

par la dignité de son caractère, par la distinction de son esprit, une noble place entre ses concitoyens, était depuis longtemps poursuivi par une sollicitude amère. Il savait qu'il venait de la France; mais ses titres premiers étaient perdus, et, nulle tradition domestique transmise de génération en génération ne les ayant remplacés, il ignorait à quelle famille et à quelle province appartenaient ses ancêtres. Un matin, en lisant un journal de France, il y trouve un nom exactement orthographié comme le sien. Il écrit aussitôt à celui qui le portait. C'était un honorable notaire du Mans, qui, quelques semaines après, lui envoya le récit circonstancié de la vie d'un de ses grands oncles qui, au XVIIe siècle, était parti pour la Nouvelle-France, la généalogie de sa famille et les portraits de plusieurs de ses parents. Le bon Canadien lisait cette généalogie, contemplait ces portraits avec amour, et se réjouissait à l'idée d'aller un jour voir le sol natal de ses pères et embrasser ses cousins du Mans.

Je ne puis vous dire les douces émotions que j'ai éprouvées à mon entrée dans ce pays, au milieu de ces fidèles commémorations de la France. Mon rapide passage parmi les froids Américains m'avait littéralement gelé le cœur et la langue. Je n'osais plus m'approcher d'un de ces ours de comptoir qui ne répondait à mes avances que par une sorte de grognement; je sentais qu'il n'y avait aucune espèce d'aimant ni de point de jonction entre les mercantiles pensées de cette race additionnante et multipliante, et les fantaisies de ma pauvre nature de voyageur. J'avais fini par me retirer à l'écart, et, malgré mon horreur pour cette romantique situation, j'entrais forcément dans la classe des êtres incompris. Tout à coup voilà que je retrouve la vive et expressive physionomie de la France, le regard animé, les lèvres riantes. Au lieu de ces cohortes de mécaniciens ou de marchands qui naguère me sifflaient comme par grâce ou me cassaient entre leurs dents quelques secs monosyllabes, je rencontre des gens à la figure ouverte, qui, apprenant l'arrivée d'un de leurs compatriotes, viennent eux-mêmes au-devant de moi, me cherchent avant que j'aille les chercher, me tendent la main, m'offrent affectueusement leurs services. Ma pensée se ravive; mon cœur se dilate. Je commençais à me croire à demi mort. Je suis ressuscité.

Je suis ressuscité au 45e degré et demi de latitude et au 73e et quart de longitude. Le fait est assez important pour que je le relate avec soin. En le citant, je donne de plus la position exacte de Montréal, et j'aspire en outre à faire une description de cette cité, quoique en général les descriptions de villes, et notamment celles dont je me suis rendu coupable sur différents points du globe, me semblent bien ennuyeuses. Mais c'est, dit-on, un des devoirs du voyageur, et je tiens à remplir les conditions de mon état.

Pour me faciliter ma tâche, daignez déployer une carte de l'Amérique septentrionale. En suivant ses divers linéaments vous trouverez en partant du lac Champlain, à l'est des États-Unis, une île enlacée par les flots de l'Ottawa, qui serait un fleuve important en Europe, qui n'est qu'une des rivières secondaires de l'Amérique, et par les ondes du Saint-Laurent, qui est tout simplement un des plus grands fleuves du monde. C'est l'île de Montréal, qui a environ onze lieues de longueur sur deux à cinq de largeur. Presque au milieu de cette petite terre s'élève une montagne fendue en deux comme par le sabre d'un Roland. Avec votre poétique imagination, vous ferez de ces rivières qui se rejoignent deux lames d'argent et d'or, et de ce sol qu'elles embrassent une broche d'émail surmontée d'une émeraude. Ajoutez-y des ciselures représentant des maisons élégantes, des couvents, des églises, des jardins et des bois, toutes les gracieuses fantaisies des artistes, et vous aurez un assez fidèle tableau de l'aspect de Montréal.

Voltaire a dit dans je ne sais plus quel livre : « En ce temps-là, on se battait au Canada pour quelques arpents de neige. » En écrivant cette phrase, le roi des railleurs traitait fort impertinemment un pays qui est dix fois plus étendu que la France, et qui offre à ceux qui voudront le cultiver d'immenses ressources.

J'y suis venu malheureusement dans la saison la plus défavorable. Je ne puis faire reverdir par la pensée ces forêts dépouillées par le vent d'automne, colorer ces eaux, remplir de fleurs ces jardins, et de moissons ondulantes ces prairies. Cependant, sous les ombres d'un ciel de novembre, dans ce deuil gris de la nature, tout ce paysage est encore très-riant et très-beau, et du haut de la montagne j'ai passé des heures à regarder ce nouveau coin de terre dont je n'avais, en quittant le Havre, qu'une fausse idée, cette large baie du Saint-Laurent, bordée par les deux îlots de Saint-Paul et de Sainte-Hélène, et à l'horizon les cimes vaporeuses des coteaux de Sainte-Césaire, Saint-Hilaire, Saint-Thomas (toujours des saints !), tandis qu'à mes pieds les toits en zinc ou en fer-blanc des maisons de la ville ruisselaient au soleil comme des flots d'argent.

L'histoire de cette ville n'est pas longue ; mais elle l'est plus pourtant que celle des reines commerciales des États-Unis, qui date de leur fortune d'hier, et a plus d'intérêt pour un esprit animé d'un noble sentiment national.

En 1535, Jacques Cartier, le vaillant capitaine de Saint-Malo, remonta dans son second voyage le Saint-Laurent jusqu'à l'île de Hochelaga (l'île actuelle de Montréal). Il a lui-même écrit avec la naïveté qui fait le charme des anciens récits de voyages son arrivée en ce lieu et ses relations avec les sauvages. « Et nous, dit-il, étant arrivés audit Hochelaga, se rendirent au-devant de nous plus de mille personnes, tant hommes, femmes qu'enfants, lesquels nous firent aussi bon accueil que jamais père fist à enfants, menans une joie merveilleuse; car les hommes en une bande dansoient, et les femmes de leur part, et leurs enfants d'autre, lesquels nous apportèrent force poisson, et de leur pain fait de gros mil, lequel ils jetoient dedans nos petites barques, en sorte qu'il sembloit qu'il tombast de l'air. Voyant ce, le capitaine descendit à terre, accompagné de plusieurs de ses gens, et sitost qu'il fut descendu, s'assemblèrent tous sur lui, et sur les autres, en faisant une chère inestimable, et apportoient les femmes, leurs enfants à brassées pour les faire toucher audit capitaine, et aux autres qui estoient en sa compagnie, en faisant une feste qui dura plus de demi-heure. Et voyant ledit capitaine leur largesse et bon vouloir, fit asseoir et ranger toutes les femmes, et leur donna certaines patenostres d'étain, et autres menues besongnes, et à partie des hommes des couteaux; puis se retira à bord desdites barques pour souper et passer la nuit, durant laquelle demeura icelui peuple sur le bord dudit fleuve, au plus près desdites barques, faisant toute la nuit plusieurs feux et danses, en disant à toute heure *Aguiazé*, qui est leur dire de salut et joye. »

A son retour en France, Cartier eut plusieurs audiences du roi, et lui dépeignit les ressources qu'on pourrait tirer des vastes terres du Canada. Vous croyez peut-être qu'après cette seconde exploration, des cohortes de colons vont s'embarquer pour ces nouvelles régions, comme les Espagnols pour les montagnes du Pérou et du Mexique. Non, Cartier avait été obligé de reconnaître qu'il n'y avait sur les rives du Saint-Laurent point de mines d'or ni d'argent. Le sol de la France n'était pas assez cultivé pour que ses habitants éprouvassent la nécessité d'aller au loin chercher d'autres champs à défricher. Puis les guerres de François Ier et son amour pour les arts détournèrent sa pensée des conquêtes que lui livrait le brave marin de Saint-Malo.

Plus d'un siècle se passe pendant lequel des hommes investis du titre de gouverneur, ou d'un privilége de commerce exclusif dans le Canada, naviguent vers cette contrée, s'y arrêtent sans y former aucun établissement sérieux et en rapportent des pelleteries.

L'œuvre que n'avaient pu faire Roberval avec les deux bâtiments qu'il équipa à ses propres frais, le marquis de la Roche avec son emploi de lieutenant général, Chauvin avec son monopole, le valeureux et intelligent Champlain l'entreprit, et la religion l'acheva.

Champlain construisit des forts sur plusieurs points, posa les bases de la colonie, obtint, par l'entremise du duc de Ventadour Henri de Lévi, quelques prêtres qui devaient aider au progrès de cette entreprise, en convertissant et pacifiant les Indiens.

En 1627, Richelieu révoqua les priviléges de la compagnie industrielle qui n'avait fait qu'exploiter les produits du Canada sans rien fonder dans ce pays, et organisa une société de cent membres qui se prescrivait une plus belle mission.

Elle s'engageait à transporter au Canada seize mille ouvriers et laboureurs, tous catholiques, à les loger, à pourvoir à leur subsistance pendant trois ans, à leur donner des terres et du blé pour faire leurs semailles. Elle leur adjoignait trois prêtres, dont elle assurait les moyens d'existence pendant quinze ans.

Le roi accordait à cette société le droit de nommer des juges, de construire des forteresses, de fondre des canons, de décerner des titres. Il lui donnait en outre le privilége exclusif du commerce des pelleteries, le droit d'importer et d'exporter toutes sortes de marchandises sans rien payer au fisc.

Cette compagnie, dont le vénérable Charlevoix se plaît à louer la constitution, allait se mettre à l'œuvre, quand, par suite de la guerre qui, en 1628, éclata entre la France et l'Angleterre, les Anglais envahirent le Canada et s'emparèrent de Québec, qui en était alors le point le plus important. Mais ils ne comprenaient point encore la valeur de cette conquête, et ils la rendirent sans difficulté, en 1632, à la paix de Saint-Germain. Champlain, qui était retourné en France, revint deux ans après au Canada, y reprit le cours de ses travaux, et mourut en 1635, laissant un nom que les Canadiens vénèrent à juste titre et que la France doit honorer.

Dans l'été de 1641, deux petits bâtiments mettaient à la voile dans le port de la Rochelle. Sur l'un de ces bâtiments était un gentilhomme champenois, M. de Maisonneuve, qui, à la suggestion de M. Olier, fondateur de Saint-Sulpice, avait lui-même, avec quelques associés, organisé dans un but religieux une expédition pour le Canada. Il était accompagné d'un prêtre et de vingt-cinq hommes ouvriers ou soldats. Sur l'autre navire était une sainte fille, Mlle Mance de Langres, qui renonçait aux avantages d'une belle position dans le monde pour porter l'ardeur de sa charité chrétienne parmi les sauvages.

Cette émigration, composée en tout de trente personnes, arriva à Québec au mois d'août. La petite colonie naissante de cette ville essaya de retenir les pieux voyageurs qui eussent été pour elle un utile renfort; car elle ne se composait pas de plus de deux à trois cents âmes. Mais M. de Maisonneuve s'était engagé à aller à Montréal et voulait aller à Montréal. En vain lui représenta-t-on les dangers auxquels il s'exposait en abordant avec si peu de forces sur cette île occupée par une nombreuse tribu d'Indiens. Il répondait en vaillant gentilhomme : « Je ne suis pas venu pour délibérer, mais pour exécuter. Y eût-il à Montréal autant d'Iroquois que d'arbres, il est de mon devoir et de mon honneur d'aller y établir une colonie. »

Il partit, et arriva le 14 octobre sur la côte de Hoche-laga. Il éleva des cabanes, construisit une chapelle en bois. Sur le même lieu, Mlle Mance fonda un hôpital; la sœur Bourgeois, une autre sainte fille de Troyes, établit sa communauté de la congrégation de Notre-Dame, qui se consacre à l'éducation gratuite des jeunes filles.

Quelques tentes dressées en face des sauvages, au milieu des bois, une chapelle près de laquelle un arbre servait de clocher, une maison de refuge pour les malades, une maison d'éducation pour les pauvres, tels furent les éléments de la ville de Montréal, qui d'abord porta le nom de Ville-Marie.

Bientôt la petite cité française fut contrainte de se fortifier contre les attaques des sauvages. Elle s'entoura d'abord d'une palissade en bois, puis d'un mur de quinze pieds de hauteur. Ainsi protégée, elle se développa et grandit quelque peu. Elle organisa un commerce d'échange avec les Indiens, elle eut ses jours de grande foire et ses jours de marché. En 1657, M. l'abbé Quélus, de l'ordre de Saint-Sulpice, érigea dans cette ville un séminaire. L'île entière devint la propriété de cet établissement. Il en est resté le seigneur. D'autres terres du Canada furent concédées, avec le même titre seigneurial, à des officiers, à des gentilshommes.

La révolution de 1789 a renversé parmi nous toutes ces possessions nobiliaires. L'Angleterre les a respectées en conquérant le Canada. C'est un fait qui doit nous paraître singulier quand nous posons le pied sur cet ancien domaine de France, que d'entendre à tout instant parler de fiefs et de seigneurs. Voici, à cet égard, quelques mots d'explication. Cette distribution de terres fut une des sages mesures de Colbert, une mesure qui pourrait être, avec quelques modifications, utilement appliquée à l'Algérie. En acceptant la concession de tant de milliers d'arpents, le seigneur s'engageait à les répartir entre un certain nombre d'individus qui devaient les défricher, y fixer leur demeure, et qui devenaient possesseurs du sol qu'ils occupaient, à la condition de payer en proportion de son étendue une modique redevance annuelle à celui de qui ils l'avaient reçu. Si les seigneurs subsistent au Canada, ils n'ont, comme vous le voyez, ni serfs ni vassaux. Le seigneur transmet à son fils aîné ses titres et ses droits. Il a un banc réservé à l'église; le prêtre lui présente l'eau bénite, et le recommande, ainsi que sa famille, aux prières des fidèles, selon les vieilles coutumes de France. Il perçoit ses redevances, qui, étant restées fixées au même taux qu'au xviie siècle, n'ont plus qu'une faible valeur. Il perçoit, en outre, un droit de vente ou de mutation sur chaque lot de terrain dépendant de son domaine. Voilà tous ses priviléges. Quand le prix d'un terrain nu s'accroît par la culture, par la construction d'une maison, ou d'un établissement industriel, il est clair que si ce terrain passe par un contrat de vente en d'autres mains, les droits attribués dans ce cas au seigneur deviendraient considérables; mais alors il les règle avec les intéressés, à l'amiable. Ainsi le séminaire, seigneur de l'île de Montréal, dont le droit primitif est de douze pour cent sur le prix de chaque vente, l'a successivement réduit, et fait encore chaque jour de nouvelles concessions. Sauf ce tribut que l'on paye ici au seigneur comme nous à notre enregistrement, le paysan est libre et n'a rien à envier à la constitution civile des paysans de la France. S'il lui plaît de racheter, au moyen d'une somme une fois payée, ses redevances annuelles,

d'affranchir à perpétuité son domaine du droit de mutation, le seigneur ne peut s'y refuser.

Cependant, comme ce droit n'a point été réglé par une
loi générale, plusieurs seigneurs n'ont point voulu l'abais-
ser équitablement selon les circonstances. Autrefois, en
cas de conflit entre eux et leurs censitaires, la cause était
portée devant l'intendant, qui la tranchait par un arrêt
souverain. Maintenant on en appelle aux tribunaux, qui
s'en réfèrent à la coutume de Paris, laquelle coutume
n'avait point prévu les nouvelles questions litigieuses.
Les gens parfaits (on en rencontre partout en ce temps
d'heureuse lumière), les gens parfaits du Canada, pour
obvier à ces difficultés accidentelles, prennent la pioche
et le marteau et demandent à renverser de fond en comble tout l'édifice seigneurial. Leurs clameurs ont déjà
retenti plus d'une fois au sein du parlement. Ils ne par-
viendront sans doute pas, ou du moins pas de sitôt, à
accomplir leur acte de démolition; car on ne pourrait,
en bonne justice, dépouiller les seigneurs de leurs droits
sans leur donner une indemnité, et ce n'est pas une
petite affaire.

J'en reviens à mon histoire de Montréal, qui malheureusement va bientôt tomber dans celle de l'Angleterre,
qui déjà y touche par un fâcheux côté. Lorsqu'en 1664
les Anglais se furent emparés de la province de New-
York et des autres possessions néerlandaises, désignées
sous le nom de Nouvelle-Hollande et de Nouvelle-Bel-
gique, ils se sentirent fort contrariés d'avoir dans leur
voisinage une colonie française qui avait la hardiesse de
faire comme eux le commerce des pelleteries, et de leur
enlever une partie de leurs bénéfices. Ils se mirent aussitôt en devoir d'entraver les progrès de cette impertinente
rivale, et suscitèrent contre elle les belliqueux Iroquois,
dont nous avions déjà suffisamment enflammé la colère
en nous alliant à leurs ennemis les Hurons.

Ameutés, protégés, armés par les Anglais, les confédérés des cinq nations entrèrent sur nos domaines, harcelèrent nos colons, et quelquefois firent entendre leurs cris sanguinaires jusqu'aux portes de Montréal. En cet orageux XVIIe siècle, les puissances européennes étaient souvent en lutte l'une contre l'autre, et dès que la guerre éclatait entre la France et l'Angleterre, elle éclatait par contre-coup dans l'Amérique du Nord. Vieux Guelfes et vieux Gibelins combattaient au delà de l'Océan, et les fils luttaient avec la même ardeur dans les forêts du nouveau monde. Mais les Anglais n'avaient pas même besoin du prétexte des événements européens pour s'armer contre nous : le Canada blessait leurs intérêts, irritait leur orgueil, et le *delenda Carthago* était leur devise.

Malgré leurs efforts, leurs cabales artificieuses, la colonie française, qui, en y comprenant les Indiens convertis, ne se composait pas alors de plus de huit mille âmes, se soutenait bravement. Tantôt elle faisait, dans l'enceinte de ses fortifications, une vaillante défense ; tantôt elle allait elle-même attaquer ses adversaires, et elle finit par les obliger à souhaiter la paix.

Les Anglais étaient las de leurs tentatives infructueuses, les Iroquois humiliés de scalper si peu de têtes. La fière république des cinq nations s'inclinait devant l épée de la France, et envoyait des ambassadeurs à Montréal. La perfidie d'un de nos alliés anéantit ces heureux projets. Un chef de Hurons, décoré d un petit nom indigène que vous n'êtes pas tenu de prononcer, du nom de Michillimakina, mais plus généralement appelé le Rat, ne voulait point que nous fissions un traité d'alliance avec ses ennemis les Iroquois. Pour en prévenir la conclusion, il se mit en embuscade au bord du chemin par où devaient passer leurs envoyés, en tua quelques-uns, en fit quelques autres prisonniers, et déclara qu'en agissant ainsi il ne faisait qu'obéir aux ordres du gouverneur.

Bien entendu qu'après ce guet-apens il n'y eut plus de proposition de paix possible. Les Iroquois rentrèrent en campagne avec fureur, et il s'ensuivit de part et d'autre d'horribles scènes de carnage.

De 1690 à 1709, sauf un court intervalle de repos commandé en 1697 par le traité de Ryswick, la colonie canadienne fut sans cesse sous les armes. Dix années de paix réparèrent enfin les désastres de cette longue suite d'agitations et de combats. En 1720, la population française de Québec était de sept mille âmes, celle de Montréal de trois mille. Les progrès du commerce sont constatés à la même époque par le mouvement des navires. En 1733, dix-neuf bâtiments sortirent de la rade de Québec, et il en fut construit huit dans les chantiers de la colonie.

Deux ans après, la guerre recommença sous le gouvernement du marquis de Beauharnais, dont le caractère hautain froissa les Anglais. Elle se continua sous l'administration de son successeur M. du Quesnes de Menneville, sous celle du marquis de Vaudreuil de Cavagnal, qui fut dans le Canada notre dernier gouverneur.

Pendant deux ans encore, l'armée française remporta la victoire. C'était la dernière faveur du destin changeant, la dernière auréole de notre pouvoir dans le Canada.

En 1759, Québec fut pris par les Anglais. Quand j'en viendrai à vous parler de cette belle ville de Québec, je vous dirai plus en détail la fatale catastrophe qui nous l'a enlevée. Le valeureux chevalier de Lévi et le marquis de Vaudreuil se retirèrent à Montréal. Ils furent cernés par une telle masse d'ennemis, qu'en réalité toute résistance était à peu près impossible. Le 7 septembre 1760, ils capitulèrent.

Le traité de capitulation démontre que les Anglais ne se croyaient pas assez forts pour prononcer sur notre tête le *væ victis* de Brennus, pour nous imposer les con-

ditions arbitraires d'une armée conquérante. Ce traité
se compose de cinquante-cinq articles. J'en note seulement les principaux.

« Les Français s'engagent à déposer les armes et à
ne plus les reprendre dans le cours de la guerre. Mais
ils doivent recevoir à Québec, où ils s'embarqueront, les
honneurs militaires. Le marquis de Vaudreuil restera
librement dans sa demeure jusqu'à ce qu'on trouve un
navire convenable pour le ramener en France. Les catholiques conserveront le libre exercice de leur culte. Les
prêtres, les missionnaires ne seront point inquiétés dans
leurs fonctions ; les priviléges des communautés religieuses seront strictement maintenus ; les biens du
clergé, les droits des seigneurs seront respectés. Les
particuliers garderont la libre possession de leurs propriétés mobilières et immobilières ; les archives du conseil et des tribunaux resteront dans la colonie. »

Il faut dire à l'honneur de l'Angleterre qu'elle a fidèlement observé ces conditions. Le clergé catholique du
Canada est aussi puissant sous le régime protestant de
l'Angleterre qu'il l'était sous la domination française, les
cérémonies de l'Église aussi libres et aussi splendides.
Les processions religieuses se font dans toutes les paroisses avec la même pompe qu'autrefois en France.
Dans les villes de garnison, elles sont escortées par des
détachements de soldats anglais en grand uniforme. Que
les descendants des vieux puritains, que les sociétés
bibliques crient et tonnent parfois contre un tel scandale, c'est ce qu'il est aisé de concevoir. Mais le gouvernement anglais n'en est pas moins resté sourd à leurs
pieuses vociférations, et n'en a pas moins respecté les
anciennes coutumes civiles et ecclésiastiques du Canada.
Après la conquête, il avait seulement mis sous le sé-
questre les biens des jésuites : sur les représentations de
la colonie, il les a rendus en 1834, avec les revenus qu'il

avait perçus. Le produit de ces biens est affecté aux établissements d'instruction publique.

Il faut reconnaître que l'Angleterre a plus aidé aux progrès matériels de cette contrée que nous ne l'avons fait. De nombreux colons de la Grande-Bretagne, de l'Irlande surtout et de l'Écosse viennent encore chaque année augmenter la population des villes, défricher les champs, planter les piquets de leurs rustiques cabanes sur un sol autrefois désert. L'industrie anglaise a donné l'essor aux Canadiens, et les capitaux anglais ont vivifié le commerce.

En peu de temps la pauvre petite bourgade de Montréal est devenue une grande cité animée et élégante, trop élégante même pour celui qui préfère les capricieuses arabesques, les romantiques fantaisies des anciennes villes à la règle du cordeau, à la systématique uniformité des constructions nouvelles. Ses rues sont, pour la plupart, tracées en droite ligne, remplies de maisons édifiées en belle pierre grise, avec le perron haussé de quelques gradins, la porte vernissée, le marteau en cuivre poli, les persiennes peintes en vert. Elles ressemblent, sauf la grandeur des bâtiments, aux rues récentes de Londres et de Bruxelles. Elles s'étendent sur une plaine de deux milles de largeur, qui, de la base de la montagne, descend jusqu'aux bords du fleuve. Cette cité, dont les premiers édifices furent une chapelle et un hôpital, n'a point failli à son origine. Dans tous ses quartiers il y a des établissements de bienfaisance et d'éducation, et de tout côté on y voit briller des flèches de clochers. Au-dessus de ces diverses fondations de l'Église catholique, du culte épiscopal, presbytérien, s'élèvent les deux tours de la nouvelle église paroissiale, magnifique vaisseau construit sur un plan d'architecture gothique. Il me semble que ses proportions n'ont pas été assez habilement mesurées, que ses tours sont trop massives pour sa façade. Mais tel qu'il est, c'est le plus vaste et le plus beau monument catholique qu'il y ait dans l'Amérique septentrionale.

En dehors de la ville même, il y a toute une autre ville dispersée dans la longueur du vallon, nichée sur les flancs des collines, suspendue aux plis de la montagne : maisons agrestes de laboureurs, maisons superbes de négociants, cottages solitaires de rentiers. Il y en a, à la côte, qui portent le nom poétique de Notre-Dame-des-Neiges, sur la terre plate de Griffin, en face du Saint-Laurent, et en face de l'Ottawa. Il y en a qui vous étonnent par le luxe de leur colonnade et de leurs galeries ; d'autres qui attirent doucement votre imagination sous leur toit modeste, sous leurs rameaux d'arbres, qui vous font rêver le bonheur d'être là pour finir en paix la vie, comme dit Burns, au milieu des amis de nos premiers jours.

Les deux races rivales, séparées en Europe par le détroit, se trouvent ici face à face en contact journalier sur le même sol, et conservent les mêmes instincts particuliers, les mêmes défiances, les mêmes antipathies. L une a pour elle l'autorité de son drapeau, de son gouvernement ; l'autre, la force numérique et ses anciens droits de possession. La race anglaise est plus active, plus entreprenante ; la race française mieux ancrée dans le sol. Toutes deux vivent à la fois sans se confondre, comme deux fleuves qui se rejoignent sans perdre la couleur distincte de leurs eaux. A les voir marcher en silence sous la même bannière, et régler d'un ton amical leurs affaires, on pourrait les croire sincèrement unies. Mais d'un côté subsiste l'orgueil du torysme, et de l'autre le foyer de l'inquiète et ardente nature française. Tout à coup le foyer se rallume, ou l'orgueil éclate comme un ressort longtemps comprimé ; et il s'ensuit des collisions qui anéantissent en un instant le souvenir de plusieurs années de paix.

Au milieu de ces divisions de partis, sous le poids de
ces coups de vent politiques, qui prennent un caractère
grave, beaucoup de Canadiens sont restés fidèles au
pacifique autel des Muses. J'en ai connu plusieurs qui
se consacrent avec une religieuse patience à l'étude de
leurs anciennes annales, qui s'estiment heureux quand,
après une longue et consciencieuse investigation, ils
arrivent à corriger l'erreur d'un historien, à rectifier une
date, à reconstituer un fait. J'en ai connu d'autres qui se
livrent avec une innocente candeur aux douces joies de
la poésie. Comme ils n'ont point de théâtres, et point de
lecteurs assez nombreux pour encourager les grands
travaux, ils ne se hasardent ni dans les orageux défilés
de la tragédie, ni dans les vastes espaces de l'épopée.
Humbles jardiniers du Parnasse, ils cultivent à l'écart
l'aiguillon de l'épigramme, la fleur du madrigal, les
rameaux éplorés de l'élégie.

VII

LES CINQ NATIONS

La puissante confédération des cinq nations, composée des Ayniers (ou Mohawks), des Onneyouths, des
Onontayus, des Anniéyués, des Tsonnonthonaus, s'étendait sur l'immense territoire des bords de l'Ontario, des
rives méridionales du fleuve Saint-Laurent, du lac
Champlain, de la rivière d'Hudson.

Chaque nation était subdivisée en trois espèces de clans
désignés sous les noms : d'Ours, de Loup et de Tortue.
Chaque village formait une république particulière, gou-
vernée par ses propres chefs. Les affaires générales se

traitaient dans un grand conseil qui s'assemblait annuellement à Onondéga. On y voyait quelquefois jusqu'à
quatre-vingts sachems. On y discutait, comme actuellement au congrès des États-Unis, les questions de paix et
de guerre et les intérêts de chaque tribu. Les historiens
s'accordent à dire que tout s'y passait avec un grand
ordre et une grande solennité. Un des traits remarquables
de cette confédération, c'était son esprit de liberté et d'indépendance. Chaque clan qui en faisait partie se regar-
dait comme un souverain, n'admettait aucune espèce de
contrôle étranger, et ne reconnaissait d'autre maître que
le Grand Esprit. Par le même principe démocratique, il
n'acceptait aucune distinction héréditaire. Le titre de
sachem était la récompense du mérite individuel, du
courage ou de l'éloquence.

Le sol des États-Unis est-il destiné à n'enfanter que
des républiques? Jadis c'était celle des Indiens, maintenant celle des diverses races réunies sous le nom
d'Américains. Et qui sait si la nouvelle vaut mieux que
l'ancienne, si le congrès d'Onondéga n'était pas plus
grave et plus sage que celui de Washington?

Ainsi campée, cette confédération dite des Iroquois
barrait de plusieurs côtés le chemin à nos premiers soldats. Champlain, l'intelligent, le courageux Champlain
eût peut-être pu les avoir pour alliés. Mais, en arrivant
au Canada, il trouva la guerre établie parmi les indigènes,
prit parti pour les Hurons qui réclamaient son secours,
et les Iroquois devinrent ses adversaires, les adversaires
les plus redoutables qu'il pût trouver dans les vastes régions qu'il était appelé à occuper avec les faibles ressources que la France lui confiait. Car les Iroquois, fiers
surtout de leur valeur sur le champ de bataille, ne dédai-
gnaient pas de recourir à la ruse pour surprendre leurs
ennemis. Ils se vantaient de joindre la force du lion à la
férocité du tigre, à la finesse du renard, et ils en vinrent

à inspirer une telle terreur dans l'Amérique septentrionale que, à l'aspect de l'un d'entre eux, ce cri : « Un Iroquois! un Iroquois! » suffisait pour mettre en fuite toute une population.

Vaincus dans les premières batailles que Champlain leur livra, ils reparaissaient bientôt avec une nouvelle audace. Épouvantés d'abord par nos armes à feu, comme les Indiens du Mexique et du Pérou par celles des Espagnols, ils ne tardèrent pas à apprendre l'usage de nos fusils, de nos canons, et s'en servirent avec habileté. Secondés par les Anglais, par les Hollandais, qui regardaient d'un œil jaloux notre établissement en Amérique, ils finirent par écraser leurs ennemis les Hurons, et furent pour nous une cause perpétuelle d'inquiétudes et de luttes. Puis le jour arriva où, ayant vaincu, dispersé les autres tribus sauvages, ils furent eux-mêmes vaincus et dispersés par les forces toujours croissantes de la colonisation européenne.

Jadis, quand un enfant de cette tribu commençait à se mouvoir, son père lui mettait entre les mains un arc et des flèches pour qu'il s'exerçât à faire la guerre aux animaux en attendant qu'il la fît aux hommes.

Jadis, quand un Iroquois célébrait les funérailles des guerriers qui avaient succombé sur le champ de bataille, il s'écriait :

« Os de mes ancêtres qui êtes suspendus au-dessus des vivants, apprenez-nous à vivre et à mourir. Vous avez été braves, vous n'avez pas craint de piquer vos veines; le maître de la vie vous a ouvert ses bras et vous a donné une heureuse chasse dans l'autre monde.

« La vie est cette couleur brillante du serpent qui paraît, disparaît plus vite que la flèche ne vole; elle est cet arc-en-ciel que l'on voit à midi sur les flots du torrent; elle est l'ombre d'un nuage qui passe.

. . . .

« Os de mes ancêtres, apprenez au guerrier à ouvrir ses veines, à boire le sang de la vengeance. »

Jadis, quand un chef iroquois comparaissait devant un de nos gouverneurs français pour négocier un traité de paix et réclamer ses prisonniers, il lui disait : « Prête l'oreille. Je suis la voix de mon pays. J'ai passé près du lieu où les Algonquins nous ont massacrés au printemps. J'ai passé vite et j'ai détourné les yeux pour ne point voir le sang de mes compatriotes, pour ne point voir leurs corps étendus dans la poussière. Ce spectacle aurait excité ma colère. J'ai frappé la terre, puis prêté l'oreille, et j'ai entendu la voix de mes ancêtres qui m'a dit avec tendresse : Calme ta fureur, ne pense plus à nous, car on ne peut plus nous retirer des bras de la mort; pense aux vivants; arrache au glaive et au feu ceux qui sont prisonniers. Un homme vivant vaut mieux que plusieurs qui ne sont plus. — Ayant entendu cette voix, je suis venu pour délivrer ceux que tu tiens dans les fers. »

Maintenant l'enfant de l'Iroquois, au lieu de s'essayer à tendre un arc, à lancer des flèches, à brandir le tomahawk, barbote dans les rues avec les canards. On célèbre les funérailles des morts sans invoquer leur courage, et les fils de ceux qui parlaient un si fier langage à nos agents officiels s'inclinent avec respect devant un shériff et devant un officier anglais.

.　.　.　.　.　.　.　.　.　.　.　.　.　.　.　.　.

Les Indiens vivaient constamment au milieu même de la nature. Ils ne s'enorgueillissaient point, comme nous le faisons aujourd'hui, d'en expliquer les phénomènes; mais ils les observaient à tout instant, dans toutes les saisons, et par cette attention continue ils acquéraient les connaissances nécessaires pour régler leurs actions et assurer leur bien-être. Sans horloge et sans aucun instrument astronomique, par l'inspection des astres, ils mesuraient exactement la marche des heures, le cours des nuits et des jours. Sans guide et sans boussole, ils pouvaient entreprendre de longs trajets à travers des plaines désertes, des forêts profondes où l'on ne distinguait pas un sentier, pas un vestige humain, et ils arrivaient en droite ligne à leur but. On a souvent signalé l'habileté avec laquelle ils reconnaissaient à un signe presque invisible, à une branche brisée, à des herbes courbées sur le sol, la trace d'un homme ou d'un animal, d'un ami ou d'un ennemi. Le fait est que, par l'énergie de leur vie active, par la fraîcheur de leurs organes, par l'étude perpétuelle de tout ce qui les environnait, ils acquéraient une pénétration de regard, une finesse d'ouïe et d'odorat vraiment prodigieuses. La nature était leur première et leur constante institutrice; selon ses différentes phases, ils combinaient le cours de leurs occupations, de leurs chasses et de leur vie nomade. Selon ses périodes régulières, ils avaient formé leur calendrier; ils divisaient, comme nous, l'année en quatre saisons et en douze mois; mais ils en fixaient le commencement au printemps, en cette riante saison où tout s'égaye et se ranime.

Un grand nombre d'Indiens ont conservé les noms imagés par lesquels leurs ancêtres désignaient les différents mois, selon leur action distinctive: janvier, le mois des écureuils et des souris, parce qu'alors ces animaux commencent à sortir de leurs trous; mai, le mois des semailles; juin, le mois des faons; août, le mois des épis rôtis; décembre, le mois de la chasse. Les révolutionnaires de France, en composant leur calendrier républicain, n'avaient pas même le mérite de l'invention; l'ignorante race indienne de l'Amérique leur offrait le modèle d'une nomenclature plus précise et plus pittoresque que celle qu'ils ont imaginée.

Par cette même observation des divers phénomènes de la nature, les Indiens faisaient leur chronique individuelle ; ils calculaient leur âge d'après quelque événement mémorable, comme, par exemple, un hiver rigoureux ou un débordement extraordinaire : « En ce temps-là, disaient-ils, je commençais à marcher, et j'étais de taille à tuer les oiseaux avec des flèches. » Ils avaient une autre habitude que je ne puis omettre de citer : ils ne comptaient point la durée de leur vie par jours, mais par nuits, ni par étés, mais par hivers, comme si les jours lumineux et les belles saisons passaient trop rapidement pour laisser quelque impression dans leur esprit ! Et n'est-ce pas ainsi que souvent nous-mêmes nous fixons notre pensée à nos heures de deuil ou d'angoisse, tandis que dans notre ingrate mémoire s'effacent les moments de joie ?

La nature était l'élément vital des Indiens ; ils l'aimaient de telle sorte, qu'ils se considéraient comme incarnés en elle : « Ami, disait un de leurs chefs au colonel Harrisson, je te remercie du siége que tu m'offres. Le soleil est mon père, la terre est ma mère. Je m'assoirai sur le sein de ma mère. »

Et il s'assit sur le sol nu.

Cette phrase, prononcée d'un ton solennel, n'était point une vaine métaphore.

Les Indiens regardaient réellement la terre comme leur mère universelle ; ils croyaient qu'ils avaient été engendrés dans ses entrailles, et qu'ils y étaient restés longtemps avant de monter à sa surface.

Les Delawares ont une tradition qui rapporte qu'au commencement du monde ils habitaient sous un lac, dans les profondeurs de la terre. Un d'eux découvrit, un jour, une cavité par laquelle il monta à la surface du globe, et s'empara d'un daim qu'il rapporta dans sa retraite souterraine. Ses compagnons, ayant mangé la chair de cet animal, y prirent tant de goût qu'ils voulurent tous quitter leur sombre demeure pour s'établir sur le sol où l'on voyait la lumière du ciel, et où l'on trouvait un succulent gibier.

D'autres traditions disent que, primitivement, les Indiens vivaient dans l'intérieur de la terre, à l'état d'animaux; de là, leur respect pour certains animaux inoffensifs ou carnassiers, tels que le lapin, la tortue, le loup, le renard, le serpent dont plusieurs tribus s'honorent de porter le nom. La chasse et la pêche ont été, pour tous les peuples primitifs, les éléments essentiels d'alimentation; mais, ici, plus complétement et plus longtemps que dans d'autres régions. L'Indien du Nord, ne sachant pas labourer son sol, et n'étant point, comme les peuplades des régions tropicales, doté de ces beaux arbres qui croissent sans culture et se chargent de fruits savoureux, ne pouvait compter pour vivre que sur son adresse à lancer une flèche ou à tendre un filet. Dans cette occupation journalière, il était à tout instant surpris de l'instinct, de l'agilité ou de la force des animaux qu'il poursuivait dans les bois ou dans les eaux. Ainsi, il en est venu à éprouver pour chacune de leurs espèces une estime particulière. Tous les êtres de la création, les arbres même et les plantes se présentent à sa pensée comme une grande société dont l'homme est le chef; mais certains animaux lui semblent apparentés avec l'homme par leurs facultés; l'ours lui apparaît comme un des combattants d'une tribu hostile. « Lève-toi, disait un Indien à un ours qu'il venait de blesser mortellement; tu es un lâche et non un guerrier, comme tu le prétends. Si tu étais un guerrier, tu le prouverais par ta fermeté, au lieu de gémir comme une vieille femme. Tu sais que nos tribus sont ennemies l'une de l'autre, et tu as été l'agresseur; si tu m'avais vaincu, je me serais soumis à mon sort avec courage; je serais mort comme un brave, et toi, tu restes là, étendu par terre, et tu déshonores ta tribu par ta lâcheté. »

L'Indien fait des harangues du même genre au serpent à sonnettes. Quant aux castors, il éprouve pour eux une telle admiration, qu'il prétend que c'est une race d'hommes qui, en punition d'un grave méfait, a été condamnée à l'état où nous la voyons, en conservant dans sa dégradation sa primitive intelligence. C'est ainsi que le nègre croit aussi que les singes sont des hommes rusés, qui, par paresse, dissimulent leur faculté d'élocution.

« Petit peuple, dit-il dans son jargon, qui pale pas, po pas tavailler. »

Quant au culte de ces peuplades, une opinion généralement répandue nous montre leur religion comme étant un grossier fétichisme. Ce fétichisme toute fois ne ressemble en rien à celui des nègres de la côte de Guinée, qui adorent des pierres et des oiseaux, ni même à celui des anciens Égyptiens, qui, en idolâtrant des légumes, avaient, selon l'expression de Juvénal, la joie de voir naître des divinités dans leurs jardins.

> *O sanctas gentes, quibus hæc nascuntur in hortis*
> *Numina !.....*

Il est vrai que si on fouille dans une de ces poches en peau que l'Indien non converti par le christianisme ou la civilisation appelle son sac de médecine, et porte avec un sentiment de vénération, on est étonné de n'y trouver que quelques misérables objets matériels, tels qu'une patte d'oiseau, une griffe d'ours, une pépite de cuivre, ou même un morceau de bois. Mais ce grossier amulette n'est pour lui que le signe palpable, le symbole du manitou qui doit l'accompagner dans la vie, le guider et le protéger. Chaque tribu a des symboles de même nature ; dans les camps, c'est son palladium ; dans les cabanes, ses dieux lares. Chaque individu a son manitou particulier qui lui sera révélé en une heure solennelle.

Quand le temps est venu où il espère pouvoir obtenir
cette précieuse révélation, à l'âge de quatorze ou quinze
ans, le jeune Indien quitte la demeure paternelle, se
retire à l'écart et reste là, seul, astreint à la plus rigou-
reuse abstinence pendant plusieurs jours, jusqu'à ce
que, dans les rêves enfantés dans son oisiveté, surexcité
par ses jeûnes, il reconnaisse la manifestation de son
manitou.

Lorsque, dans sa retraite solitaire, l'Indien a vu se
dessiner dans ses songes le symbole de son manitou, il
rentre tout joyeux au logis, où sa mère a le soin de lui
tenir en réserve des aliments solides pour restaurer ses
forces après son abstinence. Quand il a apaisé sa faim et
sa soif, il prend ses flèches et va à la recherche de l'animal dont les plumes ou la peau doivent servir à former
son sac de médecine. La prise de possession de ce talis-
man c'est le signe de son entrée dans la vie, comme le
don de la robe virile chez les Romains.

Cet amulette, dont lui seul connaît le mystère, il le
portera constamment sur son corps, et le gardera toute
sa vie, et il sera enseveli avec lui, pour qu'il le protége
encore dans les terrains de chasse de l'autre monde.

Si, par malheur, il vient à le perdre dans un combat, il faut à tout prix que, dans un autre combat, il
enlève celui d'un de ses ennemis. Ce n'est que par cette
conquête qu'il reprendra confiance en sa destinée et re-
gagnera l'estime de sa tribu.

On dit pourtant que quelquefois l'Indien, irrité de
son insuccès dans ses chasses ou ses expéditions de
guerre, accuse son manitou de trahison ou d'impuissance, le jette loin de lui et en choisit un autre.

Ce doit être un plaisir pour le chrétien lorsque dans
de rudes coutumes et dans des doctrines matérialistes
il réussit à découvrir une idée, ou tout au moins une
apparence de spiritualisme. En étudiant les mœurs as-

surément fort peu raffinées des Indiens, on reconnaît cette
idée dans l'importance qu'ils attachent à leurs rêves ;
car le rêve, n'est-ce pas le mouvement de la pensée, dégagée de l'aspect du monde extérieur et de l'action de nos
sens ? Les Romains interrogeaient la volonté des dieux
et les secrets de l'avenir par la coopération matérielle
des augures et des aruspices. Les Indiens, au contraire,
croyaient qu'ils ne pouvaient entrer en communication
avec le monde des esprits que par les secrets entretiens
de l'esprit, par le rêve. Chaque fois qu'ils projetaient
quelque importante entreprise, une bataille, une migration, ils ne s'en fiaient qu'à leurs rêves pour savoir s'ils
devaient immédiatement poursuivre leur dessein ou
l'ajourner. Les chefs, dans les grandes occasions, déci-
daient, selon leurs rêves, la question de paix ou de
guerre, et chaque individu pouvait exercer sur sa famille
le même empire, par le même moyen. On a vu des Indiens se lever en sursaut au milieu de la nuit, quitter
précipitamment leurs wigwams, parce que l'un d'eux
venait de rêver qu'ils allaient être attaqués par une légion à laquelle ils ne pourraient résister. Tout ce que
l'Indien rêvait devait s'accomplir, et il n'est pas douteux
que cette croyance, universellement répandue parmi les
différentes classes de la race rouge, n'ait favorisé plus
d'un habile calcul et plus d'une supercherie. J'en citerai
un exemple. Pendant la guerre d'indépendance de l'A-
mérique, sir W. Johnson, chargé de négocier un traité
d'alliance avec une tribu indienne, reçut, un matin, la
visite d'un des chefs de cette tribu, qui lui dit : « J'ai
rêvé cette nuit que tu me donnais cet habit rouge
brodé, que tu portes dans les jours de cérémonie. »
Sir Johnson ne se souciait guère de se déposséder de son
plus bel uniforme ; cependant il crut devoir accéder à sa
demande, mais il se promettait de prendre sa revanche.
Quelques jours après, il montrait du doigt à l'Indien une

vaste terre fertile, appartenant à sa tribu, et il lui dit :
« J'ai rêvé que tu me donnais cette terre. » Le vaniteux
chef, qui avait voulu se parer d'un vêtement pompeux,
se trouvant pris dans son propre piége, baissa la tête
d'un air confus, puis répondit : « Tu l'auras ; mais je
désire que désormais nous ne nous communiquions.
plus nos rêves. »

Le sommeil et le rêve ont été, pour les physiolo-
gistes, le sujet d'une quantité de dissertations et de
théories. Les Indiens ne se donnaient pas tant de peine
pour expliquer la puissance de leurs rêves ; ils l'attri-
buaient tout simplement à une âme spéciale.

« Vois-tu, disait un jour un Chippeway à M. School-
craft, qui a publié tant de curieuses notions sur les
Indiens, nous avons deux âmes, et je vais t'en donner
la preuve. Dans notre sommeil, nous sommes empor-
tés par une de ces âmes à travers des forêts, des lacs
et des vallées. Notre corps pourtant est immobile, et il
faut bien qu'à cette heure-là une autre âme reste avec
lui, sinon il mourrait. »

Les Indiens ont du reste, comme tous les peuples, le
sentiment de la perpétuité de l'âme et la conception
d'une vie future, où les justes seront récompensés de
leurs vertus, et les méchants punis de leurs vices. Seulement, cette conception est d'un caractère essentiellement matérialiste. Dans les anciennes traditions religieuses des Indiens, la vie future n'est représentée que
comme une continuation de celle-ci : mêmes possessions, mêmes occupations, mêmes jouissances ; le tout
pourtant un peu idéalisé.

Comme le Lapon, ce pauvre Indien des régions boréales, le fils des Peaux-Rouges a un long voyage à faire
pour se rendre dans le pays des âmes ; comme le mahométan, il a de difficiles obstacles à surmonter avant
d'arriver à sa dernière demeure : une large rivière, de

hautes montagnes à traverser, puis, au delà de ces montagnes, il rencontre une espèce de Cerbère qui tente de
l'épouvanter par ses aboiements. Celui qui a vécu d'une
mauvaise vie est condamné à rester plongé dans une eau
bourbeuse, en face d'une plage verdoyante, à laquelle il
s'efforce constamment et vainement d'atteindre. Celui,
au contraire, qui a été vaillant, intègre et charitable,
aborde, par delà les lointaines régions de l'Ouest, sur
une terre où il jouira, sans trouble, des dons du Grand-
Esprit ; là, des ruisseaux limpides et des lacs remplis de
poissons, de vastes forêts peuplées de daims et d'oiseaux
succulents, un ciel pur, un printemps perpétuel, nulle
maladie, nul accident ; pour comble de bonheur, une
femme tendre et soumise et de beaux enfants dociles. Tel
est le paradis des Indiens, et il n'est pas aisé de leur
en faire comprendre un autre. « Que mangerons-nous
dans votre paradis chrétien ? » demandait une jeune
Huronne à un missionnaire qui lui enseignait le catéchisme. « Rien, répondit le missionnaire. — Cela n'est
pas possible ! Et que verrons-nous ? — Vous verrez le
créateur du ciel et de la terre. — Ah ! répliqua-t-elle
ingénument, je n'oserais jamais lui parler. »

C'est pour donner aux morts le moyen d'accomplir
plus aisément leur long voyage qu'on ensevelit avec eux
des vêtements, des ustensiles de ménage et des provisions. C'est pour qu'il puisse se présenter dignement
dans le pays des âmes que le guerrier, avant d'être
déposé dans son cercueil, est paré de ses plus beaux ornements, qu'on lui peint la figure, comme pour un jour
de fête, et qu'on place à côté de lui ses armes.

Les Indiens se préoccupent très-affectueusement des
privations et des souffrances que leurs parents ou leurs
amis défunts peuvent éprouver dans l'autre monde. Le
P. Hennepin rapporte qu'une petite fille étant morte
après avoir été baptisée, la mère, voyant un des gens de

sa cabane malade, appela le missionnaire et lui dit :
« Ma fille est toute seule au pays des âmes, toute seule,
étrangère, parmi les gens de ta nation ; je t'en prie,
baptise cet homme avant qu'il meure, afin qu'il la
rejoigne dans le monde des chrétiens, et l'aide dans
ses travaux. »

Le voyageur Carver raconte une autre histoire, non
moins naïve et touchante. « Quand j'étais, dit-il, au
milieu des Indiens, un enfant de quatre ans mourut
dans une tente voisine de la mienne. Les parents furent
profondément affligés de cette perte. Quelque temps
après, le père mourut aussi. L'Indienne, qui jusque-
là était restée inconsolable, essuya ses larmes et se
montra calme et résignée. Je me hasardai à lui demander le motif d'un si subit changement, et elle me
répondit : « Notre enfant était si petit qu'il ne pouvait pourvoir à sa subsistance dans l'autre monde, et
son père et moi, nous ne cessions de penser aux misères qu'il devait subir. Mais voilà que son père est
parti pour la même région ; c'est un habile chasseur ;
il prendra soin de notre enfant. »

Quand un Indien tombe malade, les médecins appelés
à le secourir pourraient amuser la causticité d'un Européen. Ces médecins sont des jongleurs qui possèdent
réellement des remèdes assez efficaces pour certains
accidents, mais qui, le plus souvent, emploient un
cérémonial bizarre et des contorsions grotesques, pour
écarter du patient l'influence du méchant esprit, seule
cause, disent-ils, de son mal.

L'Indien, pourtant, a foi en eux, et toutes leurs mo-
meries lui semblent de très-graves et très-louables
spécifiques. Cependant, lorsque l'Indien comprend l'in-
efficacité des opérations chirurgicales, des bains de
vapeur, des breuvages composés avec le suc de différentes plantes, ou des incantations employées à sa guéri-

son, il recueille ses forces pour quitter dignement la
vie. Sur le champ de bataille, il doit affronter vaillamment la mort; prisonnier d'une tribu hostile, attaché au
poteau fatal, il doit défier tous les raffinements de cruauté
de ses ennemis, et chanter dans les tortures son orgueil-
leux chant de guerrier. Languissant sur sa couche,
quand il sent approcher sa dernière heure, il doit montrer à ceux qui l'entourent un visage calme, et leur
adresser un langage ferme; il dit adieu à ses parents et
à ses amis, et les engage à ne point se désoler de son départ, puisqu'il ne les quitte que pour peu de temps, que
bientôt ils viendront le rejoindre dans la région des
esprits. Tous les assistants l'écoutent dans un religieux
recueillement. Puis on égorge plusieurs chiens, dont les
âmes, selon la crédulité populaire, iront annoncer son
arrivée à ceux qu'il a aimés et qui l'ont précédé dans le
pays des morts.

Dès qu'il a rendu le dernier soupir, les sanglots, les
cris de douleur éclatent autour de lui; tous les gens de
son village se préparent à célébrer ses funérailles, et ses
parents réunissent dans son cercueil les divers objets
qui lui ont appartenu, non-seulement par la pensée que
ces objets peuvent lui être utiles dans l'autre monde,
mais par une autre délicatesse de sensibilité, pour ne
pas revoir ces différentes choses qui leur rappelleraient
trop vivement la perte qu'ils ont faite. En vertu de cette
même sensibilité, quand on parlera du défunt on ne
prononcera point son nom; on emploiera, pour le dési-
gner, une respectueuse, une affectueuse périphrase :
celui qui était notre ami, dira-t-on, notre guide, notre
défenseur.

Nous autres, quand nous perdons une personne qui
nous était chère, nous tenons à conserver son portrait,
ses bijoux, ses vêtements, comme si nous avions besoin
de ces reliques matérielles pour garder son souvenir

dans notre cœur. Mais les Indiens savent bien qu'ils n'oublieront pas celui qu'ils ont aimé, et à des époques régulières ils honorent par des fêtes solennelles la mémoire des morts.

Dans la tribu des Mandans, qui campe vers les rives du haut Missouri, et qui a conservé plusieurs des anciennes coutumes indiennes, dénaturées ou abolies ailleurs par l'influence des Américains, les morts ne sont point ensevelis dans une fosse. On les enveloppe avec soin dans plusieurs peaux de bison, avec leurs armes, leurs pipes, leurs plus beaux vêtements, et on les étend tout de leur long, les pieds tournés vers l'Orient, sur des échafaudages en bois assez élevés pour que les loups et les autres animaux carnassiers ne puissent y atteindre. Chaque jour, les Indiens vont visiter ces tombes aériennes, et c'est un émouvant spectacle de les voir se prosterner sur le sol de ce cimetière, en gémissant, en s'arrachant les cheveux, en se meurtrissant la chair, pour apaiser l'esprit de celui qui n'est mort, disent-ils, que parce qu'ils l'ont négligé ou offensé.

Quand l'échafaudage, pourri par le temps, s'écroule, le corps qu'il portait est complétement décomposé. Une main pieuse recueille alors le crâne blanchi et le met dans un autre cimetière, où ces crânes sont rangés en cercle sur des couches de sauge verte, qu'on renouvelle dès qu'elles sont flétries.

Les femmes s'en vont là, à peu près chaque matin, déposer près des ossements de leur mari ou de leurs enfants quelque aliment choisi parmi les meilleurs.

Ailleurs, les premiers explorateurs des contrées américaines ont signalé la même piété envers les morts. « Si le feu, dit Charlevoix, prend à un village où il y a des corps morts, c'est la première chose qu'on met en sûreté : on se dépouille de ce qu'on a de plus précieux pour en parer les défunts; de temps en temps on dé-

couvre leurs cercueils pour les changer d'habits, et
l'on s'arrache les morceaux de la bouche, pour les
porter sur leur sépulture et dans les lieux où l'on s'i-
magine que les âmes se promènent. On a vu des mères
garder des années entières les cadavres de leurs enfants et ne pouvoir s'en éloigner, et d'autres se tirer
du lait de la mamelle et le répandre sur la tombe de
ces petites créatures. »

Dans cette peuplade des Mandans, dont je viens de
parler, souvent les femmes se rendent au cimetière, non
point seulement pour y déposer une offrande, mais pour
y passer de longues heures; elles y portent leur ouvrage,
s'asseyent sur le gazon et travaillent près de celui qu'elles
regrettent, comme elles travaillaient autrefois sous ses
yeux, quand il était dans son wigwam.

Si une mère perd son enfant tandis qu'il était encore
au berceau, elle remplit de fleurs et de plumes sa petite
couche, elle suspend ce berceau dans sa cabane lorsqu'elle doit accomplir un des travaux de son ménage.
Quand elle sort, elle le porte sur son dos, comme si l'enfant y était encore, et souvent lui sourit et lui parle,
comme s il pouvait la voir et l'entendre.

Dans l'Amérique méridionale, les gens de la tribu des
Guyuaroas écoutaient avec un plaisir mélancolique les
chants du Macaahan; ils croyaient que cet oiseau était
le messager des âmes et leur apportait des nouvelles de
leurs pères.

Lorsque le vaillant La Salle, le colonisateur de la
Louisiane, apparut avec ses compagnons au milieu d'une
tribu d'Indiens, sur les rives du Mississipi, ces bons
Indiens se mirent à pleurer. « C'est leur coutume, dit
un de nos anciens missionnaires, lorsqu'ils voient arriver parmi eux des gens qui viennent de loin, parce
que cela les fait souvenir de leurs parents morts, qu'ils

croient être dans un grand voyage, et dont ils attendent le retour. »

A. l'ouest des grands lacs de l'Amérique du Nord, les Indiens, en regardant les légères vapeurs qui s'élèvent dans les soirs d'été sur les plaines humides, ou les lueurs fantastiques de l'aurore boréale qui étincellent dans les nuits d'hiver, croyaient que c'étaient les âmes de leurs pères qui planaient ainsi à la surface de la terre ou à la surface du ciel.

L'ancienne religion des Indiens est toute pleine de mystères et d'un caractère tout opposé au polythéisme des Grecs. La mythologie grecque personnifiait les divers éléments de la création, matérialisant la nature. Les Indiens, au contraire, dans leurs croyances primitives, spiritualisent la nature; ils ne placent ni faunes ni dryades dans leurs bois, ni naïades dans leurs eaux; mais, pour eux, chaque arbre, chaque rocher, chaque ruisseau, chaque étoile, chaque souffle du vent a son esprit. Les instruments mêmes, façonnés par la main de l'homme, et dont ils ne comprennent pas le mouvement, une montre, une boussole leur paraissent animées par un esprit. Le tonnerre est un esprit dangereux, et l'aube lumineuse une réunion d'esprits bienfaisants. Le feu, dont ils ne peuvent s'expliquer la clarté et la chaleur, ils le considèrent comme un lien entre le monde spirituel et le monde temporel. A leurs yeux, enfin, l'univers est peuplé d'une multitude d'esprits, qui sont à la terre ce que l'âme est au corps.

Mais au-dessus de ces divinités d'un ordre subalterne s'élève celui qu'on appelle le Maître de la vie, l'Esprit suprême, le Créateur. Ainsi, avant de recevoir l'enseignement du christianisme, les Indiens reconnaissaient déjà l'unité de Dieu, et invoquaient pieusement ce Dieu bienfaisant qui, pour eux, avait fait la terre, peuplé de

poissons les lacs et les rivières, et d'animaux de toute
sorte les bois et les champs.

Voilà ce qu'étaient les Indiens avant que la civilisation pénétrât dans leurs vastes solitudes. Ce qu'ils sont
devenus depuis, hélas! c'est une triste histoire, plus
triste peut-être que toutes celles dont se composent les
annales des peuples. On ne connaît pas leur origine;
mais il n'est que trop aisé de prévoir leur fin. Pas un
monument ne démontre à quelle race ils appartiennent
et de quelle contrée ils sont issus.

Ce qui paraît très-probable, quand on examine les
restes d'anciennes fortifications, découvertes sur plusieurs points de l'Amérique du Nord, c'est qu'avant la
migration des Indiens, cette terre du nouveau monde
avait déjà été occupée par des hommes évidemment plus
civilisés. Ce qui paraît certain, c'est que les Indiens descendent des hordes tartares. A quelle époque sont-ils
entrés en Amérique? Nul historien ne peut le dire. Par
quelle voie? Cette dernière question est plus aisée à
résoudre. Au soixante-sixième degré de latitude, la pointe
nord-est de l'Asie et la pointe nord-ouest de l'Amérique
ne sont séparées l'une de l'autre que par un détroit d'une
dizaine de lieues de largeur. On peut même très-raison-
nablement supposer que ces deux continents ont été
autrefois réunis, puis scindés par une de ces révolutions
géologiques dont on connaît les effets sur d'autres points
du globe. Quoi qu'il en soit, ce canal, coupé encore par
plusieurs îles, n'est point difficile à franchir. En été, les
Tschoukis le traversent fréquemment avec leurs canots;
en hiver, il est ordinairement couvert d'une glace épaisse
qui en fait une sorte de pont. Probablement la terre
américaine a été ainsi découverte, du côté de l'Asie, par
quelques chasseurs ou pêcheurs aventureux, comme
elle l'a été du côté du Groënland, selon le témoignage
des sagas islandaises, par le navire d'Eric, comme d'au-

tres terres ont été découvertes par le hasard d'un coup de vent ou d'une tempête. Probablement encore, les premiers qui abordèrent sur cette plage vierge et y virent des bois, des lacs, des rivières où l'on pouvait sans peine se procurer une nourriture abondante, s'en retournèrent par le chemin qu'ils avaient suivi, pour annoncer à leur famille et à leurs amis l'heureux résultat de leurs premières explorations. La nouvelle de cet événement se propagea de district en district; les peuplades asiatiques s'émurent à ces récits, comme l'Europe du seizième siècle aux merveilleuses narrations des premiers *descubridores*. Les Tartares, avec leur penchant pour la vie nomade, enlevèrent leurs *yantis,* se mirent en marche et, par groupes isolés ou par bandes nombreuses, se répandirent sur ce sol qui n'appartenait qu'à Dieu et que Dieu leur livrait, avec ses fleurs, ses fruits, ses productions de toute sorte, dans sa primitive beauté. Quel malheur que nulle tradition, nul chant populaire n'ait marqué la trace de cette Énéide!

La première révélation faite à notre vieux monde de l'existence de l'Amérique eut lieu en 1503, lorsque Christophe Colomb écrivit au roi d'Espagne : « Dieu a fait résonner merveilleusement ton nom sur la terre; des liens de la mer océanique qui étaient fermés par de si fortes chaînes, il t'a donné les clefs. »

De cette pompeuse proclamation, date l'histoire du nouveau monde. Ces chaînes détachées de l'Océan sont devenues les chaînes des Indiens.

Ils vivaient depuis un temps immémorial dans l'immense contrée dont ils avaient pris possession; ils se propageaient du nord au sud, de l'est à l'ouest, ignorés du reste de l'univers, n'ayant d'autres notions que celles qu'ils acquéraient par la contemplation de la nature.

L'Européen est arrivé, qui aurait pu, qui aurait dû prendre en pitié leur infériorité intellectuelle, éclairer avec une charitable intention leur ignorance, leur donner d'utiles enseignements ; mais le soldat les a terrifiés et vaincus par des armes auxquelles ils ne pouvaient résister ; le marchand les a trompés par ses artificieuses transactions ; le chercheur d'or les a asservis au rude labeur des mines ; le planteur s'est emparé par la fraude ou par la violence de leurs terrains ; le voyageur même qui, sans aucun dessein perfide, s'asseyait à leur foyer, leur a inculqué le germe d'une fatale passion et celui d'une affreuse maladie : l'amour de l'eau-de-vie et la petite vérole !

Ils accueillaient pourtant avec confiance cet étranger à la face pâle ; ils allaient au-devant de lui, et, pour quelques chétifs objets sans valeur, lui remettaient gaiement leurs plus belles fourrures et les meilleures productions de leur sol.

Dans les Antilles, Colomb écrivait aux deux souverains d'Espagne : « Je puis assurer à Vos Majestés qu'il n'y a pas au monde un meilleur peuple que celui-ci, plus affectionné, plus affable, plus doux ; son langage est harmonieux et agréable, et ces gens parlent toujours en souriant. »

Dans le Canada, nous avons vu comment Jacques Cartier fut accueilli.

Les Delawares font un naïf et touchant récit de l'arrivée des Hollandais sur la plage où s'élève aujourd'hui la superbe cité de New-York.

Un jour, disent-ils, des Indiens qui pêchaient dans la baie aperçurent, à une longue distance, une masse étrange flottant sur l'eau, et regagnèrent aussitôt le village pour faire part de leur découverte à leurs compagnons. Tous se rendirent à l'endroit d'où l'on distinguait le mieux cette singulière apparition, et ils cherchaient à deviner ce que cela pouvait être. Les uns disaient que c'était un énorme poisson; d'autres, une grande habitation. C'était le navire des Hollandais.

Peu à peu il se rapprochait de terre. Les Delawares, inquiets, se hâtèrent d'envoyer de côté et d'autre des messages à leurs chefs pour les prévenir du péril dont ils étaient peut-être menacés, et les engager à rassembler les guerriers. Quelques instants après, les chefs s'étant réunis, et voyant la masse colossale qui se dirigeait vers l'entrée de la baie, s'accordèrent à penser que c'était une maison occupée par le Grand-Esprit, qui venait les visiter; ils se réunirent alors en conseil pour aviser aux moyens de recevoir dignement leur manitou. Les femmes se mirent à préparer du poisson et à faire cuire des aliments; les images symboliques des esprits furent examinées et parées de nouveaux ornements. Enfin, il fut décidé qu'on célèbrerait par une grande danse l'arrivée du maître de la vie, et que, s'il était irrité contre ses enfants, on essaierait de l'apaiser en lui offrant un sacrifice. Les jongleurs, les devins de la tribu étaient aussi réunis en conseil, se demandant l'un à l'autre ce que signifiait cette apparition, et quel pouvait en être le résultat.

Tout à coup quelques Indiens qui s'étaient avancés jusqu'au bord de la baie, revinrent annoncer qu'en effet ce qui occupait dès le matin l'attention de la peuplade était une vaste maison de différentes couleurs, habitée par des êtres humains, dont l'un portait des vêtements rouges. Nul doute que ce ne fût le manitou entouré de ses serviteurs. Bientôt on apprend qu'il vient de quitter sa maison, et qu'un large canot le transporte sur la plage.

Les chefs et les jongleurs vont à sa rencontre, et admirent son équipement, surtout son habit rouge couvert de broderies en or. Il les salue amicalement et se fait apporter, par un des hommes qui l'accompagnent, un verre que l'on emplit d'une liqueur jaune; il le vide d'un trait, puis, l'ayant fait remplir de nouveau, le présente à l'un des chefs, qui, après en avoir senti l'odeur, le remet avec un mouvement de répugnance à son voisin. Tous, l'un après l'autre, refusent de goûter cette boisson inconnue. L'un d'eux, plus hardi, se décide enfin à porter ce verre à ses lèvres; il en avale résolûment, tout d'un coup, le contenu. Alors on le voit trembler, vaciller; puis il tombe par terre. Tous ses compagnons, le croyant mort, entonnaient déjà leur chant de deuil, quand soudain on le vit se relever; il déclara qu'il n'avait jamais éprouvé de si agréables sensations, et demanda encore un verre de cette délicieuse liqueur. Les autres chefs, imitant son exemple, burent comme lui, et comme lui furent enivrés.

Les Indiens ne tardèrent pas à reconnaître que celui qu'ils avaient d'abord pris pour le Grand-Manitou n'était qu'un simple et faible mortel; cependant ils se montrèrent très-affectueux envers lui, et très-empressés à lui apporter les produits de leur sol. Lui, de son côté, leur donnait divers objets de quincaillerie qui leur semblaient des choses merveilleuses, et des ustensiles en fer, dont ces innocents Indiens connaissaient si peu l'usage, qu'ils suspendaient les haches à leur col, et mettaient les pelles sur leur poitrine, en guise d'ornements.

Après avoir passé plusieurs jours dans ces amicales relations avec les Indiens, le capitaine partit, promettant de revenir. Il revint, en effet, l'année suivante, fut accueilli avec joie par les confiants indigènes, et leur annonça qu'il avait l'intention de résider près d'eux. Pour construire sa demeure, il demandait seulement autant de terrain que pourrait en contenir une peau de taureau qu'il déroulait sous leurs yeux, ce qui lui fut accordé sans peine.

La peau fut découpée en fines lanières avec lesquelles

les Hollandais, renouvelant pour New-York, cette Carthage de l'Atlantique, l'histoire de Didon, mesurèrent
un assez large espace; là ils creusèrent des fossés, éle-
vèrent des palissades défendues par des armes à feu; plus
tard ils agrandirent leur domaine, et enfin chassèrent
au loin la tribu qui les avait si cordialement traités à
leur arrivée dans le pays.

Telle est la tradition des Delawares; celle des Len-
napes, des Mohicans, des Chippeways et des autres
nations indiennes signale les mêmes ruses, les mêmes
actes de violence. « Nous vivions tranquillement, disent
ces pauvres Indiens; notre communauté s'étendait au
loin, et partout nous fumions le calumet de la paix. Les
blancs sont venus, et nous les avons accueillis comme
des frères; il nous semblait que le Grand-Esprit nous
les envoyait dans une bonne intention; nous leur avons
nous-mêmes abandonné une partie de notre sol, et à
peine y étaient-ils établis, qu'ils ont renversé la tente
de nos chefs et éteint dans notre propre sang le feu du
conseil. »

Certes, je ne pense pas à présenter les Indiens comme
des modèles de mansuétude et des exemples de vertus
sociales; je ne puis nier leurs grossières superstitions,
leurs sauvages coutumes, les guerres sanglantes dans
lesquelles ils se précipitaient si souvent l'un contre l'autre, les horribles trophées dont ils se paraient après la
bataille et les affreuses tortures qu'ils faisaient subir à
leurs prisonniers. Mais ils avaient des qualités physiques
et des qualités morales qui auraient dû imposer plus de
respect et de sympathie aux conquérants européens.

Ceux que l'oppression et la misère n'ont point encore
abâtardis nous offrent, par leur figure énergique, par
leur teint bronzé, par leurs yeux noirs, si vifs et si péné-
trants, par l'agilité de leurs mouvements, un des beaux
types de l'espèce humaine.

On les a vus au sein de leurs forêts supporter, avec un merveilleux stoïcisme, les plus rudes privations, les plus cruelles douleurs, sans verser une larme, sans faire entendre un murmure, sans manifester la moindre impatience. Ils étaient, dès leur bas âge, habitués à souffrir toutes les intempéries, endurcis aux fatigues, aguerris au péril, ardents au combat. Comme les anciens Scandinaves, ils comptaient obtenir par leur bravoure la faveur du Grand-Esprit.

Inflexibles dans leurs haines, ils étaient également fidèles à leurs amitiés. Un témoignage d'intérêt qu'on leur avait accordé, un service qu'on leur avait rendu, ils ne l'oubliaient jamais. Les Français plaisaient à la race indienne du Nord par leur bonne humeur et leur jovial abandon; les missionnaires lui inspiraient un sentiment de respect et de gratitude par leur courage, leur abnégation et leur esprit de charité. Aussi le souvenir des Français est-il resté populaire parmi les peuplades indiennes de l'Amérique septentrionale. Dernièrement encore, un chef de Chippeways du Sault-Sainte-Marie disait à un agent américain : « Quand les Français venaient ici, ils nous appelaient leurs enfants, et nous les nommions nos pères, et nous vivions fraternellement ensemble sous la même tente; jamais ils ne se moquaient de nos cérémonies, et jamais ils ne profanaient la demeure des morts. Sept générations ont passé; mais nous nous souvenons d'eux, car ils étaient justes envers nous. »

En 1763, nous l'avons dit, la France abandonna son immense terre du Canada; mais les Indiens ne pouvaient se résoudre à accepter la domination britannique; ils se coalisèrent pour la combattre. Cette vigoureuse coalition était organisée par un de leurs chefs qui, en un autre temps ou dans un autre pays, aurait pu avoir un grand renom; c'était l'habile, l'opiniâtre, le valeureux Pontiac.

. . . .

Enfin, si les Indiens étaient passionnés pour les combats et implacables envers leurs ennemis, ils étaient aussi compatissants envers le faible, envers le pauvre, hospitaliers envers l'étranger. Lorsqu'ils entreprenaient une expédition guerrière, c'était pour montrer leur courage, ou pour se venger de leurs ennemis, et non point pour piller, comme les Bédouins de l'Orient. Avec leur énergie de caractère, ils avaient horreur surtout des vices qui tiennent à la lâcheté : du vol, du mensonge, de l'avarice. Ils ne craignaient pas d'ouvrir l'entrée de leurs tentes à un meurtrier ; mais l'homme qui avait pu commettre un larcin, s'avilir par une imposture, ou refuser un service à un indigent, ils ne pouvaient le voir sans un profond sentiment de répulsion.

. . . .

On a fait un triste tableau de l'ignorance des Indiens : il est vrai qu'ils ne connaissaient aucun de nos procédés industriels : nul Tubalcaïn ne leur avait appris à forger les métaux ; nul Triptolème ne leur avait révélé l'usage de la charrue ; nul génie inventif ne leur avait donné de nouvelles idées d'art ou d'architecture. Ils vivaient, d'âge en âge, selon les habitudes de leurs pères ; mais ils construisaient leurs wigwams avec une étonnante prestesse ; ils façonnaient très-habilement leurs canots, leurs flèches, leurs vêtements. Ils n'avaient aucune notion de l'écriture :

> . . . . Cet art ingénieux
> De peindre la parole et de parler aux yeux ;

mais pour se donner l'un à l'autre un avis important, ou pour marquer un événement mémorable, ils employaient certains signes de convention, comme les hiéroglyphes d'Égypte ou les runes du Nord. Ils n'avaient point, ainsi que les Chaldéens, découvert quelques-uns des premiers principes des mathématiques et de l'astronomie; mais ils avaient la connaissance pratique du cours régulier des jours, des mois, des saisons, et une telle appréciation topographique de leur pays, qu'ils ne se trompaient point dans leurs migrations. Enfin, ils étaient doués d'une intelligence vraiment très-remarquable, et avec leur langue flexible, expressive, imagée, comme les langues de l'Orient, leur première patrie, ils ont plus d'une fois, par leur éloquence, émerveillé les Européens. J'ajouterai qu'ils avaient quelques instruments de musique, des crécelles, des tambourins, des espèces de cornemuses d'une forme, il est vrai, très-grossière, mais qui suffisaient pour égayer leurs fêtes et animer leurs danses. On a recueilli aussi, dans plusieurs tribus, des légendes mythiques et des poésies qui peuvent être l'objet d'une intéressante étude pour l'ethnographe et le physiologiste.

. . . .

Nous le répétons, si par l'usage du whiskey ou de l'eau-de-vie, ce *sang du diable*, comme l'appellent les Indiens, l'Européen les a abâtardis; si par la contagion de la petite vérole il les a décimés; par des traités perfides, il les a peu à peu dépouillés, bannis de leurs possessions. Je pourrais énumérer un grand nombre de ces menteuses transactions; mais il suffit d'en citer une, pour donner une juste idée des autres. En 1791, les Américains obtiennent de la tribu des Cherokees une cession de terrain, et s'engagent solennellement à respecter ceux qu'elle conserve; en 1794, ce traité est de nouveau confirmé. En 1798, les Américains sollicitent une seconde concession, et, l'ayant obtenue, déclarent sur leur honneur qu'ils n'iront pas plus loin. Quelques années après, les crédules Cherokees étaient, par l'épée et par les baïonnettes, expulsés du dernier domaine qu'ils croyaient à jamais garder.

Ah! la civilisation, telle que la comprennent les hommes de cœur et d'intelligence, c'est assurément une des lois de la Providence, un des nobles développements de l'humanité! mais la civilisation qui n'use de ses moyens d'action que pour pervertir l'ignorance, pour opprimer le pauvre, pour écraser le faible, n'est-elle pas la plus coupable, la plus honteuse des impostures?

Les Américains des États-Unis, qui se croient obligés de frémir au seul mot d'esclavage, n'auraient-ils pu conserver une partie de leur pitié pour ces inoffensifs enfants de la race rouge, dont ils envahissent les domaines, et dont un grand nombre sont réduits à un état de misère que les nègres n'ont jamais connu?

Hâtons-nous d'ajouter, et c'est un des plus beaux hommages que nous puissions rendre à notre religion, hâtons-nous d'ajouter que dans le Canada les Indiens ont été soutenus par le catholicisme, par les missionnaires, et traités avec douceur par le gouvernement anglais. Vous trouverez dans cette contrée plusieurs villages d'Indiens des anciennes tribus des Iroquois, des Hurons, des Algonquins, des Abenakées, qui sont convertis au christianisme, qui ont adopté la vie agricole des paysans canadiens, et qui ont même appris à parler notre vieille langue française. Mais il en est d'autres qui dépérissent, comme dans les États-Unis, et dont le nombre décroît d'année en année. Tels sont les descendants de Yeudat. Quand les Français entrèrent dans le Canada, cette nation occupait un des plus beaux districts de l'Amérique du Nord, et se composait de plus de quarante mille âmes; à présent, il n'en reste qu'une trentaine de familles qui habitent le village de Lorette : les hommes cultivent la terre; les femmes font divers ouvrages en peau de daim ou en écorce de bouleau, qu'elles vendent à Québec; mais, en réalité, cette population végète dans

la misère. Plus misérable est encore la petite peuplade
des Montagnais. Ceux-ci n'ont pu se laisser assujettir à
aucun labeur agricole, ni à aucun travail industriel; ils
vivent d'une vie errante, dans le vaste espace qui s'étend
entre l'embouchure du Saint-Laurent et le territoire de
la baie d'Hudson. La chasse et la pêche pourraient encore suffire à leurs besoins; mais l'abus des spiritueux
énerve leur courage, paralyse leurs forces, et la petite
vérole souvent les décime. Souvent aussi, en hiver, lorsqu'ils ne trouvent plus de gibier dans les bois, ils sont
exposés à mourir de faim. Quand un des leurs expire, les
autres abandonnent le lieu où ils l'ont enseveli, et vont
camper plus loin. En 1804, on évaluait encore cette
chétive tribu à environ mille âmes; à présent, il n'en
reste peut-être pas deux cents; le reste semble destiné à
périr dans son ignorance et ses funestes habitudes.

VIII

LES MISSIONNAIRES FRANÇAIS EN AMÉRIQUE

A l'époque où les premiers missionnaires pénétrèrent
parmi les tribus indiennes du Canada et de l'Amérique
septentrionale, depuis les bords de l'Atlantique jusqu'à
ceux de l'océan Pacifique, depuis les côtes glacées du
Salvador jusqu'aux rives tropicales du golfe du Mexique,
cette immense région n'offrait aux regards qu'un sombre
et effrayant aspect: ici les profondes et ténébreuses forêts; là les prairies de l'Ouest, pareilles à un océan;
ailleurs la plaine sablonneuse et les marécages. Là où
s'élèvent aujourd'hui tant de cités populeuses, on ne

voyait pas une maison ; là où se déroulent les rails des chemins de fer, on ne distinguait pas même un sentier. La charrue n'avait point labouré ce sol ; le minerai n'avait point été arraché aux entrailles de la terre, pour être converti en ustensiles d'agriculture, en instruments de guerre. Les plus simples industries de la vie civilisée étaient ignorées dans cette contrée.

Çà et là erraient les nomades tribus d'Indiens ; çà et là aussi, dans des cabanes en écorce de bouleau, dans des villages défendus par des palissades en bois, on trouvait quelques communautés sédentaires qui, par leurs institutions, par leurs procédés de commerce et d'agriculture, apparaissaient comme les restes d'une ancienne peuplade plus civilisée. Autour de chaque tribu isolée s'étendaient de vastes espaces déserts, où ceux qu'on appelait les braves allaient également à la chasse des hommes et des animaux.

Ces tribus ne se composaient que d'un petit cercle d'individus ; mais elles étaient disséminées, de côté et d'autre, en si grand nombre, que chaque rivière, chaque lac portait le nom d'une nation spéciale. Par leur physionomie, leurs vêtements, leurs habitudes, elles avaient une apparence à peu près uniforme ; l'Européen ne les distinguait l'une de l'autre qu'à leur dialecte et à quelques tatouages particuliers.

La grande famille des Algonquins, divisée en plusieurs tribus, occupait tout le bassin du Saint-Laurent, la vallée occidentale du Mississipi et la plage de l'Atlantique jusqu'au cinquante-cinquième degré de latitude. Plus bas, du côté du golfe du Mexique, étaient les Muscogulgues ou Mobiliens. Entre ces deux races considérables se trouvaient deux peuplades destinées à devenir plus célèbres que les autres : les Hurons et les Iroquois, qui, des rives du lac Huron et du lac Ontario, s'étendaient jusqu'à la Caroline du Nord, et touchaient aux Cherokees, les montagnards aborigènes de l'Amérique. Près de ceux-ci étaient les clans des Creeks, des Yamarres, des Apalaches, des Natchez. A l'ouest du Mississipi, du côté de l'Arkansas, campaient les Dakotas, les Sioux, les Assiniboins; au sud-ouest, les cohortes du Nouveau-Mexique, et les nombreuses tribus qui existent encore dans la Californie et l'Orégon.

C'est au sein de cette sauvage arène que le missionnaire catholique entreprenait de porter la lumière de l'Évangile, au milieu de ces peuplades primitives, divisées en une quantité de clans, séparés l'un de l'autre par la différence de leur dialecte, armés perpétuellement l'un contre l'autre, à peu près tous également barbares, également assujettis à leurs superstitions traditionnelles et à leurs fables mythologiques.

Quels obstacles le missionnaire n'avait-il pas à surmonter pour faire admettre son enseignement par une telle population ? Et il en devait rencontrer d'autres, non moins graves, dans la nature même de la contrée. En s'aventurant dans son dangereux voyage, il était exposé à la rencontre des bêtes fauves ou des guerriers errant avec leurs flèches et leur tomahawk à la recherche d'une nouvelle proie, et s'enorgueillissant d'ajouter un nouveau trophée à leur sanglant cordon de chevelures humaines. Il était exposé aux chaleurs brûlantes de l'été, au froid glacial de l'hiver, aux diverses maladies enfantées par un rigoureux climat, loin de tout abri et de tout secours fraternel; il était exposé à se noyer dans les rivières torrentielles, ou à périr de faim dans les bois.

Mais ni ces dangers, ni les fatigues, ni les privations et les difficultés de toutes sortes ne pouvaient arrêter le zèle de ceux qui voulaient obéir à cette parole de Dieu : « Allez et enseignez les nations. »

Avec les premiers explorateurs et les premiers colons du Canada, apparurent les missionnaires : prêtres séculiers et réguliers, religieux de différents ordres, animés d'une noble ardeur, quittant volontairement le village bâti par leurs compatriotes, les cités naissantes des rives du Saint-Laurent, renonçant aux agréments d'une vie paisible, pour se jeter dans les hasards d'une existence pleine de périls.

Quelquefois une mission était formée par une ordonnance royale. Quelquefois c'étaient les colons qui, par des cotisations volontaires, subvenaient eux-mêmes aux besoins de ces vaillants prédicateurs. Quelquefois c'étaient des princes, des nobles qui, par un généreux sentiment de piété, donnaient l'argent nécessaire pour payer les frais de voyage d'un prêtre, pour envoyer au delà de l'Atlantique des croix, des vases sacrés, des vêtements sacerdotaux. Mais souvent le missionnaire s'en allait seul, la croix à la main, sans appui, sans protection. Insensible à toutes les privations et à toutes les injures, sans souci du danger, sans crainte de la mort, il poursuivait son œuvre avec son ardente charité, sa foi en Dieu, et sa résignation à la volonté de la Providence. Les mêmes actes d'héroïsme, les mêmes vertus de pauvreté et d'abnégation, les mêmes miracles qui, dans d'autres pays, avaient illustré la primitive Église, éclataient à plusieurs siècles de distance dans les contrées septentrionales. En Europe, plus d'une ville florissante doit son origine à quelque humble religieux qui, le premier, pénétra au milieu d'une forêt sombre et y éleva un oratoire. En Amérique, plus d'une province, aujourd'hui animée par une active population, a été, pour la première fois, explorée et signalée aux colons par un missionnaire. Les protestants s'accordent tous à rendre hommage à la vertu de ces prêtres catholiques, et leur nom inscrit dans les annales chrétiennes doit l'être également dans l'histoire du développement des connaissances humaines en Amérique; car ils ont été les premiers pionniers et, sur certains points, les premiers géographes de cet immense continent.

IX

A TRAVERS LE CANADA

C'est une curieuse chose que les canots employés, depuis un temps immémorial, sur les lacs et les rivières de l'Amérique du Nord. La coque en est faite avec quelques rameaux d'une espèce de cèdre, désigné par les Canadiens sous le nom de bois blanc. Cette coque n'est point revêtue de planches solides, comme nos yoles les plus fines, mais tout simplement recouverte d'écorces de bouleau; ni clous, ni chevilles. Le même arbre qui fournit aux constructeurs de cette chaloupe les matériaux élémentaires, leur offre les rameaux flexibles avec lesquels ils lient, l'un à l'autre, les diverses pièces de leur charpente. L'écorce est détachée, au mois de juin ou de juillet, des tiges de bouleau, choisies parmi les plus grosses et les plus lisses. On l'enlève par larges bandes carrées, on la ratisse à sa surface intérieure, puis on la remet aux femmes indiennes, qui en cousent adroitement les divers lambeaux avec des fibres d'arbres.

Les hardis marins d'Archangel s'aventurent quelquefois dans les orageux parages du Nord sur de grossiers bâtiments, construits ainsi tout entiers avec des pièces de bois, sans un seul morceau de fer. Les insulaires de la mer du Sud entreprennent de longs voyages sur des pirogues taillées dans le tronc d'un arbre. Les Groënlandais façonnent leurs kayacks avec des peaux de phoque. De toutes ces constructions primitives, la plus agréable et la plus sûre peut-être est celle de l'Indien ; l'idée lui en est venue vraisemblablement par la construction de son wigwam ; car la plupart des wigwams, dans l'Amérique septentrionale, sont érigés avec des branches d'arbre et recouverts d'écorce de bouleau.

A voir un de ces canots, fabriqués comme je viens de le dire, et calfatés avec de la résine, il semble qu'en y posant le pied on doit en briser l'enveloppe, ou qu'au moindre choc contre un banc de sable, il doit se crevasser. Le fait est qu'il y en a de si légers, qu'un homme les transporte sans trop de peine, d'un endroit à l'autre, sur ses épaules. Ceux-là glissent à la surface de l'eau comme la jaune feuille d'automne, a dit le poëte Longfellow, comme le mobile calice du lis aquatique. Il en est qui sont faits par les mêmes procédés, mais dans de plus grandes dimensions, et qui portent de lourds fardeaux, parfois toute une cargaison de fourrures, parfois toute une cohorte de colons avec ses bagages.

C'est aux Indiens que nous devons cette simple et pourtant cette ingénieuse invention. Quand les Européens débarquèrent sur les rives du Saint-Laurent, ils reconnurent bien vite les avantages d'une telle embarcation dans le pays qu'ils voulaient explorer, et l'employèrent à leur usage, sans essayer de la modifier.

A nos compatriotes qui plantèrent le drapeau de la France sur le sol du Canada, cette contrée n'offrait point, comme l'Amérique du Sud aux Espagnols et aux Portugais, le fatal appât des veines d'or et des mines de diamants, qui fit commettre tant de cruautés et verser tant de sang. Elle ne leur offrait pas non plus cette abondance de fruits savoureux et de fleurs splendides qui ravit, dans les Antilles, les regards de Christophe Colomb. On n'y voyait çà et là, dans les districts les plus habités, que quelques champs de céréales, et de tous côtés s'élevaient, comme les barrières mystérieuses d'un monde inconnu, les sombres forêts dont nul homme n'avait mesuré l'étendue, où jamais la hache du bûcheron n'avait retenti, où le sentier, à peine frayé par le chasseur nomade, était aussitôt effacé par la végétation de l'année.

Mais ces forêts renfermaient des toisons qui, pour le marchand perspicace, devaient être, comme celles de la Colchide pour les Argonautes, des toisons d'or. Dès les commencements de notre colonie, le commerce des fourrures fut organisé dans le Canada, et l'on sait quel développement il a pris par l'activité de la compagnie du Nord-Ouest et de la souveraine compagnie de la baie d'Hudson. C'est à nous que les Anglais doivent leurs premières notions sur cette fructueuse opération; c'est nous qui leur avons ouvert le chemin de leurs possessions, et maintenant il ne nous reste plus rien sur ce sol que nous avons les premiers défriché et exploré!... Plus rien! non, je me trompe; il nous reste, dans cette noble région du Canada, un souvenir de gloire et d'amour, plus puissant que l'arrêt de mort dont le traité de Paris frappa notre souveraineté! *Morte quis fortior? Gloria et amor!*

Les premiers bénéfices réalisés par nos marchands dans le trafic des fourrures excitèrent leur convoitise. Les Indiens campés à quelque distance de nos comptoirs y apportèrent d'abord tout ce qu'ils avaient de peaux de loutres, de castors, de renards et d'autres animaux. Dans la naïveté de leur ignorance, ils les livraient gaiement pour des objets sans valeur. Ces premières cargaisons étant épuisées, il fallut en chercher d'autres plus loin. C'est avec les canots d'écorce que ces intrépides aventuriers, qu'on appela les *Voyageurs* et les *Coureurs de bois,* remontèrent les rivières, traversèrent les lacs et pénétrèrent dans les régions sur lesquelles les plus savants géographes d'Europe n'avaient pas le moindre indice. C'est avec ces canots que nos missionnaires, animés par une pensée plus louable, atteignirent le Mississipi et découvrirent la Louisiane.

C'est avec un de ces mêmes canots que je navigue depuis quelques jours sur les flots de l'Ottawa. Il faut avouer que cette coquille flottante est un peu étroite; je ne puis m'y étendre dans une molle posture, comme un pacha sur son divan; mais, grâce au ciel, je ne suis pas encore assez Sybarite pour ne pouvoir souffrir un froissement un peu plus dur que celui du pli d'une rose, et la nouveauté du spectacle qui se déroule à mes yeux est assez attrayante pour me faire oublier une petite gêne corporelle. Il arrive souvent que notre sotte machine de chair et d'os se regimbe contre la royauté de l'âme; n'est-il pas juste que ses exigences soient quelquefois un peu réprimées?

Cet Ottawa, qu'on appelle à juste titre la Grande Rivière, ces beaux points de vue qui l'environnent, ce canot, inventé par des peuplades qui n'avaient jamais reçu une leçon scientifique, et ces hommes qui le conduisent, tout est nouveau pour moi.

Nos six rameurs sont les descendants de ces anciens coureurs des bois, dont les courageuses expéditions occupaient une si grande place dans l'histoire de la colonisation européenne en Amérique. Un d'eux pourrait ajouter plus d'une curieuse page à cette étonnante chronique. On l'a surnommé Passe-Partout, et il mérite bien ce nom; car il a été, au péril de sa vie, dans les régions les plus sauvages de la moitié du continent américain; il a parcouru les plages glaciales du Nord et les immenses prairies de l'Ouest; il a vécu avec les Esquimaux du Labrador, les Indiens de la baie d'Hudson, et les trappeurs de l'Arkansas. Au récit de ses nombreux

voyages et des dangers de toutes sortes auxquels il a
échappé il pourrait joindre d'amusants détails sur ses
divers régimes alimentaires : il a savouré les bosses de
bison, les queues de castor, les pattes d'ours, les nez
d'élan, ces friandises gastronomiques du chasseur américain. Ce sont là les mets délicats dont il garde un agréable souvenir et dont il espère bien encore se délecter ;
mais quelquefois aussi, en de tristes jours de disette, il a
été obligé de se contenter de la chair coriace d'un cor-
beau, ou d'un morceau de phoque huileux et rance ;
quelquefois même il n'a eu, pour apaiser sa faim, que
des racines sauvages et cette espèce de lichen que nos
anciens voyageurs canadiens ont appelé *tripe de roche*.

Je laisse à penser quelle doit être la figure de cet
homme ; les années l'ont ridée, comme l'écorce d'un vieil
arbre, et la fumée des tentes et les ardeurs du soleil l'ont
revêtue d'une teinte de bronze ; mais, quoiqu'il ne soit
plus jeune, il est encore alerte et plein de force, content
de son aventureux métier, et bien résolu à sillonner les
lacs et les rivières, à courir les bois, tant qu'il pourra
tenir une rame, ajuster un fusil.

Tous ces hommes accomplissent bravement leur tâche,
et, selon la coutume de leurs prédécesseurs dans leur
rude profession, ils cadencent, à certains moments, les
mouvements de leurs rames ; ils chantent, non point
comme les gondoliers de Venise, le poëme des Croisades,
travesti en dialecte vénitien, mais les naïves chansons
de leurs pères. Quand les Français vinrent, à la suite de
Cartier, de Champlain et de quelques illustres gouverneurs de notre colonie, s'établir dans le Canada, ils apportèrent sur cette terre américaine la poésie de leur foyer,
les chansons populaires de leur province. Ces chansons,
ils se plaisaient à les enseigner à leurs enfants. D'âge en
âge, la noble race canadienne les a conservées comme
un trésor héréditaire, comme un des témoignages de son

origine française; le paysan les a répétées à sa famille, dans les veillées d'hiver, à un cercle d'amis, en ses jours de fête. Le voyageur a fait retentir de ces refrains traditionnels tous les échos de la contrée. Hélas! et plus d'un de ces ardents voyageurs est mort dans son trajet, en murmurant peut-être, au fond des bois, les strophes qu'il avait apprises bien loin de là, et en se souvenant ainsi du doux pays natal.

Les fidèles Canadiens ont si bien gardé cette poésie de leurs pères que, si nous voulions faire un recueil complet de nos anciennes chansons populaires, nous en découvririons parmi eux plusieurs qui leur viennent des rives de la Seine, de la Loire ou du Doubs, et qui sont aujourd'hui oubliées, ou tout au moins dénaturées, dans les campagnes où elles ont été pour la première fois modulées. J'en ai eu un exemple à Québec; j'ai entendu, là, chanter, dans une amicale réunion, tous les vers d'une jolie chanson francomtoise, dont je n'ai jamais pu retrouver, dans nos villages, que quelques lambeaux.

Mais ce sont surtout les bateliers qui se plaisent à répéter ces vieilles et rustiques mélodies. Le chant les égaye dans la profondeur des forêts silencieuses, dans les lieux déserts qu'ils traversent; et, à voir l'empressement avec lequel ils s'y associent, on dirait qu'il est un auxiliaire essentiel de leur travail.

Dès qu'ils ont mis leur barque à flot, l'un deux entonne une des pièces de leur répertoire et en module d'une voix vibrante les deux premiers vers; les autres chantent, sur un ton un peu plus élevé, les vers suivants, et tous psalmodient à la fois le refrain.

Je dois ajouter que les Canadiens ne se contentent pas toujours des chansons qui leur ont été transmises par leurs aïeux; il leur en faut de nouvelles, pour de nouvelles circonstances. Les canotiers ont leurs poëtes, qui racontent en vers naïfs les épisodes les plus notables de

leur vie aventureuse. Au moyen âge, les moines rela-
taient ainsi les principaux événements dans des chroniques rimées. Les bateliers font la leur presque toujours
dans la même forme, y adaptent une mélodie tradition-
nelle, et la chantent dans leurs voyages. Si un d'eux
succombe à un des nombreux périls auxquels ils sont
tous presque constamment exposés, ils honorent sa mémoire par une complainte; mais, comme ils sont très-
superstitieux, il y a des moments où le souvenir de ces
complaintes leur semble d'un fâcheux augure, et alors ils
tâchent de l'écarter de leur esprit.

Ainsi vont les bateliers, ramant et chantant, laborieux
et insoucieux, accomplissant leur tâche de la journée
sans se préoccuper du lendemain, toujours prêts à se
remettre à l'œuvre pour un salaire convenable, charre-
tiers des rivières et des lacs, endurcis au travail, soumis
d'avance à toutes sortes de privations et de périls, et
jouissant pleinement du produit de leur labeur dans
leurs heures de repos.

Leur existence n'est-elle pas pour nous un enseignement? Par la patience qu'ils conservent dans leur rude
profession, par le courage avec lequel ils bravent de
graves périls, par leur résignation quand ils souffrent,
par leur franche et expansive gaieté en leurs moments
de bien-être, ne nous donnent-ils pas, sans y songer, une
sérieuse leçon?

Dieu nous a fait une meilleure part dans les biens de
ce monde, et nous n'usons pas sagement de ses dons. A
défaut des réelles difficultés, des vrais chagrins de la
vie, nous nous créons à nous-mêmes des chagrins de
vanité et des difficultés dont nous gémissons ensuite,
comme si nous étions les victimes d'une destinée cruelle.
C'est, je crois, Mme de Staël qui, dans une de ses mélan-
coliques rêveries, a dit : « Je me regrette »; et par là
elle a très-justement défini une de nos tristes propen--

sions. Nous nous regrettons, en effet, aux différentes époques de la vie. Dans la jeunesse, nous regrettons les naïfs plaisirs de notre enfance; dans l'âge mûr, la confiance, les prestiges, les élans poétiques de notre jeunesse; dans la vieillesse, la vigueur et l'activité de l'âge mûr. Nous passons ainsi une partie de notre temps en regrets inutiles, en sollicitudes imaginaires, et l'autre en désirs souvent irréalisables. Nous oublions que chacune de nos années est comme une parcelle de champ que nous devons cultiver, que la vie entière est une tâche, si ce n'est un combat. « L'âme qui sommeille, a dit Longfellow, l'éloquent poëte, manque à sa mission. Laissons le passé mort s'ensevelir au milieu des morts : agissons, agissons, avec le cœur dans la poitrine, et Dieu sur notre tête. »

C'est l'aspect de ces actifs ouvriers avec lesquels je voyage qui me ramène à ces idées de ferme résolution, et l'aspect de cette nature canadienne qui me ramène au sentiment de la grandeur et de la bonté de Dieu.

Quelle belle nature à la fois imposante et gracieuse!

Cette rivière sur laquelle se balance notre canot d'écorce n'a point encore été complétement explorée; elle tombe de sa source septentrionale dans le lac Temiscaming; de là elle descend majestueusement vers la noble cité de Montréal. Par son large cours, par ses nombreux affluents, elle arrose une aire de huit cents milles carrés, qui, selon les *statisticiens* du Canada, pourrait alimenter huit millions d'hommes.

C'est par cette rivière que nos premiers colons entreprirent leurs lointaines excursions. Les coureurs des bois, employés au commerce des fourrures, s'embarquaient près de Montréal, dans le village de Lachine, et s'arrêtaient près du lac des Deux-Montagnes. Il y a là une pente rapide du fleuve qui les obligeait à décharger leurs bateaux et à transporter par terre leur bagage. Il y a là une chapelle, consacrée à sainte Anne, pour laquelle ces rudes voyageurs avaient une dévotion particulière. Ils s'agenouillaient dans ce sanctuaire ; ils y chantaient un cantique ; quelquefois ils y déposaient un *ex-voto*, puis ils rentraient dans leur nacelle, arrivaient par un des affluents de l'Ottawa dans le lac Hudson, puis dans le lac Supérieur, et enfin atteignaient le *Grand-Portage*, où les Indiens leur livraient une ample cargaison de fourrures. De là ils s'en retournaient à Montréal par la même route, ayant fait un trajet de plus de mille lieues.

Toute cette immense région était alors inculte et à peu près inhabitée ; on n'y voyait que quelques tribus éparses d'Indiens, errant avec leurs flèches dans leurs vastes terrains de chasse, plantant çà et là les piquets de leurs wigwams, et quelquefois traversant les lacs avec leurs légères embarcations.

Maintenant de grandes embarcations à voiles et des bateaux à vapeur sillonnent ces mêmes lacs, où jadis le canot d'écorce glissait silencieusement comme une sarcelle. De superbes habitations s'élèvent sur les rives de l'Ottawa, à la place de la tente mobile. Des *settlers* défrichent activement ce territoire fécond ; des bûcherons coupent ces forêts séculaires, construisent de gigantesques radeaux qui descendent jusqu'à la mer comme des îles flottantes, qui serviront à édifier des maisons dans nos pays européens, et reviendront peut-être en grands mâts de navire, pavoisés et triomphants, sur ces mêmes plages où ils ont été abattus par la hache du *lumberer*. Le district de l'Ottawa fournit annuellement à l'Europe plus de vingt-cinq millions de mètres cubes de bois de construction et un million de planches et de madriers. Ces chiffres donnent-ils une idée de l'activité de ce pays ? Mais, à côté des clairières ouvertes dans les bois, des champs creusés par la charrue, des jardins et des maisons blanches d'une laborieuse population, apparaissent

encore les larges espaces déserts, la terre vierge, la forêt
intacte et l'œuvre grandiose, l'œuvre primitive de la
nature à côté des œuvres de l'industrie. C'est un contraste
qui m'a surtout frappé dans l'aspect du Canada, et qui,
à tout instant, de chaque côté de l'Ottawa, me cause une
nouvelle émotion.

La rivière dont les bords m'offrent ces singuliers
points de vue a aussi un caractère étrange. Elle n'est
point assouplie et disciplinée comme nos vieilles rivières
d'Europe ; elle a des élans fougueux, des mouvements
bizarres ; elle bondit quelquefois comme le libre cheval
des Pampas, et semble braver, par ses emportements
sauvages, ceux qui songeraient à la subjuguer. Près de
Bytown, elle tombe d'une élévation de soixante pieds,
et forme une des plus magnifiques cascades que l'on
puisse voir en Amérique, après le Niagara, ce tonnerre
des eaux, comme l'appellent les Indiens. Plus haut, par
la brusque inclinaison de son lit, elle forme ces autres
petites cascades qu'on appelle des rapides. En réalité,
l'Ottawa n'est point une rivière selon le sens que nous
donnons habituellement à ce mot, c'est plutôt une suc-
cession de rivières ou un enchaînement de nappes d'eau
paisibles resserrées de distance en distance par des
masses de rocs, ou roulant à flots bruyants sur une pente
subitement abaissée.

On a souvent comparé le cours de la vie à celui d'un
ruisseau placide. Pour être plus près de la vérité, c'est à
une rivière accidentée et tourmentée comme celle-ci
qu'il faudrait la comparer ; car, quelle est l'existence
humaine qui descend en un calme continu, sans trouble
et sans agitation, vers son océan ?

Au nord de la Finlande, sur le Muonio, il y a une cascade d'un quart de lieue de longueur, qu'on appelle
l'Eyanpaïkka ; les bateliers les plus vigoureux peuvent
seuls la descendre, et, en voyant ses flots qui écument

sur les pointes de rocs dont elle est hérissée, ils disent que ce sont des diables blancs.

Sur l'Ottawa il y a des rapides qui ont l'emportement de la chute du Rhin à Schaffouse. On ne peut s'y aventurer que par une résolution désespérée, et on ne peut en sortir que par un miracle. On raconte qu'un jour des voyageurs canadiens arrivaient près d'une de ces bruyantes cascades avec leur canot chargé de fourrures, lorsque tout à coup ils virent apparaître, sur les deux bords de la rivière, deux bandes d'Indiens ennemis, armés de flèches et de tomahawks. Ils n'avaient qu'un moyen d'échapper à ces hordes féroces, c'était de se précipiter au bas de la cascade. S'ils devaient y périr, ils aimaient mieux encore être submergés dans les vagues que de tomber entre les mains de ceux qui leur feraient subir les plus cruelles tortures. Ils ôtèrent leurs chapeaux, joignirent les mains, invoquèrent pieusement sainte Anne, leur patronne, et la Vierge protectrice des affligés, puis ils lancèrent leur bateau dans l'abîme, et furent sauvés. Ils ont dit, en rentrant dans leur village, que lorsqu'ils descendaient la pente périlleuse, ils voyaient distinctement, dans le tourbillon d'écume des flots, l'image de la Vierge avec une couronne de diamants et une robe blanche, étendant la main vers eux pour diriger leur bateau.

La plupart des rapides de la rivière canadienne ne sont point si dangereux ; mais on ne peut cependant ni les remonter ni les descendre. Il faut, comme on dit en terme de marine, les *doubler* par terre. Toute la cargaison des bateaux employés au transport des marchandises est divisée par colis de quatre-vingt-dix livres ; chaque batelier prend un de ces colis et le porte sur son dos au moyen d'une courroie appliquée sur son front ; d'autres se chargent du canot. C'est ce qu'on nomme le portage. Il y a des portages qui ont plus d'une lieue de longueur. Les hommes qui accomplissent cette rude tâche marchent en courbant les genoux, d'un pas précipité, et, de distance en distance, s'arrêtent quelques minutes, le temps de fumer une pipe, et chacune de ces haltes régulières s'appelle, en effet, une pipe. Quand on est arrivé à l'autre extrémité du rapide, on remet le canot dans la rivière, on y replace les bagages, et les infatigables manœuvres, après s'être essuyé le front, reprennent gaiement leurs rames.

. . . .

Nos journées de marche sont réglées, non point comme un touriste règle la sienne dans nos pays d'Europe, selon les lieux qu'il doit visiter et les villes où il compte trouver un bon gîte, mais selon le nombre et l'étendue des rapides. Quand nous arrivons le soir près d'une cascade un peu longue, nous établissons là notre campement nocturne. En un instant, nos tentes sont dressées; en un instant, un bûcher de branches sèches est allumé. Passe-Partout met la bouilloire près du feu, fait frire du lard dans une poêle, et, tout en savourant ce rustique souper, ne manque jamais de nous raconter quelques-uns des succulents repas qu'il a faits parmi les trappeurs, ou parmi quelques tribus d'Indiens. « Il y a des gens, me dit-il un jour, qui regardent les Indiens comme des êtres profondément ignorants : c'est une erreur. Les Indiens savent des choses dont nos braves messieurs du Canada ne se doutent guère, et en fait de cuisine, par exemple, ils pourraient nous donner de précieuses leçons. J'ai mangé sur les bords du Mississipi des galettes préparées avec les grains de blé cueilli tout frais. Quand ils sont encore à l'état laiteux, on en fait une pâte légère que l'on grille sur la braise. Il n'y a pas chez les pâtissiers de Montréal un gâteau plus délicat. Dans une autre tribu d'Indiens, j'ai vu cuire les tortues tout entières dans leur carapace; on leur met dans la bouche un morceau de bois qui renferme une moelle onctueuse; cette moelle

se fond dans leur corps, et leur donne un goût aromatique. Lord Elgin, le gouverneur de notre pays, a sans
doute une excellente cuisine; mais je parierais bien qu'on
ne lui a jamais servi un mets pareil! Et les plantes, et
les fruits sauvages de leurs forêts, ils les recueillent avec
soin et les emploient fort habilement. Ils font de très-
bonnes soupes avec une herbe que nous appelons l'herbe
des truites, et des bouillons fort appétissants avec des
pommes de terre qui croissent d'elles-mêmes sans culture.
Ils extraient, comme nous, le suc de l'érable, et savent
fort bien garder une partie de leur récolte de cerises et de
prunes pour l'hiver. Enfin, Monsieur, on peut dire que
ce sont des gourmets. Par malheur, on ne trouve pas
dans leur tente un grain de sel. J'ai vainement essayé de
leur faire comprendre l'énormité de cette lacune; ils
persistent à assaisonner une partie de leurs aliments
avec du sucre; car ils sont très-tenaces dans leurs vieilles
habitudes. Voilà comme il n'y a rien de parfait dans ce
monde. »

Parfois nous amarrons notre barque près de la demeure
solitaire d'un settler, bien sûrs d'avance que, dès qu'il
nous apercevra, il viendra à notre rencontre pour nous
offrir ses services. L'hospitalité est une des vertus du
Canada; les habitants des villes la pratiquent avec une
aimable courtoisie; les colons isolés s'en font un devoir
d'humanité, car ils savent, peut-être même par leur
propre expérience, à quelles fatigues, à quelles souffrances est exposé celui qui voyage dans ces bois où il
est si aisé de s'égarer, dans ces campagnes où l'on ne
trouve que de loin en loin un asile. Odin, le dieu des
régions boréales, disait aux Scandinaves :

« Salut à celui qui donne! Un hôte est venu : où sera
sa place? Il a hâte celui qui tente la fortune à la porte
des autres.

« Il a besoin de feu celui qui entre, les genoux gelés.

Il a besoin de nourriture et de vêtements, celui qui a traversé les montagnes. »

Dans leurs longs hivers, les settlers canadiens peuvent bien s'appliquer ces préceptes du Havamal.

Nous devons ajouter qu'au Canada l'hiver est plus rigoureux que dans les contrées européennes situées à la même latitude. Nulle chaîne de montagnes ne protége le Canada contre les vents réfrigérants de l'ouest et du nord-ouest, et près de là s'étendent les froides régions arctiques, les lacs glacés de la baie d'Hudson.

En quelques semaines, quelle transformation ! quel triste aspect que celui de ce pays que j'ai vu naguère si vert, si animé et si riant ! De tous côtés des plaines immenses ensevelies sous une couche de neige. Au milieu de ces plaines, les forêts de sapins, sombres et silencieuses comme des monuments de deuil dans le champ des morts; dans le jour, un horizon terne, un ciel gris ou chargé de nuages noirs, quelquefois un jaune et fugitif rayon de soleil pareil au dernier regard d'un malade épuisé qui s'éteint; puis une obscurité subite sans les douces lueurs du crépuscule et, dans les nuits parfois lucides, des étoiles qui ressemblent à de froides pointes d'acier clouées au firmament, et une lune pâle qui ressemble à un disque de glace. Pas une mélodie dans les airs, pas un mouvement dans les champs ni dans les bois. Les lacs et les rivières, enchaînés par les glaces, ont perdu leurs doux murmures; les insectes avec leurs larves sont cachés dans les réduits imperceptibles d'où ils ne sortiront qu'au printemps. Les oiseaux se sont enfuis vers des régions plus chaudes. Les écureuils mêmes, ces vifs habitants des forêts, émigrent. On dit qu'à l'approche de la rude saison ils sautent de branche en branche, d'arbre en arbre, jusqu'au bord des rivières, et là attendent un vent propice pour s'embarquer en levant leur queue comme une voile. Les ours et les ratons se bloquent dans une ténébreuse retraite comme des philosophes affligés de ce qui se passe dans le monde; les daims et les élans se retirent dans les profondeurs des forêts. Les loups seuls errent encore à l'aventure, cherchant une proie sur cette terre dépeuplée, et dans leurs appétits faméliques poussent des hurlements sinistres. De temps à autre aussi, une corneille égarée fend l'air comme une flèche noire et s'abat sur un rameau de sapin en jetant un cri aigu. De temps à autre, dans les ombres du soir, retentissent les accents du hibou cornu, dont les modulations plaintives, pareilles aux gémissements d'une voix humaine, épouvantent, comme un sinistre augure, comme un chant funèbre, le voyageur solitaire qui les entend résonner dans le silence des nuits. Mais quelquefois, dans ce silence, dans cette immobilité de la nature, tout à coup le vent d'hiver se lève et dans son vol impétueux balaye les plaines de neige comme le simoun balaye les sables du désert. La tempête éclate, et les grandes tiges de sapins s'inclinent sous sa puissance, se courbent l'une contre l'autre, s'entre-choquent et se rompent avec un fracas pareil à celui d'une muraille qui s'écroule, ou d'une mer en furie qui se brise sur les rochers. En un instant, les géants séculaires des forêts sont mutilés et découronnés, et la terre est jonchée de leurs larges rameaux.

Après ces ouragans, le ciel tout à coup redevient clair et serein, la neige brillante; trop brillante même, car elle fatigue les yeux, et à certains moments son éclat est dangereux. On dit que plus d'un voyageur a perdu la vue par l'effet de la trop vive réverbération du soleil sur ces nappes scintillantes.

Pour marcher plus commodément, on a recours à la chaussure appelée raquettes. Ce sont les Indiens qui ont eux-mêmes inventé ces chaussures, plus essentielles ici, en hiver, que le socque dans les rues macadamisées de

Paris, ou la botte fourrée dans les froides rues de Stockholm et de Pétersbourg. Les Lapons ont de longs patins, façonnés tout simplement avec des planchettes, un peu lourds et imcommodes. Ceux des Indiens sont plus ingénieux. Les Anglais leur ont donné le nom de *snow-shoes* (souliers à neige); les Français, celui de raquettes. Ils ressemblent réellement aux raquettes avec lesquelles nous jouons au volant, avec cette différence que le filet en est fait avec d'épaisses lanières de cuir, et qu'ils ont soixante centimètres de longueur et vingt de largeur. On pose son pied au milieu de ce réseau, on le lie avec deux courroies, et après quelques essais on marche lestement. C'est avec cet appareil que les Indiens vont à la chasse en hiver, et atteignent à la course l'élan, dont les lourds sabots enfoncent dans la neige. Les Indiens ont même une danse particulière, qu'ils nomment la danse des patins, et où ils font toutes sortes d'agiles évolutions avec leurs souliers de deux pieds de longueur.

Du reste, on voyage rapidement en hiver au Canada, et si le temps est beau, si l'on a pu se procurer un traîneau assez large pour s'y asseoir à l'aise, enveloppé dans de bonnes fourrures, cette façon de voyager est très-agréable. La neige couvre les diverses aspérités du terrain; la neige, affermie par le froid, est comme une immense voie lactée, composée de myriades de grains. Examinés au microscope, ces grains sont autant de petits diamants de toutes sortes de formes, ovales, ronds, quadrangulaires; il en est qui sont taillés à facettes, comme des brillants; d'autres qui ressemblent à des croix, d'autres à des étoiles, blanches étoiles tombées des flancs d'un nuage noir et cristallisées dans leur chute. Que de merveilles on découvre avec le microscope! mais il vaut mieux l'appliquer aux œuvres de la nature qu'aux œuvres des hommes.

Ces traîneaux ne sont pas élégants; ils sont façonnés

par des artisans champêtres; mais ils sont assez com-
modes, et leur caisse en bois, garnie de peaux de mou-
ton, est posée sur deux bandes de chêne solide, qui glissent sur la neige, comme une barque sur un lac aplani,
en y creusant de légers sillons.

Mais revenons à bord de notre canot qui suit le cours
de l'Ottawa.

Rien ne nous presse, et nous prolongeons nos haltes
de jour et nos haltes de nuit. Nous voyageons à loisir, par
cette belle saison qu'on appelle ici été indien (*indian
summer*), été fugitif, mais charmant, semblable, par ses
tièdes rayons, par sa sérénité, à ces derniers jours d'action intelligente, de jouissances paisibles et de recueillement que Dieu accorde au cœur de l'homme avant
l'hiver de la vie.

A mesure cependant que nous avançons vers le nord,
l'aspect de la contrée devient plus sévère; l'œuvre de la
colonisation n'a pas encore franchi cette zone. Les industrieux villages qui plus bas décorent les bords de la
rivière, ont disparu. Çà et là seulement on distingue
encore une cabane solitaire, un enclos enfermé dans une
palissade en bois, construite en zigzag pour qu'elle
résiste plus aisément à la violence des vents. Le reste du
sol est inculte, et devant nous s'étendent les vastes, les
profondes forêts que l'avide spéculateur n'a pas encore
exploitées.

Quel imposant spectacle! Quiconque n'a pas pénétré
dans l'intérieur de ces forêts du Canada, ne peut se faire
une idée de leur profonde étendue et de leur solennelle
grandeur. Jusqu'à présent je m'étais plu à croire que nos
sapins de Franche-Comté, qui en certains endroits, et
notamment près de Levier, s'élancent jusqu'à cent vingt
pieds de hauteur, étaient les plus beaux sapins du monde.
Mais ici il en est qui n'ont pas moins de deux cents pieds
d'élévation et quarante-huit pieds de circonférence!

Ce sont là les superbes barons du monde végétal, les Titans de cette terre primitive. Mais, autour de ces prodigieux colosses, quelle admirable variété d'arbres de différentes formes et de différentes grandeurs! C'est le cèdre, au sombre feuillage, qui seul, a dit Byron, porte constamment le deuil des morts, qui seul voile tristement une tombe quand le chagrin de ceux qui l'ont creusée est déjà effacé; c'est le platane, qui dans les terrains marécageux grandit si rapidement que, dans l'espace d'une vingtaine d'années, on peut le voir s'élever à une hauteur de quatre-vingts pieds; c'est l'orme, dont l'épiderme mucilagineux, séché au soleil, converti en farine, et mêlé avec du lait, sert à faire une bouillie que l'on dit excellente pour les enfants et les malades; c'est l'érable, qui dans ce pays remplace la canne à sucre des Antilles. Il n'est pas un paysan du Canada et pas un Indien qui, au mois de mai, par une simple incision, n'en tire aisément un suc abondant dont on fait du sucre, de la mélasse, une liqueur forte comme le rhum, et même du vinaigre. C'est le hêtre, qui produit ici non point une petite faîne comme dans nos contrées, mais des noix triangulaires, pareilles à des châtaignes, dont le pigeon nomade, l'écureuil, l'ours, sont très-avides. L'ours vorace grimpe quelquefois jusqu'à la cime de ces arbres pour en dévorer les fruits avant qu'ils soient en pleine maturité; le prudent écureuil en fait des provisions, qu'il cache avec soin, pour passer tranquillement son hiver; et les pauvres gens du Canada disputent aux animaux ces noix de hêtre, ils en font une décoction qui leur tient lieu de café.

Là s'élèvent aussi des chênes de diverses espèces : chêne noir, chêne rouge, chêne blanc, d'une force et d'une beauté pareilles à celles de ce géant des Ardennes que le peuple appelle le chêne des quatre fils Aymon. Dans cette brève énumération, je ne puis omettre de citer le bois blanc, qu'on emploie à fabriquer de légers canots pour traverser les rivières, et le bouleau, non moins cher à l'Indien que le bambou aux Chinois, et le cocotier aux insulaires des mers du Sud. Avec l'écorce de cet arbre, il façonne la plupart de ses ustensiles de ménage, il couvre sa tente, il construit sa nacelle. Cette écorce a environ quatre lignes d'épaisseur; mais elle se divise facilement en lames fines comme des feuilles de papier. Le baron Lahontan raconte que plus d'une fois il s'en est servi, dans le cours de son voyage, pour composer son journal, et un auteur moderne, M. Strickland, dit qu'il a reçu plusieurs lettres écrites sur ce papyrus canadien.

Au milieu de ces épais massifs de tiges gigantesques, naissent et grandissent plusieurs arbres fruitiers et des arbustes qui, en automne, se couvrent de baies savoureuses, et une quantité de plantes médicinales.

Ainsi, la peuplade primitive trouvait dans ces grands bois tout ce qui était nécessaire à ses besoins.

Les sapins, aux pointes pyramidales, y apparaissent comme les flèches aériennes des cathédrales. Les rameaux des chênes et des hêtres en forment le dôme, et leurs troncs vigoureux en sont les pilastres. Les peupliers avec leurs tiges flexibles, les bouleaux avec leur écorce blanche s'y élèvent comme des colonnettes; les saules y déroulent leurs branches comme de légers arceaux; les pommiers et les cerisiers nous y montrent les vivants ornements que les artistes du moyen âge se plaisaient à reproduire dans les chapiteaux et dans les voûtes des églises; la vigne sauvage qui s'enlace à ces arbres y dessine de gracieux festons, et le vert gazon, avec les petites fleurs agrestes qui le parsèment, s'étend comme un tapis de velours dans ces grandes nefs. La main de l'homme a pu déparer, mais elle n'a jamais pu embellir ces merveilleux édifices. Dieu lui-même en est l'architecte, et la nature en est la gardienne active. Quand une de ces majestueuses colonnes, usée par le temps, s'écroule sur sa base, une autre grandit pour la remplacer. Quand les tempêtes ont ébranlé cette immense structure, un bras invisible, une puissance vigilante en rétablissent promptement l'auguste harmonie.

Tandis que, dans nos différentes haltes, nos canotiers, fatigués de leur travail, se reposent autour du bûcher qu'ils ont allumé, je vais souvent, seul, au sein de ces forêts qui produisent sur moi tant de diverses émotions. Tantôt je contemple dans un silencieux recueillement leur grandeur austère ; tantôt elles m'apparaissent comme un monde nouveau, et où je dois faire à tout instant quelque précieuse découverte.

Quelquefois je m'arrête à regarder des plantes que je n'ai encore vues nulle part, ou des scènes de la vie animale qui ne sont pas moins neuves pour moi. C'est le petit écureuil volant, à la robe cendrée, qui s'élance d'un arbre à l'autre, à l'aide de la fine membrane qui de ses jambes de derrière s'étend à celles de devant, et se déplie et se replie comme un voile ; c'est l'oiseau bleu, dont le nom me rappelle un des contes de fées que je lisais dans mon enfance :

> Oiseau bleu, couleur du temps,
> Vole à moi promptement.

Celui-ci pourrait bien être le principal personnage d'un conte de fée, tant il est vif, et léger, et joli. Les paysans du Canada se plaisent à le voir vivre près de leur demeure ; pour l'y attirer, ils plantent dans leurs enclos des pieux surmontés de petites boîtes en bois. Le confiant oiseau bleu n'en demande pas plus ; il s'installe dans une de ces boîtes, et dès qu'une fois il y a fait son nid, on peut être sûr que, s'il est encore en vie l'été suivant, il y reviendra.

Sur les troncs d'arbres tombés dans les étangs, se perche le magnifique canard qu'on appelle le canard des bois; son col est d'un vert foncé; sa tête est ornée d'une crête nuancée de blanc, de gris et de pourpre; sa poitrine est d'un jaune pâle; ses ailes sont bleues et noires.

Dans ces mêmes terrains marécageux, habite l'oiseau dont les ailes sont mouchetées de points rouges, pareils à des taches de cire à cacheter; c'est ce qui lui a fait donner le nom d'oiseau-cire. Autour des arbustes, voltige, comme un papillon, l'oiseau-mouche de ces régions septentrionales, le *truchilus colubris*, moins brillant que ceux du Brésil et de la Guyane, ces rubis mobiles, ces émeraudes vivantes, mais charmant à voir avec son plumage gris et vert et son collier d'orange et de pourpre. Il fend l'air avec une prestesse inconcevable, et quand il court de fleur en fleur, on dirait un rayon de lumière.

Aux branches des vieux sapins se cramponnent, avec un cri aigu, les piverts, dont les coups de bec retentissent comme des haches de bûcherons dans la forêt silencieuse. Leur bec est si puissant et ils en frappent avec une telle force, que d'un seul choc ils enlèvent des morceaux d'écorce de sept à huit pouces de longueur, et que, dans l'espace de quelques heures, ils peuvent dépouiller un rameau, sur une étendue de vingt à trente pieds. Mais on leur ferait une grande injure si on les considérait comme des animaux malfaisants : ils méritent, au contraire, d'être protégés par ceux qui s'intéressent à la conservation des forêts; car leur instinct les conduit à une œuvre utile; ils ne s'attaquent qu'à l'arbre où s'est logé un insecte qui peu à peu, avec sa funeste engeance, y paralyserait la circulation de la séve. C'est ce pernicieux insecte, ce sont ces larves que l'intelligent pivert va chercher dans l'écorce et l'épiderme du géant des bois, menacé d'un péril mortel par cette vermine, comme un noble cœur par un profond chagrin.

Sur le sol, piétine et sautille le troglodyte d'hiver, cet alerte, ce vif, ce joli roitelet, toujours en mouvement et toujours chantant.

Mais bientôt cette charmante peuplade ne récréera plus ni mes oreilles ni mes regards. En vérité, je ne connais rien de comparable à l'aspect de ces bois dans leur parure d'automne! Tout cet océan de verdure se transforme en une variété de nuances infinies; sur ces masses de chênes, de hêtres, de bouleaux, l'arc-en-ciel semble avoir répandu toutes ses beautés prismatiques, et l'aurore des jours d'été toutes ses franges d'or et de pourpre. Seul le sapin, ce fidèle symbole d'une pensée immuable, conserve son austère vêtement au milieu des subites métamorphoses qui l'entourent. Mais ces métamorphoses annoncent la fin de l'année. Déjà les feuilles desséchées se détachent des rameaux, tourbillonnent dans l'air et roulent sur le sol. Déjà les oiseaux se détournent du nid qu'ils construisaient naguère avec tant de soin; c'est le temps des migrations. Des groupes de canards sauvages se réunissent au bord des lacs et des étangs, et à les voir tantôt tourner la tête de côté et d'autre, tantôt caqueter entre eux, on doit croire qu'ils attendent avec impatience quelques retardataires, puis délibèrent sur le voyage. qu'ils vont entreprendre. Des pigeons s'élevant dans les airs en légions serrées et compactes s'envolent vers les contrées où ils doivent passer l'hiver.

> . . . . Le plus jeune peut-être
> Demande, en regardant les lieux qui l'ont vu naître :
> Quand viendra ce printemps, par qui tant d'exilés
> Dans les champs paternels se verront rappelés?

Des bandes même d'araignées émigrent; on les voit traverser, comme un nuage noir, les fleuves et les rivières, puis elles disparaissent. D'ou viennent-elles? Où vont-elles ? Y a-t-il parmi elles quelques vieilles voyageuses qui ont déjà fait ce chemin et qui les guident ? C'est un de ces problèmes que je n'essayerai pas de résoudre.

A mes yeux, elles représentent une cohorte d'escrocs, de coquins désertant les lieux qu'ils ont suffisamment exploités, pour s'en aller sur un autre terrain faire de nouvelles victimes.

Mais les oiseaux, par leur poétique migration, me représentent les poétiques élans de la pensée ou les mystérieux désirs de la nostalgie de l'âme : *Hemsjukan*, dit le poëte suédois Wallin, qui dépeint en ces termes sa religieuse aspiration : « Je ne puis cesser de vous contempler, îles brillantes, mers qui gardez encore l'azur du jour, quand le jour nous a quittés !

« Oh ! laissez-moi suivre le flambeau que vous montrez à mes yeux ! Rien ne m'attire plus sur cette terre que je connais. Sur ce sol orageux, je ne respire pas en liberté et je sens en moi un désir, un désir ardent : je voudrais m'en aller au delà des mers, dans un monde inconnu. »

Je ne puis penser à faire ici un cours d'ornithologie ; mon ignorance ne me permet pas une telle prétention, et un Audubon ou un Wilson, ces deux infatigables ornithologistes de l'Amérique, me trouveraient peut-être bien présomptueux d'oser parler de quelques oiseaux que je n'ai fait que voir en passant. Il en est deux pourtant qu'il faut encore que je mentionne. L'un est une petite colombe au bec noir, aux ailes brunes tachetées de blanc et aux pattes rouges ; des Anglais du Canada lui ont donné le nom de *Mourningdove* (colombe de deuil) : c'est la colombe de la Caroline. L'autre appartient à l'espèce des engoulevents, qui se nourrissent principalement d'insectes, et vont les chercher sur le dos des animaux, comme le pivert sous l'écorce des arbres. Les naturalistes, avec leur habitude de latinité, le désignent par le nom de *caprimulgus vociferus*. Mais en Amérique, où la plupart de ceux qui se plaisent à l'entendre ne connaissent guère cette dénomination scientifique, ils l'appellent *whip-poor-will*. Sa forme n'est pas élégante; son plumage n'est pas brillant. Au milieu des magnifiques tribus ailées qui peuplent les forêts de l'Amérique, il apparaît comme un humble prolétaire qui ne porte qu'un vêtement obscur, ou comme un pauvre artiste ambulant qui murmure sa plainte timide près de la gent aristocratique.

Quand tout s'éveille, s'émeut et s'agite à la clarté du soleil, la colombe de la Caroline et le whip-poor-will restent ordinairement cachés dans l'ombre. Comme des poëtes recueillis en eux-mêmes, ils semblent fuir les turbulences de la foule et les rumeurs de la journée; c'est le soir qu'ils sortent de leur cachette et qu'ils entonnent leur chant. La colombe commence par lancer dans les airs un cri vibrant, comme si elle s'arrachait tout à coup à ses mornes réflexions; puis cette première note est suivie de quatre ou cinq autres qu'elle répète lentement, avec une profonde impression de mélancolie.

Le whip-poor-will articule des accents dont les Américains ont cherché à reproduire le son en composant les syllabes du nom qu'ils lui ont donné; il scande vivement la première et la dernière de ces syllabes, et module doucement la seconde.

On dirait le chant plaintif de deux exilés qui, dans l'amertume de leur bannissement, invoquent un témoignage de commisération, ou le triste appel de deux âmes abandonnées qui s'en vont de par le monde, se souvenant de ce qu'elles ont aimé, et se lamentant sur les affections qu'elles ont perdues. Il y a des Indiens qui disent que ce sont les âmes de leurs aïeux gémissant sur la décadence de leur race.

X

LA RIVIÈRE DES FRANÇAIS

Je puis, sans offenser notre vieille Europe, dire qu'elle n'a, comparativement au Canada, que de pauvres petites nappes d'eau.

Ici quelle puissance et quelle étendue ! Quel fleuve admirable que ce Saint-Laurent, où palpitent toutes les forces vitales de cette vaste contrée ! Et quels lacs ! Il en est plusieurs qu'il serait plus juste d'appeler des mers intérieures. Les bateaux à vapeur y naviguent comme sur de vastes mers, et la tempête y soulève des vagues comme celles de l'Océan. Le lac Michigan, qui n'est qu'une des baies du lac Huron, a mille pieds de profondeur ; l'orageux lac Érié occupe un espace de trois mille deux cents lieues carrées ; le lac Supérieur a cent trente-quatre lieues de longueur, soixante-dix de largeur, et trois cents mètres de profondeur. On a calculé que les lacs du Canada représentent la moitié de la quantité d'eau douce répandue à la surface du globe.

Je n'essayerai pas de décrire ces immenses réservoirs, ni leurs affluents. Il faut pourtant que je fasse au moins une esquisse d'une rivière par laquelle nous avons été du lac Nipissing au lac Huron. On l'appelle la rivière des Français. Les Français l'ont explorée à une époque où nul autre Européen n'avait encore pénétré dans cette contrée. Et combien il en est de ces courageux voyageurs qui sont morts, là, victimes de leur zèle ! Ils ont été les premiers à s'aventurer dans des lieux inconnus ; ils ont, par leurs découvertes, agrandi les

domaines de la France, secondé son commerce, éclairé
ses géographes, et ils sont morts ignorés sur les chemins
qu'ils avaient signalés. La postérité profite de leur œuvre,
et ne sait pas même leur nom! Ainsi va l'humanité. Bien
présomptueux est celui qui croit y occuper une place
importante ou durable; il y disparaîtra comme une
goutte d'eau dans les flots des générations. Mais il y a des
gouttes d'eau qui réfléchissent la lumière du ciel et fécon-
dent le sol qu'elles sillonnent.

La rivière des Français est traversée par de rocailleux
rapides qu'il n'est pas facile de descendre, et qu'il est
plus difficile encore de remonter. Des croix en bois,
plantées près de ces endroits périlleux, indiquent que,
tout récemment encore, des bateliers ont péri là. C'est
une des touchantes pratiques du catholicisme que cette
commémoration des morts et cet appel à la pensée des
vivants, par ce signe de confraternité. Il annonce aux
passants que là repose un être humain; il les invite, au
nom de la charité évangélique, à lui accorder une pensée
et à prier pour lui, afin de mériter qu'un jour aussi on
prie pour eux.

Pour tourner par terre autour de ces rapides, nous
cheminons par des sentiers tortueux, montueux, en-
combrés de blocs de pierre et de broussailles. Nos canotiers qui portent notre légère barque ont bien de la
peine à la préserver d'un choc funeste, et les autres
marchent lourdement courbés sous le poids de leurs
fardeaux.

Près d'un de ces portages, j'ai vu pour la première
fois une grande forêt incendiée. C'est une des scènes
les plus tristes que l'on puisse voir, plus triste que l'aspect d'un cimetière et celui des vieux édifices en ruines;
car le cimetière cache dans son sein les cadavres que la
mort lui a livrés; son sol, creusé par le fossoyeur, se
revêt d'un manteau de gazon, et les édifices de l'homme

les plus pompeux n'ont été que des œuvres inanimées.
Mais ces bois ont été pleins de vie : une séve abondante
circulait dans leurs veines, développait leurs forces, élargissait leurs racines. Les écureuils y sautaient gaiement
de branche en branche ; les oiseaux y faisaient leurs nids ;
les gouttes de rosée étincelaient comme des perles sur
leur feuillage ; les tièdes brises d'été leur donnaient par
leur souffle un murmure harmonieux. Soudain une
flamme impétueuse, vorace, invincible les atteint, et
en quelques heures elle a tout ravagé. C'en est fait du
mouvement, de la vigueur, des frais bourgeons et de
l'harmonie de ces beaux arbres ! Les troncs calcinés des
grands chênes ressemblent à des blocs de charbon de
terre ; les sapins mutilés apparaissent comme des ombres fantastiques ou des squelettes de géants ; le sol est
couvert d'un amas de cendre noire et de débris informes.
Les animaux ont déserté ce lieu, jadis si fécond, et qui
maintenant ne leur offre plus ni un refuge ni un aliment. C'est le deuil de la nature ; c'est le silence de l'a-
néantissement.

Cependant cette rivière des Français, près de laquelle
je viens de montrer plusieurs croix funèbres et les sombres débris d'une affreuse catastrophe, ne présente
point dans toute son étendue un si triste aspect. Au
contraire, c'est sur une grande partie de son cours une
des rivières les plus pittoresques et les plus jolies que
l'on puisse voir. Quelquefois elle se resserre entre deux
murailles de rocs, tapissées de plantes grimpantes cou-
ronnées par de grands arbres. D'une de ses rives à l'autre, les branches de ces arbres se rejoignent, s'entre-
lacent, et leurs feuillages, nuancés de tant de teintes
diverses par l'automne, forment comme un tissu de fantaisie, comme une teinte de pourpre et d'or, de soie vio-
lette et orangée.

Quelquefois la rivière s'élargit et s'arrondit, et rayonne

à la face du ciel, comme un miroir sans tache. L'un des caractères distinctifs des eaux du Canada est leur limpidité ; elles sont si limpides qu'on peut y voir, comme dans un globe de cristal, les poissons qui se jouent dans leur profondeur, et lorsque dans un canot on glisse à leur surface, il semble qu'on flotte, dans un ballon, sur les chaînes des montagnes et les réseaux des bois qui s'y reflètent.

Quelquefois encore, cette rivière se divise en plusieurs rameaux et s'épanche capricieusement de côté et d'autre, et, dans ses gracieux méandres, enlace une quantité d'îles ou d'îlots. Nulle part il n'existe un réseau de bassins aquatiques comparables à celui du Canada, et nulle part autant d'îles. On en compte un millier dans un des cercles du lac Ontario ; plus de quinze mille, dans les terrains arrosés par l'Ottawa et par ses affluents ; et plus de vingt mille, dans le lac Huron.

Souvent, sur un espace de quelques lieues, on ne voit que des îles de toute sorte de formes : les unes élevant fièrement au-dessus des eaux leur tête pyramidale ; d'autres s'inclinant jusqu'au niveau des flots, comme pour recevoir le baiser qu'ils leur donnent en passant ; celles-ci hérissées de bois de sapins, de chênes et de noyers ; celles-là nues et plates comme un champ qui attend la main du laboureur ; tantôt un roc aride, sauvage ; tantôt un groupe d'arbres solitaire, ou une corbeille de fleurs, ou une grande terre occupée par d'industrieux colons ; et partout le fleuve tournoyant lentement, embrassant avec le même amour la plus petite comme la plus grande de ces îles, fuyant au loin, revenant sur ses pas, comme un patriarche qui visite ses domaines, comme Protée comptant ses troupeaux.

XI

LE LAC HURON

Me voici sur les bords du lac Huron, cette Méditerranée d'eau douce qui, d'un côté par la rivière Sainte-Claire, et de l'autre par la rivière Sainte-Marie, se rejoint au lac Érié et au lac Supérieur, ces deux autres Méditerranées. Quelle grandeur dans la nature de cette contrée! Quelle variété dans ses tableaux! Quelles curieuses observations à faire dans la multiplicité de ses productions!

Les anciens voyageurs ont appris aisément à connaître le caractère et les mœurs des animaux de ce pays. L'Indien pouvait leur donner à cet égard les notions les plus détaillées. Par une inclination particulière, par habitude, par nécessité, l'Indien, tel qu'il existe encore dans certaines zones de l'Amérique, passe une partie de sa vie à étudier le tempérament, l'instinct, les ruses et les qualités des animaux; mais la botanique, la zoologie et la plupart des phénomènes physiques de ce pays, on ne les connaît guère. Heureux celui qui pourra pénétrer à loisir dans ces purs et attrayants mystères!

Par leurs traditions mythologiques, les anciens ont rendu célèbre cet assemblage de sentiers tortueux, de galeries ténébreuses, de grottes souterraines, qu'on appelle le labyrinthe de Crète. Qu'auraient-ils fait s'ils avaient connu ces labyrinthes d'îles, d'îlots, de massifs d'arbres, de pyramides de rocs qui s'élèvent sur le lac Huron? Certes, c'est de ces labyrinthes-là qu'il n'est pas aisé de sortir, et quand la tempête, creusant cette onde profonde, y soulève des vagues pareilles à celles de l'Océan, heureux le pilote qui parvient à reconnaître la direction qu'il doit suivre à travers les capricieux contours, les sinueuses avenues et les mille échancrures de ces archipels! Mais, par un temps paisible, par un ciel serein, quand la barque glisse mollement à la surface du lac, on ne s'inquiète guère du danger de s'égarer au milieu de ces labyrinthes, et, quel que soit le nombre de leurs canaux trompeurs et de leurs fausses issues, on n'est guère tenté de posséder le fil d'Ariane ou les ailes de Dédale pour en sortir. Quelle joie, au contraire, d'errer à loisir dans cette charmante région; de faire le tour de ces petites îles arrondies comme des corbeilles de fleurs; de flotter le long de ces bandes de verdures, pareilles aux belles pelouses d'un parc; de glisser sous les mystérieux rideaux des branches d'arbres séculaires! L'eau du lac est aussi limpide que l'azur du ciel; les crêtes blanches des collines, les rameaux des bois s'y reproduisent nettement comme dans un miroir; elle est si pure et si transparente que, lorsqu'un léger canot s'y balance, on dirait qu'il flotte dans l'air même, et, en voguant ainsi de côté et d'autre, à tout instant on découvre une nouvelle perspective, un nouvel ornement dans ce merveilleux panorama. Il semble que des naïades ou des fées aquatiques aient elles-mêmes dessiné ces monticules de gazon aux formes gracieuses, érigé ces colonnes de pierre calcaire, planté ces bois, et répandu comme un collier d'émeraudes toutes ces îles à la surface des eaux pour en faire leur jardin terrestre.

Voir c'est avoir. Le bonheur de voir est, en effet, une possession : la possession des yeux, de l'esprit, la calme et pleine possession de la pensée, moins le souci et les embarras de la possession réelle.

« Qui terre a guerre a, » dit un vieux proverbe. La plupart des hommes n'aspirent pourtant qu'à acquérir une partie de cette terre où ils auront à planter des bornes pour se protéger contre des voisins rapaces, où ils verront peut-être plus d'une fois naître la semence funeste des dissensions et des procès, où, après tout, ils finiront par n'occuper qu'une petite place de quelques pieds de longueur. Plus heureux est celui qui ne livre point son cœur à ces matérielles convoitises, et ne l'égare point en de telles sollicitudes. Si chétive que soit sa fortune, il sera toujours plus riche que celui qui enferme sa richesse dans une enceinte de murs et de grilles de fer. Nul rempart ne le privera de l'aspect d'une belle vallée ; nulle clôture n'empêchera la brise caressante de porter jusqu'à lui le parfum des fleurs.

Dem Wandermann gehört die Welt.

Au voyageur le monde appartient. Quelles que soient l'occupation et la durée de notre vie, nous sommes tous, sur cette terre, des voyageurs, et le monde est une vaste galerie de tableaux que chacun de nous peut regarder et admirer sans en posséder une parcelle.

Dans sa zone septentrionale, le lac Huron est traversé par une chaîne d'îles presque continue, dont les unes appartiennent aux États-Unis et les autres au Canada. Parmi celles que le Canada a conservées, dans le travail de délimitation qui fut fait, il y a quelques années, entre le gouvernement anglais et la république américaine, il en est deux qui méritent une mention particulière. On les appelle le grand et le petit Manitoulin ; leur nom signifie : demeure des esprits. Les Indiens disent que les bons génies des Peaux-Rouges ont eux-mêmes pris plaisir à former ces îles, et qu'ils aiment à y rester. Le grand Manitoulin n'est pourtant qu'une bande de terre étroite échancrée sur ses bords, découpée en une quantité de baies; mais il a plus de trente lieues de longueur, et son sol est fertile.

Là réside un fonctionnaire canadien, décoré du titre de surintendant, et qui est, en effet, le surintendant, le juge, l'administrateur de diverses tribus indiennes, dispersées sur un assez vaste espace, au nord et à l'ouest du lac Huron. Là les chefs et les délégués de ces tribus viennent, à une époque fixe, recevoir la rente ou les présents que le surintendant leur remet chaque année, soit pour payer les terrains qu'elles ont abandonnés au gouvernement anglais, soit pour les récompenser de la fidélité qu'elles lui ont témoignée en diverses occasions.

Ordinairement cette réunion a lieu au mois de juillet; par hasard, elle a été retardée cette année. Je suis assez satisfait de ce retard.

Des centaines d'Indiens sont arrivés, dans leurs légers canots, sur la côte de l'île; les uns avec leurs femmes et leurs enfants; d'autres avec leurs frères ou leurs amis. En quelques instants, leurs nacelles ont été portées à terre, et leurs wigwams construits. En quelques jours, cette plage a pris l'aspect d'un vaste champ.

Parmi les tribus de Peaux-Rouges, l'homme s'est réservé les raffinements de la parure et les plaisirs de la coquetterie.

Les femmes, en général, sont à peu près constamment vêtues de la même façon; mais les hommes, dans leurs jours de parade, sont vraiment prodigieux. Les uns lient à leur chevelure de longues plumes d'oiseaux; d'autres se revêtent d'une peau d'animal, dont le mufle leur cache le visage, dont les pattes retombent sur leur poitrine, et ils s'enorgueillissent de ressembler ainsi à un ours, à un loup, à un buffle. Mais c'est surtout par l'emploi des couleurs, extraites de différentes plantes, qu'ils cherchent à se signaler. Les uns, pour se donner une agréable physionomie, peignent leurs joues en vert ou en jaune;

d'autres, pour se donner un air terrible, se plaquent la figure d'une couche de vermillon. Il en est qui ne se contentent point d'une nuance uniforme, et dont le visage ressemble à une palette sur laquelle un peintre dépose, l'une à côté de l'autre, les teintes les plus variées : sur leur front brillent des lignes bleues; sur leur nez, des points noirs; sur leurs joues, des cercles d'ocre; sur leur menton, des carrés ou des losanges de pourpre. Il en est qui, avec leur pinceau, se tatouent comme les sauvages de la Nouvelle-Zélande; qui se dessinent le long des lèvres, sur les narines, et principalement autour des yeux, des arabesques fantastiques imprégnées de différentes couleurs. Ce sont les lions de la tribu, les *dandies* qui aspirent à étonner par leur suprême élégance. Pour se peindre plus nettement la face, ils arrachent tous les poils de la barbe. Pour se faire beau, il faut bien se résigner à quelque souffrance, et ceux qui se marquettent ainsi la figure ont la joie de se croire très-beaux. Lorsqu'ils arrivent à un âge plus avancé, ils renoncent, comme des philosophes, à ces vanités de leur jeunesse et laissent croître leur barbe.

Le vieillard, qui a abdiqué ses prétentions d'un autre âge, s'enveloppe humblement dans une de ces couvertures en laine qu'on appelle des *blankets*. A ses pieds sont des mocassins sans ornements; sur ses jambes, des guêtres faites de la façon la plus simple; mais à son col et sur sa poitrine se déroulent les colliers que l'on nomme des *wampums*.

Le wampum, dont il est si souvent question dans les récits des premiers explorateurs de l'Amérique septentrionale et dans les traditions des Peaux-Rouges, n'est autre chose qu'une espèce de chapelet de coquillages, que l'on fabrique à présent à Londres et à New-York, et qui est tarifé par les marchands, comme tout autre objet de commerce. Mais à ces colliers, dont l'usage remonte à un temps immémorial, les Indiens attachent une idée grave, un sentiment d'honneur national et de respect supersti- tieux. Le wampum est le signe de distinction des guer- riers, la jarretière ou le grand cordon des hauts digni- taires. C'est de plus le témoignage palpable des princi- paux événements de la peuplade. Par un wampum noir, elle déclare la guerre; par un wampum blanc, elle constate son traité de paix; par un wampum rose et bleu, elle garde la commémoration de ses jours de triomphe. En chaque circonstance grave, lorsque les chefs se réunissent dans la tente du conseil, l'un d'eux étale successivement les wampums confiés à sa garde, de même que, dans un congrès de diplomates, on dé- roule les divers actes des chancelleries; et c'est à la vue de ces pièces officielles qu'ils délibèrent sur l'affaire qui les occupe, et prononcent leur décision. Autrefois, en Islande, un citoyen était chargé de répéter, chaque année, verbalement le code de la république au peuple as- semblé sur les rocs de Thingvalla. A défaut de la loi écrite, c'était la loi verbale, la loi vivante. Le wampum représente cette loi de la nation. Pour les Peaux-Rouges de l'Amé- rique du Nord, le wampum est une chronique hiérogly- phique, comme les *quippos* pour les anciens Péruviens, et les bâtons runiques pour les anciens Scandinaves.

XII

QUÉBEC

Le Saint-Laurent, que j'ai eu occasion de nommer, et sur lequel je me suis déjà plusieurs fois embarqué, a de sa source à son embouchure, du lac Supérieur au cap Chat, deux mille cent vingt milles de longueur, c'est-à-dire environ sept cent dix lieues. A Karamouska, sa largeur est de vingt milles, au cap Chat de quarante milles, et au cap Rosier, où il se confond avec l'Océan, ses deux rives sont à trente lieues l'une de l'autre. Dans cette immense étendue, il passe par diverses vicissitudes, et porte différents noms, comme ces souverains qui à leur titre royal joignent celui de ducs et seigneurs de plusieurs principautés.

D'abord, avant d'entrer dans le lac Supérieur, il s'appelle fleuve Saint-Louis. De là il tombe dans le lac Huron par le canal de Sainte-Marie. En quittant le lac Huron, il prend le titre de rivière de Sainte-Claire, et se jette dans le lac du même nom. De là il s'avance vers le lac Érié, et s'appelle le Détroit. Au sortir du lac Érié, il se jette, avec le nom pompeux de rivière Niagara, dans le lac Ontario. A Kingston, il s'appelle le Kataraqui ou l'Iroquois, traverse le lac Saint-Louis, et enfin, près de Montréal, devient le Saint-Laurent.

De Montréal à Québec, ce grand fleuve qui, d'un côté, touche, par les lacs que je viens de citer, par le Mississipi, au golfe du Mexique, et de l'autre, aux glaces du Groënland, ce grand fleuve est triste, comme toutes les grandeurs de ce monde. Il n'a point, pour se distraire dans sa longue route, les verts vignobles, les coteaux pittoresques, les châteaux du Rhin peuplés de légendes, ni les anciens manoirs féodaux et les puissantes villes et la variété des races du Danube. Il n'est point égayé, comme le Rhône, par un beau ciel méridional, par une vive et joyeuse population. Il n'a même plus, comme les fleuves du Nord, ces hautes forêts qui jadis entouraient sa royauté d'un voile solennel. Ces forêts ont été sapées par la hache du bûcheron, équarries sur les lieux mêmes, liées en radeaux. Il les a lui-même patiemment portées jusqu'à la mer pour qu'elles servent à faire des mâts de navire et des maisons aux Anglais. Çà et là seulement, au bord du sol qu'il arrose, s'élèvent, comme un vestige de sa primitive splendeur, quelques arbres épars, quelques bois ménagés par un propriétaire économe. Çà et là apparaît une longue ligne de maisons basses, petites, séparées l'une de l'autre par un enclos, égrenées sur la plage, comme la semence tombant d'une main avare, et formant, sur un cordon de plusieurs lieues, une ville ou un village par l'anneau de l'église.

Le plus souvent, les rives du Saint-Laurent sont nues et plates, couvertes de joncs ou de touffes d'herbe qui se courbent sous le vent avec un son plaintif. On n'y voit point, comme dans les plaines de la Hollande, les génisses au poil luisant, au large poitrail, lever la tête et regarder d'un œil curieux les passants. On n'y voit point, comme dans les *pustas* de la Hongrie, bondir les troupeaux de chevaux sauvages. Quelques vaches d'une race chétive, comme celle d'Islande, broutent avec fatigue les plantes humides, dont elles tirent à peine assez de suc pour remplir leurs mamelles. Quelques nuées d'oiseaux de passage s'abattent un instant dans ces froides prairies, puis reprennent leur essor et poursuivent leur vol.

Et le fleuve coule à flots lents, réguliers, sans s'égarer en de capricieux méandres, sans rencontrer un obstacle, sans jouer, comme nos folles rivières d'Europe, avec un roc ou un massif d'arbres. Majestueux et sévère, il s'en va, entre ses rives silencieuses, sans rien changer à son allure, recevant sans émotion les nombreux cours d'eau qui viennent tomber dans son bassin, enlaçant une île de deux bras impassibles, rasant avec la même indifférence le sable de la grève solitaire ou les quais de la ville marchande. On dirait d'un robuste et consciencieux ouvrier qui ne pense qu'à remplir sa tâche, d'un vieillard qui dédaigne les aventureuses fantaisies de la jeunesse, ou d'un censitaire attardé qui n'a point de temps à perdre pour s'affranchir du lourd tribut qu'il doit porter à l'Océan. Au mois de novembre, à la fin du jour, quand les nuages précoces de l'automne s'étendent sur cette morne nature avec les ombres du soir, je ne connais pas de scène plus mélancolique, pas de tableau d'un effet plus imposant et plus religieux que celui de ce géant des fleuves, assoupli entre quelques brins d'herbes, et suivant à travers l'obscur espace, dans sa muette obéissance, la ligne que Dieu lui a tracée.

Mais voici que tout à coup les plaines s'élèvent et deviennent des collines ondulantes ou escarpées, les unes revêtues d'un rideau de sapins, les autres parsemées d'habitations agrestes, surmontées d'un clocher d'église, qui sert de point de reconnaissance aux bateliers. Quelques rivières se précipitent en mugissant dans le fleuve : celle-ci porte le nom illustre de Jacques Cartier, qui y passa l'hiver de 1536; celle-là descend du cap Rouge; cette autre qui bouillonne et écume, comme si elle s'élançait, ainsi que les Geysers, d'un foyer volcanique, s'appelle la Chaudière.

A l'horizon, apparaissent de chaque côté du fleuve des masses confuses qui semblent surgir du sein des ondes pour se noyer dans une brume vaporeuse. Peu à peu leurs formes indécises se dessinent au regard. L'étranger les observe avec surprise, et le Canadien les salue avec amour. A droite, c'est la pointe de Levy; à gauche, le cap Diamant, dominé par la citadelle de Québec, griffe de lion de l'Angleterre, Gibraltar britannique du nouveau monde.

Une de ces singulières voitures canadiennes qu'on appelle des *cabs*, boîte carrée qui se balance sur deux roues, m'a conduit rapidement de l'embarcadère à l'hôtel Saint-Georges. A quelques pas de là est la vaste terrasse construite par lord Durham, au pied des bastions, sur l'emplacement jadis occupé par le fort Saint-Louis. J'ai couru sur cette terrasse dès mon arrivée, et j'y suis resté, je ne sais combien de temps, absorbé dans un de ces rêves où l'on oublie la fuite des heures.

Non, je ne dirai pas, comme quelques écrivains, que c'est le plus beau point de vue du monde; malgré l'admiration qu'il m'inspire, je ne puis oublier celle que j'ai éprouvée en d'autres contrées. Mais c'est, sans aucun doute, un des spectacles les plus saisissants, les plus extraordinaires qu'il soit possible d'imaginer.

Autour de moi, la ville descendant en pente abrupte jusqu'au bord du fleuve, s'alignant le long des eaux, enlaçant, dans sa nature bigarrée de toutes sortes de couleurs, les flancs d'un promontoire; en face, l'amphithéâtre de la pointe de Levy, avec ses gradins de maisons blanches, ses champs et ses bois. A gauche, le large ravin par lequel la rivière Saint-Charles se joint au Saint-Laurent; le riant village de Beauport, qui, le long de la colline, se déroule, comme un chapelet de nacre, jusqu'aux chutes de Montmorency; à quelque distance, l'île d'Orléans, une île de sept milles de longueur sur cinq de largeur, qui renferme cinq belles paroisses, et que le fleuve, dans sa puissance, embrasse comme un grain de sable; à l'horizon, les sombres rives du cap Tourment, première chaîne des sauvages montagnes qui s'étendent jusqu'aux neiges éternelles des régions polaires, et, de quelque côté que mon regard se tourne, le fleuve, calme et superbe, qui s'en va d'ici, avec ses chaloupes, ses goëlettes, ses bâtiments à trois mâts, se marier à la mer, comme un roi dans toute la pompe de son pouvoir.

Peu de villes offrent à l'observateur autant de contrastes étranges que Québec, ville de guerre et de commerce perchée sur un roc comme un nid d'aigle, et sillonnant l'Océan avec ses navires; ville du continent américain, peuplée par une colonie française, régie par le gouvernement anglais, gardée par des régiments d'Écosse; ville du moyen âge par quelques-unes de nos anciennes institutions, et soumise aux modernes combinaisons du système représentatif; ville d'Europe par sa civilisation, ses habitudes de luxe, et touchant aux derniers restes des populations sauvages et aux montagnes désertes; ville située à peu près à la même latitude que Paris, et réusant le climat ardent des contrées méridionales aux rigueurs d'un hiver hyperboréen; ville catholique et protestante, où l'œuvre de nos missions se perpétue à côté des fondations des sociétés bibliques.

Même contraste dans la disposition des rues et la structure des habitations. Québec est divisé en deux parties : ville haute et ville basse. Dans la première, sont les grands hôtels, les magasins de luxe, les rentiers et les fonctionnaires; dans la seconde, les ouvriers, les marchands, les bateliers. On va de l'une à l'autre par des avenues étroites, tortueuses. On descend du large quartier de l'évêché dans de sales ruelles, bordées de petites maisons dont l'extérieur donne une triste idée de la situation matérielle de ceux qui les occupent. Au dehors des remparts s'étendent de vastes faubourgs qui sont un indice de prospérité.

Avec ses accidents de terrain, sa variété de construction, et je ne sais quelle teinte grise répandue sur son ensemble, Québec m'a rappelé l'aspect de plus d'une vieille ville de France ou d'Allemagne. Les voyageurs se complaisent dans la diversité d'images de cette noble cité, et ses bons habitants parlent avec un naïf orgueil de leurs anciens monuments, de leur citadelle, surtout des sites romantiques qui les environnent. Ils aiment à servir de guides à l'étranger dans ces lieux dont ils sont fiers, et lorsqu'ils les conduisent d'escarpement en escarpement, ils étudient son émotion dans l'accent de sa voix, ils cherchent dans son regard l'éclair de l'enthousiasme. Ne pas admirer comme eux, c'est les déconcerter et les affliger.

Sur la pente des collines, et dans la plaine couverte des maisons de Québec, ce qui m'intéressait surtout, ce que j'aimais à retrouver, c'étaient, il n'est pas besoin de vous le dire, les traces de la France, les traditions de notre histoire depuis le hardi Jacques Cartier jusqu'au brave et infortuné Montcalm.

En 1534, Jacques Cartier avait, avec deux navires de soixante tonneaux, exploré les parages de Terre-Neuve, pénétré jusqu'au golfe du Saint-Laurent. L'année suivante, il s'embarquait de nouveau pour les mêmes régions. Cette fois, par la protection spéciale de François I er, il avait sous ses ordres trois bâtiments que le plus modeste armateur oserait aujourd'hui à peine avouer. C'était *l'Hermine* de cent tonneaux, *la Petite - Hermine* de soixante, et *l'Émérillon* de quarante. En ce temps-là on comptait un peu moins sur la force de la charpente nautique et un peu plus sur la grâce de Dieu. On n'avait que de petits chantiers et de pauvres arsenaux; mais avant de partir on prenait la religieuse précaution qui est ainsi relatée en tête du récit de l'honorable marin :

« Le dimanche, jour et feste de la Pentecoste, seiziesme jour du mois, du commandement du capitaine et bon vouloir de tous, chacun se confessa, et reçurent tous ensemble notre Créateur en l'église cathédrale de Saint-Malo, après lequel, après avoir reçu, furent nous présenter au chœur de ladite église devant révérend père en Dieu, Monsieur de Saint-Malo, lequel en son estat épiscopal nous donna sa bénédiction. »

Le 8 septembre, Jacques Cartier, ayant remonté le fleuve Saint-Laurent, jusqu'au delà de l'île d'Orléans, arrivait dans une baie formée par une rivière à laquelle il donna le nom de Sainte-Croix.

« Auprès d'icelui lieu, dit-il dans sa narration, y a un peuple dont est seigneur Donnaconna, et y est sa demeurance, laquelle se nomme Stadaconé, qui est aussi bonne

terre qu'il soit possible de voir et bien fortifiante, pleine
de moult beaux arbres de la nature et sorte de France,
comme chênes, ormes, fresnes, noyers, pruniers, ifs,
cèdres, vignes, aubépines qui portent fruits aussi gros que
prunes de Damas, et autres arbres sous lesquels croît
aussi bon chanvre que celui de France, lequel vient sans
semence ni labeur. »

Cette rivière Sainte-Croix, que Jacques Cartier choisit
pour abriter deux de ses navires pendant qu'il se dirigeait avec *l'Émérillon* et des barques vers Hochelaga, est
celle que l'on désigne aujourd'hui sous le nom de rivière
Saint-Charles. Stadaconé occupait l'emplacement actuel
d'un des faubourgs de Québec, et le seigneur Donnaconna était dans ce pays le précurseur de la reine
Victoria.

Le Canada, dont Cartier avait, dans ses relations, révélé
l'étendue et les ressources, n'avait servi d'abord qu'à
fournir des pelleteries à quelques corporations de négociants. Pas un essai sérieux de colonisation n'y avait été
fait, et au commencement du xvii° siècle on l'abandonnait pour se porter vers les plages plus tempérées de
l'Acadie (aujourd'hui la Nouvelle-Écosse). M. de Monts,
gentilhomme ordinaire de la chambre du roi, ayant obtenu le privilége exclusif de la traite depuis Terre-Neuve
jusqu'au cinquantième degré de latitude, équipa, à
l'aide de plusieurs négociants, quatre navires, partit avec
Champlain et M. de Poitraincourt, un des fils de cette
vaillante noblesse française, dont le blason s'est fait sur
nos champs de bataille, dont le nom se retrouve à toutes
les époques dans l'histoire de nos œuvres mémorables.

La flottille, partie du Havre en 1604, côtoya la pres-
qu'île acadienne jusque dans la baie de Fundy, et entra
dans un vaste bassin entouré de riantes collines. Le
baron de Poitraincourt obtint la concession de cette rade,
et y forma un établissement auquel il donna le nom de

Port-Royal (maintenant Annapolis). De Monts continua sa route avec Champlain, découvrit la rivière Saint-Jean, atteignit une petite île fertile à laquelle il donna le nom de Sainte-Croix (aujourd'hui Boom-Island), et y fixa sa colonie. La culture de la terre, le commerce d'échanges avec les indigènes, qui avaient reçu amicalement nos compatriotes, semblaient assurer le succès de cette nouvelle expéditon. Grâce à l'intelligence, à l'activité de Lescarbot, qui dirigeait les colons par ses conseils et les encourageait par son exemple, l'établissement de Port-Royal était, après deux années de travaux, en voie de prospérité, quand soudain il fut frappé de deux coups mortels. Toutes les pelleteries qu'il avait amassées lui furent enlevées par les Hollandais. En même temps, les négociants de Saint-Malo ayant obtenu la révocation du privilége accordé à M. de Monts, il fallut abandonner une entreprise dont on pouvait avec raison attendre un heureux résultat.

Cependant Poitraincourt n'était pas homme à se laisser abattre par un échec. De retour en France, il forma une association avec de riches négociants de Dieppe, et, en 1610, repartit gaiement pour l'Acadie avec des artisans et des cultivateurs.

Sous le règne de Louis XIII, les jésuites obtinrent de Concini, alors ministre de Marie de Médicis, un ordre qui enjoignait à Poitraincourt de les admettre comme missionnaires dans sa colonie. A cette nouvelle, les négociants protestants avec qui il s'était associé rompirent leur traité. Ils furent remplacés par la marquise de Guercheville, qui fit armer à ses frais un bâtiment pour les jésuites et en donna le commandement à M. de la Saussaye.

Par malheur l'Angleterre, qui ne tolérait qu'avec peine notre conquête du Canada, n'était pas d'humeur à souffrir celle de l'Acadie. Elle réclamait la possession du pays jusqu'au quarante-cinquième degré de latitude. En vertu de cette prétention, le capitaine Argalt, après s'être emparé du point sur lequel la Saussaye venait de débarquer, après avoir capturé ou dispersé ses équipages, partit avec trois vaisseaux et s'en alla dévaster l'établissement de Sainte-Croix, puis celui de Port-Royal. Poitraincourt, atterré par cette dernière catastrophe, se retira en France, et fut tué sous les murs de Château-Thierry, dans les troubles qui éclatèrent à l'époque du mariage du roi.

Pendant ce temps, Champlain était retourné dans le Canada. En 1608, il construisit la première habitation française de Québec, un bâtiment à deux étages, entouré de fossés, servant à la fois d'arsenal et de logement aux ouvriers et aux soldats. Douze ans après, il jetait là les fondements du château Saint-Louis, qui devint la résidence du gouverneur et qu'un incendie a détruit en 1834.

Dans la même année, les récollets, les premiers missionnaires qui vinrent de France prêcher le catholicisme aux sauvages, élevaient un couvent sur les bords de la rivière Saint-Charles. La population de Québec ne se composait pas alors de plus de cinquante Européens. Mais tel était, dit M. Garneau, l'esprit de dévotion en France, que différents ordres religieux purent, par les libéralités des personnes pieuses, élever au milieu des forêts du Canada, qu'ils étaient obligés de défricher, de vastes établissements d'éducation et de bienfaisance qui font encore aujourd'hui l'honneur de ce pays. La différence de caractère du peuple anglais et du peuple français se dessinait dans les régions américaines par le contraste de ces institutions. Tandis que nous érigions des couvents, le Massachusets construisait des navires qui devaient faire le commerce du monde.

En 1628, le sol canadien fut labouré pour la première fois avec des bœufs. Jusqu'à cette époque, la plupart de

nos colons avaient été employés à la recherche, à l'achat
des pelleteries.

Mais que pouvait faire Champlain avec tout son courage et son intelligence, dans l'abandon où le laissait la
France, au milieu des obstacles dont il était entouré, dans
les périls qui sans cesse le menaçaient?

La guerre ayant de nouveau éclaté entre la France et
l'Angleterre, tandis que le superbe Buckingham marchait
au secours des huguenots de la Rochelle, l'Angleterre
lançait à la fois dix-huit vaisseaux sur nos possessions
d'Amérique. Un calviniste français, David Kertk, de
Dieppe, fut chargé de prendre Québec. Arrivé à Ta-
doussac[1], il écrivit à Champlain qu'il connaissait la disette de sa colonie, que, posté à l'entrée du fleuve, il arrê-
terait tous les secours qui pourraient lui être envoyés et
qu'il lui conseillait de capituler. Champlain répondit d'un
ton si fier à cette lettre, que Kertk, le jugeant mieux armé
et mieux approvisionné qu'il ne l'avait cru, n'osa venir
l'attaquer.

La petite cité de Québec était pourtant dans la disette.
Ses habitants se trouvèrent réduits à une ration de sept
onces de pain par jour, et il n'y avait pas cinquante livres
de poudre dans les magasins.

Un convoi qui leur arrivait, sous le commandement
d'un bon officier, fut capturé par M. de Kertk. Il n'y avait
plus rien à attendre de la France avant plusieurs mois,
et il fallait passer l'hiver. Champlain acheta du poisson
des Indiens, et envoya chez les sauvages une partie de
ses gens pour ménager ses provisions.

L'hiver fut long et rude, et nos colons souffrirent cruellement. Champlain souffrait comme eux et leur donnait
l'exemple de la résignation. Dès que la neige commença

____

[1] A l'embouchure de la rivière de Saguenay dans le Saint-Laurent.

à fondre, les pauvres gens s'en allèrent dans les bois cueillir des racines pour apaiser leur faim. On attendait les navires de France, et chaque jour, à chaque instant, les regards se tournaient vers le golfe. Soudain un cri de joie retentit dans la ville : Une voile ! une voile ! *A sail ! a sail!* Voilà le secours tant désiré. Voici le drapeau de la patrie. Voici la fin des amères douleurs ! Hélas ! non, cet étendard qui flotte sur les eaux est celui de l'ennemi. Ces trois navires voguant derrière la pointe Lévy sont ceux de Kertk, qui, comme un vautour sans pitié, vient fondre sur sa proie sans défense.

Toute tentative de lutte était impossible; il fallut se rendre. Québec n'avait pas plus de cent habitants. On comprenait alors si peu, dans les conseils du roi, l'importance de la conquête du Canada, qu'en la réclamant des Anglais, Louis XIII obéissait moins à une pensée d'intérêt matériel qu'à un sentiment religieux, au pieux désir de propager dans ces contrées l'enseignement du catholicisme. Les Anglais rendirent Québec en 1632; Champlain y revint avec plusieurs prêtres.

Sur les pentes encore sauvages du cap Diamant, un jésuite, fils du marquis de Gamache, bâtit un collége; la duchesse d'Aiguillon y fonda un hôpital, et une jeune veuve, Mme de la Peltrie, y établit le couvent des ursulines. A Québec, comme à Montréal, notre colonisation se formait par les anneaux d'or des œuvres de bienfaisance.

En 1657, les immenses régions désignées sous le nom de Nouvelle-France furent érigées en vicariat apostolique, trois ans après en évêché. Le premier évêque du Canada fut un homme d'une haute naissance et d'une ardente piété, M. de Laval-Montmorency; il fonda le séminaire de Québec, le dota de plusieurs domaines qu'il acheta de ses propres deniers, et l'unit à la communauté des Missions étrangères de Paris.

Je n'essaierai pas de raconter les détails de l'histoire
de notre colonie, depuis cette époque jusqu'à la guerre
de Sept ans, triste et pénible histoire de querelles religieuses, de rivalités de pouvoir entre les évêques et les
gouvernements, de luttes incessantes contre les Indiens
et contre les Anglais; triste histoire rehaussée pourtant
par de nobles faits d'armes, par de brillantes entreprises,
illustrée par les voyages de nos missionnaires canadiens
qui, au nord, découvraient le Saguenay, et s'avançaient
jusqu'à la baie d'Hudson, qui, au sud, s'en allaient, par
les lacs, jusque dans la vallée du Mississipi, et dotaient
notre pays de cette magnifique contrée de la Louisiane,
que nous n'avons pas su garder.

Toutes ces batailles, dans lesquelles les habitants du
Canada suppléaient par leur bravoure à leur faiblesse numérique, toutes ces nouvelles explorations où nos prêtres
prenaient possession d'un nouveau domaine, au nom de
la croix et du roi, ne faisaient qu'irriter de plus en plus
l'ambition des Anglais et enflammer en eux l'ardent
désir de prendre ou de ruiner notre colonie. Il ne leur
fallait qu'une occasion favorable pour se jeter, les armes
à la main, sur le Canada; la guerre de 1744 la leur donna.
Cette guerre fit éclater la passion des colonies anglaises
de l'Amérique contre les Canadiens, passion qui exaltait
jusqu'au grave Franklin, qui s'écriait : « Point de repos à
espérer pour nos treize colonies tant que les Français
seront maîtres du Canada. » Cette guerre, que l'Angleterre soutenait de toutes ses forces, fut à peine inter-
rompue en Amérique par le traité d'Aix-la-Chapelle.
Elle se raviva bientôt avec une nouvelle ardeur; elle
amena les troupes anglaises aux portes de Québec; elle
leur livra le Canada.

Avant d'en venir à cette fatale conclusion, arrêtez-vous
un instant avec moi sur les événements qui l'ont pré-
cédée. Votre cœur sera ému de tout ce que nos conci-

toyens ont souffert dans cette longue lutte, et de l'héroïque constance qu'ils y ont déployée.

Je ne crains pas de dire que l'histoire de nos dernières batailles dans le Canada est une des pages les plus glorieuses de nos annales militaires, et que jamais peut-être on ne vit une si faible population se défendre avec tant d'opiniâtreté, pendant plusieurs années, contre des armées considérables et remporter tant de succès.

Pour apprécier la valeur des Canadiens dans les campagnes de 1757 et 1758, il faut dire quelles étaient leurs ressources et quelle était la force de leurs adversaires. Tandis que, pour écraser la domination de la France en Amérique, lord Chatham armait les plus grands vaisseaux et rassemblait sur les frontières du Canada une armée de soixante mille hommes, le ministère français n'accueillait qu'avec impatience les dépêches de Vaudreuil, de Montcalm, qui lui demandaient les secours les plus indispensables, et ne répondait quelquefois à leurs cris d'alarmes que par de froides observations. Souvent il se plaignait du chiffre trop élevé des traites qu'il était sommé d'acquitter. « Dans les temps ordinaires, disait-il, le Canada ne coûtait à la France que dix à douze cent mille livres par an. Depuis le commencement des hostilités, les frais qu'il nécessite ont monté graduellement à six, sept, huit millions. » Là-dessus le sage ministère se mettait à contrôler, à discuter chaque article de dépense ; et un jour enfin, dans un de nos derniers moments de crise, il adressa au gouverneur de Québec cette lettre incroyable :

« Je suis bien fâché d'avoir à vous mander que vous ne devez point espérer de recevoir de troupes de renfort ; outre qu'elles augmenteraient la disette des vivres, que vous n'avez que trop éprouvée jusqu'à présent, il serait fort à craindre qu'elles ne fussent interceptées par les Anglais dans le passage ; et comme le roi ne pourrait

jamais vous envoyer des secours proportionnés aux forces
que les Anglais sont en état de vous opposer, les efforts
que l'on ferait ici pour en procurer n'auraient d'autre
effet que d'exciter le ministère de Londres à en faire de
plus considérables pour conserver la supériorité qu'il
s'est acquise dans cette partie du continent. »

Le rouge ne vous monte-t-il pas au front en lisant
cette lettre, et croyez-vous qu'il ait pu se trouver dans
notre fier pays de France un conseil de ministres pour
la rédiger, un secrétaire d'État pour la signer?

En vain le maréchal de Belle-Isle insistait pour qu'on
fît passer en Canada un corps de troupes composé en
partie des gentilshommes qui aspiraient à défendre nos
possessions contre les Américains; on répondait à ses
instances que les moyens de transport étaient trop chers
et le trésor épuisé.

. . . .

Dans cet indigne abandon, l'armée qui devait défendre nos frontières et plusieurs centaines de lieues de
pays contre les forces réunies de l'Angleterre et de ses
colonies américaines se composait de trois mille hommes
de troupes régulières, de trois mille Canadiens et de seize
à dix-huit cents sauvages appartenant à trente-deux tribus différentes, ennemis de la discipline et difficiles à
gouverner.

Pour former un tel corps de bataille, il avait fallu enlever l'artisan à son atelier, le laboureur à ses sillons. La
culture de la terre, qui était déjà si restreinte, fut sur
plusieurs points complétement abandonnée, et comme
il n'arrivait de la France que de trop minimes provisions,
la disette se joignait à la guerre pour désoler le pays et
abattre le courage de nos soldats.

Quand le gouverneur appela les Canadiens à prendre
les armes, ils se levèrent avec une noble audace, aban-
donnèrent leurs familles, la meilleure part de leur ré-

colte, et se résignèrent à vivre de maïs et de légumes.

En 1757, on se trouvait dans une telle pénurie, que les habitants des villes furent mis à la ration de quatre onces de pain par jour. L'année suivante, la récolte ayant manqué, on vit des paroisses qui n'avaient pas même assez de blé pour faire leurs semailles. La ration des maisons religieuses, des hôpitaux, fut diminuée; les soldats furent dispersés dans les campagnes avec l'espoir qu'ils y trouveraient plus aisément à se nourrir que dans les villes, et l'intendant fit acheter des tonnes de morue et douze cents chevaux pour suppléer à la disette de farine. Au mois d'avril de cette même année, la ration des habitans de Québec était de deux onces de pain par jour, de huit onces de lard ou de morue.

Pour complément de misère, le gouverneur et le général vivaient l'un à l'égard de l'autre dans un état de défiance et de sourde inimitié, et l'intendant Bigot, chargé du maniement des recettes et des dépenses, employait à ses caprices l'argent dont chaque parcelle devait être religieusement consacrée à soulager tant de souffrances.

Rien ne manquait donc à nos soldats canadiens pour énerver leurs bras, pour démoraliser leur cœur, pour leur rendre odieuse une lutte dans laquelle ils étaient livrés sans secours à un ennemi formidable. Mais ils étaient soutenus par une invincible pensée de patriotisme, et ils marchaient avec ardeur au-devant des légions américaines, et ils se couvraient de gloire.

A la bataille de la Monongahela, deux cent trente-cinq Canadiens, sous les ordres de M. de Beaujeu, mettent en déroute un corps de troupes six fois plus nombreux commandé par le général Braddock. Huit cents Anglais restèrent là sur le champ de bataille. Le général y périt avec soixante-trois officiers.

Washington, qui recueillit les débris de cette colonne, écrivait : « Nous avons été honteusement battus par une poignée de Français qui ne songeait qu'à inquiéter notre marche. Quelques instants avant l'action, nous croyions nos forces presque égales à toutes celles du Canada, et cependant, contre toute probabilité, nous avons été complétement défaits, et nous avons tout perdu. »

Au mois de mars 1756, M. de Lévy s'emparait, avec quelques centaines d'hommes, d'un magasin considérable désigné sous le nom de fort Bull, palissadé et garni de meurtrières.

Au mois d'août de la même année, M. de Montcalm faisait capituler le fort Oswega, défendu par dix-huit pièces de canon, quinze mortiers et dix-huit cents soldats.

L'année suivante, Montcalm forçait encore à capituler la citadelle de W. Henry avec ses deux mille quatre cents hommes de garnison, et rasait les murs du camp retranché de cette forteresse.

Le 8 juillet 1758, le général Abercromby attaquait avec une armée de seize mille hommes le fort de Carillon, où Montcalm s'était retranché avec une troupe qui ne s'éle-. vait pas à plus de trois mille six cents combattants. Toutes les forces, tout l'orgueil d'Abercromby échouèrent devant quelques faibles remparts qui dans le cours de l'action furent plusieurs fois enflammés par son artillerie. Après une bataille de six heures, il se retira laissant sur le terrain cent vingt-six officiers tués ou blessés et deux mille soldats.

Ces combats étonnants, ces succès incroyables ne faisaient cependant qu'affermir la résolution que le gouvernement anglais avait prise de nous enlever le Canada. Tôt ou tard nous devions succomber dans une lutte dont nous accroissions encore l'inégalité par nos victoires. La moindre perte que nous faisions laissait dans nos rangs un vide déplorable, tandis que les pertes les plus nombreuses des Anglais étaient promptement réparées par de nouvelles recrues.

Sur la fin de 1748, le gouverneur écrivit au ministère que le projet des ennemis était d'assiéger Québec l'année suivante. En lui annonçant cette nouvelle, qui malheureusement n'était que trop vraie, il lui traçait un triste tableau de notre situation: « Nous n'avons, disait-il, que dix mille hommes à opposer aux armes de nos ennemis, et nous ne pouvons compter sur les habitants. Ils sont exténués par les marches continuelles. Leurs terres ne sont pas cultivées à moitié; leurs maisons tombent en ruine. Ils sont toujours en campagne, abandonnant femmes et enfants, qui pour l'ordinaire sont sans pain. Il n'y aura point de culture cette année, faute de cultivateurs. »

A la suite de ce douloureux exposé le gouverneur demandait des soldats et des provisions. Le commissaire des guerres disait dans une dépêche au ministre : « L'Angleterre a actuellement plus de troupes en mouvement dans ce continent que le Canada ne contient d'habitants, en y comprenant les vieillards, les femmes et les enfants. Quel moyen de résister ! »

M. de Montcalm écrivait de son côté qu'à moins d'un bonheur inattendu, les Anglais s'empareraient du Canada dans la campagne de 1759. M. de Bougainville partit pour la France, afin de représenter de vive voix au ministère les dangers qui menaçaient le Canada et la nécessité de lui donner un prompt secours. Toutes ces démarches furent inutiles. La France n'envoya rien, et l'année suivante, ainsi que M. de Vaudreuil l'avait dit, les Anglais assiégèrent Québec.

Une escadre de vingt vaisseaux de ligne, de vingt frégates, remonta le fleuve, atteignit l'île d'Orléans, et une escadre de trente mille hommes s'établit en face de la ville.

Le jeune et vaillant général Wolfe, auquel avait été spécialement confiée l'attaque de Québec, disait en partant pour son expédition : « Si Montcalm trompe encore cette fois nos efforts, il pourra passer pour un officier habile; ou nos généraux sont plus mauvais que de coutume, ou la colonie a des ressources que l'on ne connaît pas. »

Ces ressources n'étaient malheureusement pas considérables. En réunissant les habitants des campagnes à ceux de la ville, on parvint à composer un corps de treize mille hommes. C'était encore plus que Montcalm n'avait espéré. « On ne comptait pas, dit un témoin oculaire des événements, sur une armée aussi forte, parce qu'on ne s'était pas attendu à avoir un si grand nombre de Canadiens. On n'avait eu intention d'assembler que les hommes en état de soutenir les fatigues de la guerre; mais il régnait une telle émulation dans le peuple, que l'on vit arriver au camp des vieillards de quatre-vingts ans et des enfants de douze à treize ans, qui ne voulurent jamais profiter de l'exemption accordée à leur âge. Jamais sujets ne furent plus dignes des bontés de leur souverain, soit par leur constance dans le travail, soit par leur patience dans les peines et les misères qui dans ce pays ont été extrêmes; ils étaient dans l'armée exposés à toutes les corvées. »

Cette fois, la fortune servit encore ces braves gens. Wolfe bombarda, incendia avec une cruauté indigne de sa noble nature les maisons de Québec, ravagea les campagnes. Mais il échoua dans son entreprise; il échoua avec tous ses vaisseaux, toute son artillerie, contre quelques milliers d'hommes armés à la hâte. Comme il avait l'âme haute et fière, il éprouva une telle douleur de sa défaite à Montmorency, qu'il en tomba dangereusement malade.

Ses lieutenants parvinrent cependant à relever son

courage, et, en lui démontrant l'impossibilité de continuer le plan de campagne qu'il avait adopté, l'engagèrent à remonter la rive droite du Saint-Laurent, et à se rejeter de nouveau vers la rive gauche, pour parvenir aux plaines d'Abraham.

Il se rendit à cet avis, et le 7 septembre ses bâtiments, chargés de troupes, allaient jeter l'ancre au cap Rouge. Le 13, dans l'obscurité de la nuit, ces mêmes troupes descendaient avec le reflux de la marée le long du rivage. Quelques heures après, elles gravissaient la falaise, et se rangeaient en bataille dans les plaines d'Abraham. Par une déplorable fatalité, Montcalm, qui avait placé là un bataillon qui eût pu s'opposer au débarquement, venait de l'en retirer. Il se trouvait au village de Beauport avec six mille hommes, lorsqu'il reçut un billet de M. de Vaudreuil qui lui annonçait la nouvelle manœuvre des Anglais. Il pensa qu'il ne s'agissait que d'un détachement isolé, prit avec lui un petit nombre d'hommes, partit précipitamment, et à huit heures se trouva en face de l'armée ennemie. Ses officiers lui conseillaient de ne pas engager immédiatement le combat. Le gouverneur le priait aussi d'attendre qu'il eût réuni toutes ses forces; mais, emporté par son caractère impétueux, sans donner le temps à ses troupes de reprendre haleine, il se mit en marche. A quarante pas de distance, ses bataillons furent reçus par une telle décharge, que le désordre se mit dans leurs rangs. Wolfe, qui les avait laissés s'approcher, prit aussitôt l'offensive, et, déjà blessé au poignet, fut frappé d'une balle qui lui traversa la poitrine. On le porta à quelque distance du champ de bataille, tandis que ses soldats exécutaient l'ordre qu'il leur avait donné de charger à la baïonnette. Un des officiers qui se trouvaient près de lui s'étant écrié : « Ils fuient ! — Qui? demanda le général mourant. — Les Français. — Quoi! déjà? alors je meurs content. »

Et il expira.

Montcalm, en essayant de rallier son régiment, avait déjà reçu deux blessures, une troisième le jeta à bas de son cheval. Il fut emporté dans la ville, et vécut encore assez d'heures pour apprendre la défaite de notre armée.

J'ai visité ce funèbre champ de bataille avec M. Garneau, le savant historien du Canada, qui m'en montrait les principaux points, et m'expliquait les divers mouvements qui s'y étaient opérés. Lorsque, des bords de cette falaise, je contemplais le large cours du Saint-Laurent, et ses rives si riantes, et l'immense espace qui de la pointe du cap Rouge se déroule aux regards, quelle tristesse j'éprouvais en songeant que toute cette grande contrée nous avait appartenu et qu'elle était maintenant à jamais perdue pour nous !

Montcalm fut enseveli dans le couvent des ursulines. Sa tête est conservée dans une châsse. Sur la promenade de Québec s'élève un obélisque sur lequel est gravé son nom avec celui de Wolfe. C'est le gouverneur Dalhousie qui a eu la généreuse pensée de consacrer un même monument au souvenir de ces deux vaillants soldats, qui avaient vécu de la même vie, et qui avaient été, l'un en face de l'autre, frappés par la même mort.

Après la perte de Montcalm, Québec capitula. Le Canada n'était cependant pas encore conquis. M. de Vaudreuil s'était rejoint à Montréal aux troupes commandées par M. de Lévy. Si le ministère eût voulu appuyer cet officier, qui, par son intrépide courage, mérite une belle place dans nos annales, les Anglais pouvaient être chassés du poste dont ils venaient de s'emparer. Mais tandis que l'Angleterre accueillait avec des acclamations enthousiastes la nouvelle de la prise de Québec, et faisait avec ardeur de nouveaux préparatifs pour achever son œuvre, la France envoyait quatre cents hommes au Canada.

M. de Lévy, ayant passé l'hiver à Montréal, partit au commencement du printemps pour attaquer Québec avec sept mille hommes, et s'empara du cap Rouge. Le 28 avril, il battait l'armée du général Murray, et commençait le siége de la ville, où Murray s'était retranché après sa défaite et d'où il expédiait de côté et d'autre des dépêches pour demander des secours. Ces secours arrivèrent en assez grande quantité pour obliger M. de Lévy, dont les munitions d'ailleurs étaient épuisées, à abandonner son audacieuse entreprise. Il se retira sur le lac Champlain, où nous avions encore quelques centaines d'hommes, et parcourut le pays pour ranimer par ses exhortations le dévouement des habitants.

Cependant trois armées anglaises marchaient sur Montréal, trois armées auxquelles cette ville n'avait à opposer qu'un mur d'enceinte de deux à trois pieds d'épaisseur, et environ trois mille combattants qui n'avaient plus de vivres que pour quinze jours.

Il fallut se rendre, malgré les remontrances de l'inflexible Lévy, qui voulait se retirer dans l'île Sainte-Hélène [1] pour s'y défendre jusqu'à la dernière extrémité. Le 8 septembre, Montréal capitula, et le même jour les Anglais y plantèrent leur drapeau.

Le ministère français ne trouva, après la perte du Canada, qu'une satisfaction à donner à l'opinion publique. Il intenta sans raison un procès criminel à M. de Vaudreuil, et condamna l'indigne intendant Bigot à l'exil à perpétuité. M. de Lévy devint gouverneur de la province d'Artois, puis maréchal de France. M. de Bougainville, qui dans les plus graves jours de péril du Canada avait reçu la mission de se rendre à Paris pour y solliciter le ministère en faveur de la colonie, est le savant marin qui s'est signalé par son voyage autour du monde. De retour

____

[1] Dans le fleuve Saint-Laurent, en face de Montréal.

à Québec, pendant qu'il combattait sous le drapeau français, il eût pu voir passer sur un des navires de Wolfe un autre officier destiné à de grandes aventures, Cook, le célèbre Cook. Les deux principales illustrations de la marine du xviii° siècle se trouvaient en même temps sous les murs de Québec.

M. Garneau a eu la bonté de m'accompagner avec son excellent concitoyen M. Faribault sur un champ de bataille qui me rappelait de meilleurs souvenirs que celui des plaines d'Abraham. Le long de la côte où Wolfe opéra à son grand dam, comme disaient nos anciens, son premier débarquement, s'étend aujourd'hui le village de Beaufort, charmant village qui d'enclos en enclos, de jardin en jardin, s'en va par une ligne continue de maisons agrestes, de pavillons coquets, d'ermitages qu'on voudrait habiter, jusqu'à la chute de Montmorency.

Cette chute, si large, si forte, qui, de la sommité de son bassin de roc, tombe d'un seul jet à deux cent cinquante pieds de profondeur, ne m'a pas paru aussi grandiose que je me l'étais figurée. Peut-être que le souvenir des cascades de la Suisse et de la Norwége en diminuait à mes yeux l'élévation; peut-être aussi que la description de quelques écrivains, en exagérant son éclat, me la faisaient paraître en réalité moins imposante. Mais ce dont les voyageurs parlent trop peu, et ce qui m'a vivement frappé, c'est l'étonnant encadrement de cette masse de flots impétueux, ces sapins qui inclinent leurs sombres rameaux sur l'écume des ondes, et, d'un autre côté, le magique aspect de la baie et du fleuve, de l'île d'Orléans et des montagnes, qui au loin se déroulent vers les régions du nord comme des nuages. Pour celui qui porte là le souvenir de la France, il y a un intérêt de plus dans l'aspect de ces lieux. C'est là, c'est au bruit de ces flots, en face de cette nature superbe, que nos soldats mirent encore une fois en déroute les Anglais. Pour ce dernier triomphe, ils ne pouvaient pas avoir un plus magnifique théâtre.

Après l'esquisse que j'ai essayé de tracer de l'histoire de Québec, pour donner un caractère régulier à cette ébauche, à défaut d'un autre mérite, je devrais au moins la continuer jusqu'à son dernier plan. Mais je vous l'avouerai, il n'y a pour moi, dans l'histoire du Canada, que deux époques intéressantes : celle de la découverte, de l'exploration de ce pays, et celle de sa lutte contre le colosse anglais.

XIII

LE PAYSAN CANADIEN. — LES COUREURS DE BOIS

Le paysan canadien a admirablement conservé les traditions et les coutumes du passé. En vain les capricieuses fantaisies de la mode s'étalent à ses regards quand il va vendre ses denrées à Montréal, en vain les journaux l'invitent à suivre leurs discussions ou à occuper son esprit des productions littéraires qu'ils importent des pays lointains; au milieu de ces nouvelles façons d'habits, de gilets, il regarde sa bonne grosse redingote taillée sur le modèle de celle de ses pères, et se trouve assez bien vêtu. A ces prévenances de la presse, à ces grands mots inventés par les systèmes constitutionnels ou les poésies romantiques, il ôte honnêtement son bonnet et s'en va en disant : Que m'importe?

Il n'a pas besoin, en effet, pour être heureux, de se mêler aux débats politiques qui agitent le monde, ni de se fatiguer les yeux à lire les livres qui l'égarent. N'est-il pas paisible possesseur d'un coin de terre qui, lorsqu'il en a prélevé la dîme pour le curé, la redevance pour le seigneur, ne doit plus rien à personne? N'a-t-il pas une brave femme qui lui fait aimer sa demeure, et de robustes enfants qui grandissent pour l'aider dans ses travaux?

Moins instruit que son voisin l'Anglais, il n'étudie pas, comme lui, les nouvelles découvertes et n'essaie pas de les mettre en pratique ; il laboure son patrimoine à la façon de ses pères, sans s'inquiéter des ingénieuses méthodes décrites par d'honorables membres de sociétés d'agriculture qui seraient fort embarrassés de tenir une bêche, ou de diriger un soc de charrue. Ses champs lui donnent du blé, de l'orge, des pommes de terre, du chanvre ; son verger, des prunes, des noix, et des pommes d'une saveur parfaite, désignées, à juste titre, sous le nom de *fameuses*. S'il ne possède que quelques arpents de bois, il y a non loin de lui une forêt où il peut prendre pour son hiver du combustible à bon marché. A sa porte est l'érable canadien, où il n'a qu'à faire, au printemps, quelques incisions pour en voir découler une liqueur dont il forme un sirop rafraîchissant ou du sucre qui remplace, dans une quantité de familles, celui des colonies.

Sa femme, ses filles, tissent elles-mêmes et façonnent ses chemises et ses vêtements de laine. Avec ces ressources, il n'a pas à se préoccuper du nombre de dollars qu'il recueille dans son armoire. La terre, cette bonne nourricière, lui fournit à peu près tout ce qui lui est nécessaire. Autrefois il avait un certain goût qui lui coûtait bien des schellings ; il aimait à s'arrêter au *barroom,* à savourer le verre de rhum et de whiskey. La sage doctrine des sociétés de tempérance, enseignée, propagée par les prêtres, a fait tant de progrès dans cette contrée, qu'elle a, dans la plupart des campagnes, complétement aboli l'usage des spiritueux, et qu'il est tel village où l'aubergiste ne conserve quelques bouteilles de vin que pour les malades.

Le paysan canadien a remplacé les boissons alcoo-
liques par le thé, et du reste se nourrit bien : trois repas
par jour, aux mêmes heures que nos ancêtres, et à
chaque repas un plat de viande, si ce n'est aux jours
maigres, dont il ne voudrait pas enfreindre la loi.

Sa maison est petite, construite en bois ordinairement, recouverte à l'intérieur d'une couche en plâtre;
mais il pourrait écrire sur la porte :

Parva domus, magna quies [1].

Pour tout appartement, il n'a parfois qu'une chambre;
mais dans cette chambre il y a assez de place pour son
lit, pour le berceau des enfants, pour le voisin qui vient
y jouer le dimanche, et même pour le voyageur qui peut
y réclamer sans crainte un asile.

Élevé dès son bas âge dans le respect de la religion
et des prêtres, le paysan canadien n'a pas encore appris
à discuter les enseignements du catéchisme. Il accomplit
fidèlement ses devoirs de catholique, écoute avec piété
la parole qui lui est adressée du haut de la chaire, con-
sulte son curé dans les circonstances épineuses, et lui
remet consciencieusement sa dîme. Cette dîme, qui se
compose de la vingt-sixième partie du produit des ré-
coltes, s'élève, en beaucoup de villages, à quatre mille
francs, six mille francs et au delà. Il est vrai que les
paroisses sont ici, pour la plupart, très-considérables,
et parfois dispersées sur une étendue qui impose au
curé une tâche pénible.

Telle est la situation du paysan canadien. Qu'il s'y
trouve des exceptions, assurément; mais j'ai tenté de
la dépeindre dans sa généralité, et je ne crois pas m'être
trompé.

---

[1] « Petite maison, grand repos. »

Comment ce beau pays du Canada, qui présente tant
de ressources, n'est-il pas plus habité? Comment n'at-
tire-t-il pas ces masses d'émigrants qui sans cesse se
dirigent vers les États-Unis, où déjà il n'est plus si facile
de trouver un emploi et d'acheter une terre? Voilà les
questions auxquelles j'ai souvent pensé sans pouvoir
pleinement les résoudre. Je sais bien que personne n'entend ce que nous appelons l'art de la réclame comme
l'Américain. Il est le père du *puff*, et il a élevé cette mon-
strueuse progéniture à des proportions dont on cher-
cherait vainement ailleurs un exemple. C'est par le puff,
présenté sous toutes les formes, affiché dans les journaux, imprimé dans les livres, gravé sur l'acier, répandu
à travers toutes les régions par des agents officieux et
officiels, qu'il a tourné la tête à nos braves paysans
d'Alsace et à tant de milliers de familles d'Allemagne;
c'est par le puff qu'il les détermine à quitter leurs
champs, leur clocher, pour s'en aller au delà de l'Océan
labourer la terre d'Amérique; c'est par le puff le plus
actif, le plus étourdissant, qu'il a peuplé les plages de
la Californie, en attendant qu'il applique ses fanfares et
ses coups de tamtam à une autre spéculation. Le peuple
canadien ignore encore cet éclatant charlatanisme. Il
ne sait pas proclamer chaque matin dans ses journaux,
et répéter sans cesse à tout venant que son pays est la
contrée sans pareille, l'asile de la liberté, le temple de
la fortune, l'Eldorado tant rêvé et tant chanté par les
anciens voyageurs.

A côté du paysan canadien, et comme faisant contraste avec lui, nous devons esquisser le type de ce
qu'on nomme les *coureurs de bois*.

Dès les premiers temps de notre conquête, il se forma
une cohorte d'intrépides aventuriers, qu'on appelait les
voyageurs. A des centaines de lieues de distance, par les
lacs, par les rivières, par les sentiers les plus imprati-

cables, ces hommes s'en allaient, pour le compte de quelques marchands, séduire les peuplades lointaines par l'appât des denrées européennes, par la funeste tentation de l'eau-de-vie, et rapportaient des cargaisons de fourrures. Leur trajet durait quelquefois une année entière. A leur retour, ils n'avaient qu'un souci, celui de jouer, comme les trappeurs du Nouveau-Mexique, et de dissiper en quelques instants le fruit de leur long labeur; après quoi ils préparaient de nouveau leurs canots et se remettaient gaiement en route.

Il y a dans les coutumes nomades des habitants des steppes, du chamelier arabe, du Bédouin qui n'a pour tout bien que sa lance et son cheval, je ne sais quelle poésie qui nous émeut et nous séduit.

Il y a dans les montagnes Rocheuses des Européens qui, en partant, leur fusil sur l'épaule, ne pensaient qu'à faire une intéressante excursion dans des régions peu fréquentées par les touristes, et qui, après avoir revêtu la peau de buffle, chaussé le mocassin, tendu des piéges au castor, et fait rôtir à leur foyer la bosse de bison, n'ont pu se déterminer à abandonner cette indépendante et aventureuse existence pour rejoindre leur patrie et s'incliner en riant sous le sceptre d'un salon. Un jeune officier anglais, M. Ruxton, a écrit deux charmants livres sur les mœurs des trappeurs du Nouveau-Mexique. Après avoir longtemps erré avec eux dans les déserts de l'Arkansas, dans les neiges des montagnes; après avoir pris part à leurs chasses et à leurs jeux, il voulut revenir en Europe, et dès sa rentrée dans le monde civilisé il se trouva saisi d'un regret insurmontable, tourmenté par le désir de retourner dans les périls des bois, dans l'immense solitude des prairies.

Les voyageurs canadiens étaient même devenus en très-peu de temps à demi sauvages. Ils adoptaient le costume, les mœurs des Indiens, et se dépouillaient de leur culte comme d'un inutile fardeau. Peu à peu ils en vinrent à un tel déréglement qu'il fallut y mettre ordre. Les missionnaires, dont ils auraient pu être les auxiliaires et dont ils ne faisaient qu'aggraver la tâche, obtinrent du gouvernement un ordre en vertu duquel nul ne pouvait trafiquer avec les Indiens sans une permission spéciale. Ces permissions, qui constituaient un privilége, furent d'abord accordées à des hommes dont le caractère présentait de suffisantes garanties. Plus tard, elles furent données comme une récompense à des militaires ou à des veuves d'officiers qui, ne pouvant en user elles-mêmes, les vendaient à des marchands, lesquels marchands reprenaient à leur service les voyageurs ou coureurs des bois, comme on les appelait à juste titre. A la fin, pour plus de sûreté, on établit, au confluent des lacs, des postes de soldats pour réprimer la licence de cesvagabonds agents et protéger les échanges.

La compagnie de la baie d'Hudson a régularisé et vulgarisé ce commerce jadis si étrange et si aventureux, et l'a étendu au delà des anciens postes français, dans des régions glaciales où l'on ne trouve d'autres habitations que celles de ses fonctionnaires. Elle emploie chaque année un grand nombre de bateliers canadiens et les paye largement. Mais ils ne peuvent plus, comme leurs aïeux, s'abandonner çà et là à de joyeux caprices, et ils ont à remplir une rude tâche. Ils s'embarquent à la fonte des glaces, ordinairement vers le mois de mai, sur des canots d'écorce si fragiles en apparence, qu'à peine les croirait-on en état de résister aux flots d'une rivière. Avec ces canots chargés de tabac, d'ustensiles en fer, et d'autres denrées, ils s'en vont pourtant de fleuve en fleuve, de lac en lac, jusqu'à sept à huit cents lieues de distance. A chaque cascade, à chaque rapide, ils sont obligés de décharger leur cargaison, de la transporter par terre au delà du passage, de prendre ensuite

l'embarcation sur leurs épaules, et de la transporter de
même, à travers les broussailles touffues ou les marais fan-
geux. Leurs aïeux avaient dans leurs débordements conservé une pieuse pratique qui d'âge en âge s'est perpétuée
dans le cœur de cette race intrépide. En entrant dans la
rivière de l'Ottawa, ils se retournent et saluent le clocher
de Sainte-Anne, qui s'élève à la pointe de l'île de Montréal. C'est là que commence leur voyage, et sainte Anne
est leur patronne. Plus d'un, la veille de son départ, a
fui l'auberge du village pour s'agenouiller dans son église
et faire brûler un cierge sur l'autel de la bonne mère de
la Vierge, à laquelle il recommande sa petite barque,
et sa femme et ses enfants qui vont l'attendre dans sa
cabane. Dans les pays les plus lointains, il n'oublie point
sa protectrice, qu'il apprit à vénérer dès son enfance. Un
capitaine anglais a raconté que, sur les côtes de l'océan
Pacifique, un des hommes de son équipage, un matelot
canadien, vint un soir le prier de vouloir bien lui avancer quelques schellings sur sa solde. C'était, disait-il, la
fête de sainte Anne, et il voulait lui faire une offrande.

Sur ce même fleuve de Saint-Laurent, sillonné par des
bateaux à vapeur, par les lourds bateaux de transport,
par les légers canots d'écorce, on voit flotter au printemps d'immenses amas de bois enlevés aux profondes
forêts du nord, équarris sur place, traînés sur la neige,
liés en radeaux. Des cohortes de Canadiens y dressent
des mâts, y larguent des voiles, et tantôt à l'aide d'un
bon vent, tantôt avec leurs longues rames, descendent
hardiment les rapides et conduisent jusqu'à Québec ces
arpents de sapins en s'animant dans leur travail par
leurs mélodies populaires.

XIV

LE NIAGARA

Non, je ne tenterai pas de décrire le tableau que je viens de voir. Je briserais inutilement dans cet essai les plumes d'or inventées par les Américains. Lamartine, avec son mélodieux langage, et Byron, avec sa souveraine poésie, pourraient seuls dépeindre cette scène qui exalterait leur génie et qui écrase ma faible pensée.

Il est des lieux qui s'embellissent par la distance. Les récits des voyageurs, les gravures, les tableaux leur donnent un aspect sans pareil. On veut les voir, on y court avec l'idée exagérée que l'on s'en est faite, et l'on est déçu dans son attente. J'ai eu peur de subir la même déception en allant au Niagara, et peu s'en est fallu que, pour m'épargner un regret, je ne renonçasse à faire le long détour qui devait me conduire au delà du lac Érié. Mais lorsque, à quelques centaines de pas de l'hôtel de l'Aigle, sur la lisière d'une forêt sombre, je me suis trouvé tout à coup en face de la cascade, j'ai été saisi d'une telle surprise, d'un tel ravissement, que je suis resté comme cloué sur le sol, ne poussant qu'un cri d'admiration. Puis l'émotion a paralysé ma voix et m'a rempli les yeux de larmes.

Des gens sensés diront que c'est une faiblesse de nerfs. Soit. Je n'ai pourtant éprouvé, en face des œuvres de la nature, qu'une émotion semblable. C'est lorsque, de la dernière grève du Spitzberg, je contemplais les dernières limites du monde, les barrières éternelles des

glaces du pôle. Là, c'était l'idée de l'isolement humain à
cette fin du globe qui me troublait jusqu'au fond de l'âme;
et ici, le spectacle le plus grandiose, le plus éblouis-
sant qu'il soit possible de concevoir, un spectacle unique
sous le ciel et qui doit faire époque dans la vie.

,Je suis resté là, je ne sais combien de temps, seul,
immobile et muet. Il pleuvait à flots; mais je ne sentais
ni la pluie qui ruisselait sur mes épaules, ni le vent qui
s'engouffrait sous mon manteau. Je n'entendais que le
bruit de la cascade, ce tonnerre des eaux, comme l'appellent les Indiens; je ne voyais que ces larges ondes
tombant du haut de leur bassin dans leur précipice. Et
lorsque enfin je suis rentré à l'hôtel, j'ai été comme par
instinct m'asseoir devant le feu; je ne distinguais rien
de ce qui se passait autour de moi. Mes yeux et mon esprit
étaient fixés sur le torrent du Niagara, et tout le soir je
l'ai vu, et toute la nuit j'y ai rêvé.

Le lendemain matin j'y suis retourné. Cette fois, j'ai
pu reprendre possession de moi-même et contempler
avec plus de calme ce qui m'avait tant agité la veille.
Cette fois, je pourrai peut-être donner une esquisse topographique de cette merveille de la création. Quant à en
révéler la sublime beauté, non! c'est pour moi chose
impossible!

Le Niagara est formé par la masse d'eau qui, du lac
Érié, en se resserrant dans un étroit canal, va se jeter
à trente-six milles de distance dans le lac Ontario. De la
cime escarpée d'un plateau de cent soixante-cinq pieds
de hauteur, il se précipite dans un lit de rocs, en deux
vastes chutes séparées par l'île d'Iris : l'une que l'on
appelle la Chute Américaine (*American Fall*), l'autre le
Fer-à-Cheval. Ce nom est parfaitement adapté à l'image
qu'il représente. J'en voudrais cependant un plus poétique.

La Chute Américaine serait à elle seule un des beaux

tableaux qu'il y ait à la surface du globe, et pourtant on ne le considère plus que comme un phénomène secondaire, quand on a vu dans toute son étendue l'immense cercle du Fer-à-Cheval. Les Américains, qui, en général, ne se soucient guère des scènes de la nature, mais qui ne négligent rien de ce qui peut favoriser leur industrie, ont tout fait pour rendre aux voyageurs le spectacle du Niagara plus facile et plus attrayant.

Des bateaux à vapeur, des chemins de fer vont les chercher à Lewiston, à Buffalo, et les amènent jusqu'au village. Des voitures et des commissionnaires sont postés sur leur passage, d'élégants hôtels leur sourient par leurs nombreuses fenêtres. Du haut de la montagne ils descendent jusqu'à la rivière par une pente rapide, dans un fauteuil posé sur des rails et soutenu par des câbles. Au bord de la rivière, une barque les attend et les conduit devant le Fer-à-Cheval. C'est là le point de vue par excellence, c'est là que l'on veut s'arrêter longtemps et que l'on veut revenir. De là on contemple dans toute sa largeur, dans toute son élévation, à gauche, la Chute Américaine, l'île d'Iris, et, en face de soi, le cirque de la cascade canadienne avec ses flots profonds, plus verts que l'émeraude, ses nappes d'écume plus blanches que la neige. Son élan est si impétueux, que l'onde qui tombe dans l'abîme rebondit et remonte en tourbillons de vapeur au-dessus du bassin qui la contenait. A plus de cent milles de distance, on a pu distinguer ce tourbillon flottant comme un nuage d'argent à la cime de la montagne. Le jour, cette poudre de perles s'irradie aux feux du soleil et forme un arc-en-ciel. La nuit même parfois la vaporeuse écharpe se colore aux rayons de la lune et reluit dans l'ombre comme un pont de lumière, le pont de la mythologie scandinave.

De chaque côté des cascades, s'étendent des remparts de rocs, des forêts sauvages dont les sombres teintes augmentent encore l'effet du tableau qu'ils encadrent. Quoiqu'on sache que ces lieux sont habités, on n'éprouve là cependant que le sentiment d'une solitude imposante, d'une Thébaïde solennelle. Dans cette profonde enceinte fermée par les eaux, couronnée par les bois, on ne voit d'autres êtres animés que les goëlands qui tournoient au-dessus du gouffre, et dont les blanches ailes disparaissent dans les plis de sa blanche écume.

Au delà de la rivière, sur la côte du Canada, est la Table de roc, table ronde et plate qui déborde de soixante pieds sur l'abîme. Ceux qui ne craignent pas d'être saisis par le vertige peuvent s'avancer jusqu'à la lisière de ce promontoire et de là plonger leurs regards dans le précipice, sifflant, mugissant, bouillonnant comme une chaudière.

De cette pointe merveilleuse on descend par un étroit sentier au pied du torrent. Mais il semble qu'une divinité jalouse en défende l'approche par les lames qu'elle lance contre le profane curieux qui s'avance vers son sanctuaire. Nul danger réel pourtant ne le menace. Il ne court d'autre risque que de s'en revenir trempé jusqu'aux os, et, en bravant ce vulgaire inconvénient, il arrive sous un des rideaux de la cascade, sous une prison de flots limpides. Et quelle prison! Jamais les fées et les naïades n'en ont construit une pareille pour le chevalier qu'elles retenaient captif dans leurs palais de cristal. Pour passer là quelques instants, pour goûter le charme fabuleux d'une telle aventure, ce n'est pas trop que de traverser l'Océan et de faire six cent milles, de wagon en wagon, au milieu des mornes américains.

De retour au sommet du roc, je trouve un paysan canadien avec une rustique voiture garnie d'une peau de buffle qui me conduit le long de la côte par les forêts touffues, à une lieue de distance, au pont en fil de fer qui a été lancé d'un des bords à l'autre de la rivière.

Après avoir admiré l'œuvre de la nature, je devais admirer aussi celle du génie humain. Je n'en connais pas une plus hardie, et, quoique dans une description de paysage les chiffres m'apparaissent sous une forme hideuse, il faut bien, pour en donner une idée, que j'aie recours aux chiffres. Ce pont, d'une seule jetée, a sept cent cinquante neuf pieds de longueur et s'élève à deux cent trente pieds au-dessus du précipice. Les plus lourdes voitures peuvent le franchir en toute sûreté, et cependant il tremble sous le pied d'un enfant et vacille comme une barque au souffle du vent : il m'a fallu saisir des deux mains un de ses pilastres pour contempler du milieu de cet édifice aérien la cascade lointaine et le gouffre béant; car la charrette qui en ce moment le traversait le faisait osciller comme un léger lambris, et il me semblait qu'il allait s'écrouler dans l'abîme.

De l'autre côté de ce pont est le chemin de fer de Lewiston, qui rase intrépidement la crête de la montagne, le bord du précipice, et, à quelques pas de là, apparaît une riante campagne, des sillons fertiles, des enclos remplis d'arbres à fruits, des génisses errantes dans les pâturages, des maisons dont la propreté annonce l'ordre et l'aisance, toute une douce scène de vie paisible près des terribles scènes par lesquelles on vient de passer, une verte aquarelle hollandaise près des éclats d'une tempête.

Ce sol produit aisément tout ce qu'on peut obtenir d'un bon sol de France : blé, orge, légumes. Il est occupé en grande partie par des colons allemands qui, en y appliquant leur intelligent labeur, y font une fortune. Il y a là des lots de terrain qui leur ont été livrés pour quelques centaines de dollars, et dont un habile défrichement a, en quelques années, décuplé la valeur.

X V

WASHINGTON

Enfin j'ai vu dans la vaste république des Etats-Unis une ville qui ne ressemble pas aux autres villes, et ce n'est pas la faute des Américains, soyez-en sûr, si cette capitale n'est pas une exacte copie en bois et en briques des squares réguliers, des rues symétriques, des larges façades qui sont pour le Yankee le type idéal d'une belle cité.

Lorsque, en 1791, Washington fit accepter par le congrès le projet de créer une ville centrale où serait établi le siége du gouvernement, et lorsqu'on eut choisi pour édifier cette ville le riant territoire situé entre la rive gauche du Potomac et la rive droite de l'Anacostia, lorsque enfin le congrès, pour rendre un juste hommage au fondateur de l'Union, eut résolu de donner à la nouvelle métropole le nom illustre de Washington, Dieu sait quels beaux plans furent tracés pour faire de cette capitale politique l'une des nouvelles merveilles du monde. En fait de plans gigantesques et de châteaux en Espagne, nous qu'on accuse d'errer si souvent dans les espaces imaginaires, nous ne sommes à côté des Américains que des enfants. Ce qu'il y a d'alignements de places et de quartiers, de dénombrements de population future, amassés dans les cartons des spéculateurs de New-York est prodigieux. Ce qu'il s'est vendu, revendu avec prime et surenchère de terrains qui devaient se couvrir en quelques années de magasins et de maisons splendides, qui sont restés à l'état de forêt déserte ou de marais incultes, ceux-là le savent qui se sont jetés tête baissée dans ce piége tendu à leur crédulité et qui y ont été tondus jusqu'à la peau comme d'innocents moutons.

Bref, la cité décorée du nom du grand général américain, la cité siége du gouvernement de la première république des temps anciens et modernes, devait être par ses dimensions, par la disposition et la grandeur de ses édifices, la plus magnifique cité de l'univers.

Par un hasard merveilleux, le site que l'on avait adopté portait le nom de Rome, et un petit ruisseau qui le sillonne s'appelait le Tibre. Quelle magie en ces deux mots! Il semblait que la reine du monde antique vînt elle-même avec ses lauriers, son cortége de sénateurs et ses siècles de gloire, se marier à l'œuvre du congrès américain.

Pour donner à la ville de Washington un caractère plus imposant, on résolut d'en former, au moyen d'une portion de territoire prise sur le Maryland et surla Virginie, le centre d'un État distinct. Au sein de ces deux territoires on dessina de vastes lignes qui devaient être occupées par Washington. Au centre, devait s'élever le palais de la représentation fédérale, le Capitole, et de ce point gigantesque, les rues, les places se déroulaient au loin sur le papier, dans leurs diverses directions. Tous les calculs de trigonométrie et d'architecture étant achevés, les lots de terrain nettement divisés, les quartiers comptés et numérotés, on procéda à la vente de ce sol qu'on s'attendait à voir convoiter et accaparer avec une patriotique ardeur. Et il arriva, chose étrange! que le patriotisme, qui n'entrevoyait là aucune bonne chance de commerce, de mouvements de bateaux à vapeur et d'entreprises industrielles, resta froid. Un certain nombre de lots se vendirent par-ci par-là, comme au hasard, sans suite régulière, et ceux qui les avaient achetés y bâtirent leurs maisons sans s'inquiéter du plan de phalange macédonienne qu'ils devaient former autour de l'étendard sacré, autour du Capitole. Il est résulté de cette fatale indifférence des esprits pour une organisation si bien conçue, de ce caprice déplorable des individus, que le Capitole s'élève solitairement sur sa colline, à l'extrémité de la ville; et qu'à une lieue de là, il y a d'infidèles propriétaires qui sous leur toit lointain ne paraissent pas avoir le moindre remords de cet abandon de l'arche sainte.

Washington n'est pas tout à fait, selon l'acerbe expression de Th. Moore, un embryon de capitale, où l'imagination voit des squares dans des marais, et des obélisques dans des arbres.

C'est plutôt, selon la polie définition d'un diplomate, la ville des magnifiques distances. L'étranger qui arrive ici avec des lettres de recommandation qu'il désire remettre lui-même à leur adresse, doit être doté par la Providence d'un jarret solide, ou recourir au *cab*, attelé de deux bons chevaux, et conduit par un nègre intelligent qui le seconde dans ses recherches. De toutes les difficultés de la vie sociale, l'une des plus ardues sans contredit est de retenir dans sa mémoire les numéros des maisons où l'on a eu l'honneur d'être introduit. J'ai souvent songé que si j'avais la foule de domestiques attachés au service d'un nabab de l'Inde ou d'un grand seigneur russe, j'en aurais un dont l'unique emploi serait de me donner à point nommé les numéros dont j'aurais besoin. En Amérique, l'office d'un tel serviteur serait doublement précieux. Les Américains ont un tel amour pour les chiffres, que de peur de n'en pas faire un suffisant usage, ils les appliquent à tout ce qui peut chaque jour leur en rappeler l'agréable image. Dans beaucoup de villes des États-Unis, les rues ne portent point de nom, elles sont décorées d'un chiffre. Quelquefois, pour surcroît d'agrément, on y ajoute un détail qui exige l'emploi d'une boussole. A Philadelphie, pour deux personnes que je désirais voir, on m'a envoyé avec un grand sang-froid à l'ouest de la Schulkill, et au sud-sud-est de la Delaware. A Washington, quand je me suis enquis de la demeure d'un de mes aimables compatriotes : « Monsieur, me répond le *bookkeeper* de l'air du monde le plus satisfait, c'est très-facile à trouver, c'est la cinquième ou sixième maison, entre la vingtième et la vingt et unième rue. » Avec un tel renseignement, mettez-vous en route, et allez chercher dans l'espace la vingtième rue au milieu des complaisants citoyens des États Unis, qui, lorsque vous les abordez, le chapeau à la main, en leur disant de la voix la plus onctueuse : *Sir, if you please, where is the twentieth street?* vous regardent comme un animal bizarre et s'éloignent en vous criant brusquement : *I don't know* (je ne sais pas). Ceux qui ont quelques prétentions à se montrer polis et civilisés condamnent une pareille réponse et vous disent : *Farther* (plus loin), puis continuent leur chemin, très-fiers sans doute de s'être si bien comportés.

L'emploi du nègre est donc ici de rigueur. A Washington, tous les domestiques des hôtels, les cochers de fiacre, les portefaix sont nègres. Les États de la république américaine affranchissent l'enfant de l'Afrique de l'esclavage ; mais en punition de sa tache originelle, de cette malheureuse couleur noire que rien ne peut effacer, ils le condamnent à l'état de domesticité, ils le tiennent comme un paria enchaîné dans un état d'abjection dont il ne lui est pas permis de sortir.

Ici je ferme la parenthèse, et je monte dans une bonne voiture, dont un brave nègre m'ouvre la portière en me souriant avec une double rangée de dents blanches, plus blanches que les défenses d'un jeune éléphant, et deux

grands yeux plus noirs que le charbon des mines de
Ronchampt.

Pendant deux jours, Domingo m'a promené à travers
je ne sais combien de larges rues ornées de trois maisons, de squares en expectative, d'avenues désertes, le
tout faisant partie de la noble cité de Washington. Et
j'éprouvais un grand plaisir à parcourir ces collines, ces
plaines qui doivent représenter une longue suites d'édifices, mais qui ne m'ont heureusement présenté que
l'aspect d'une belle campagne, coupée çà et là par quelques maisons. Il faut avoir passé quelques semaines dans
les cités commerciales du nord des États-Unis pour
comprendre le bien-être que l'on peut ressentir à se
trouver dans une ville qui n'est pas comme les autres
encombrées de charrettes, de camions, de tonneaux de
marchandises; dans une ville qui, de tout côté, s'ouvre
sur un agreste horizon et où souffle le vent frais des Alle-
ghanis, et où il y a de l'espace, du repos.

Du repos! Ai-je écrit ce mot? Effacez-le, je vous prie,
et apprenez que ce vilain substantif ne doit point être
prononcé en Amérique. Du repos! j'oubliais que je suis
dans la ville du congrès, dans le temps même où ce congrès vient de s'assembler. C'est l'époque du mouvement,
du labeur, de la récolte de Washington, qui vit de son
parlement comme Baden de ses joueurs. Tous les hôtels
sont remplis de députés et de solliciteurs, attendu que
la profession de solliciteur s'exerce aussi largement sous
l'austère régime de la démocratie que sous l'indigne
système monarchique. Montons au Capitole.

C'est vraiment un noble et majestueux édifice digne
d'une grande nation, le plus bel édifice que j'aie vu aux
États-Unis. Il est situé sur une colline d'où le regard
s'étend sur les forêts du Maryland, de la Virginie, sur
les flots du Potomac, sur une charmante campagne. La

verte pelouse qui l'environne, les statues qui le décorent, forment, avec sa vaste et haute façade, ses colonnes, ses chapiteaux, un gracieux et imposant point de vue. C'est dommage seulement que, pour l'éclairer par le haut, on l'ait affublé d'un dôme qui ressemble à un saladier renversé.

Le peuple souverain de la confédération s'est traité d'une façon royale dans le palais de ses représentants. La bibliothèque se compose de quarante mille volumes bien classés et richement reliés. Elle s'enorgueillit de montrer quelques beaux ouvrages qui lui ont été donnés par notre gouvernement. J'eusse voulu y en voir un plus grand nombre. Il est de la dignité d'un pays tel que le nôtre de faire libéralement part de ses richesses intellectuelles aux autres nations. Je dirai plus, c'est une sorte de mission qu'il a à à remplir.

Dans une des salles attenant à la bibliothèque sont étalés plusieurs larges tableaux destinés à remémorer quelques-unes des principales phases de l'histoire d'Amérique. C'est le débarquement de Colomb sur la plage du nouveau monde, l'arrivée à Plymouth des puritains anglais qu'on appelle les pères pèlerins, le traité de Guillaume Penn avec les Indiens, le baptéme de Pocohonta, la jeune libératrice du vaillant Smith. C'est, d'un autre côté, la déclaration de l'indépendance, serment du jeu de paume de la république naissante, la soumission du général anglais Burgoyne (1777) et celle de lord Cornwallis (1781).

Il existe à Washington une demi-douzaine de grands édifices échelonnés çà et là, dans l'espace, comme des corps d'état-major, attendant les bataillons de maisons qui doivent les rejoindre. Il n'en est pas un qui ne doive être une image exacte de quelque mémorable construction de l'antiquité. Le Trésor représente le temple athénien de Minerve, le *Patent office* est un nouveau Parthénon.

Je ne serais nullement surpris d'entendre les Américains déclarer qu'en copiant les Grecs ils les ont dépassés.

De ces divers édifices consacrés au service de l'administration, le plus intéressant à visiter est le *Patent office*. Son nom n'annonce point tout ce qu'il renferme. C'est à la fois le musée industriel, et le musée historique, ethnographique, des États-Unis. On y voit, d'un côté, des modèles des machines auxquelles il a été décerné un brevet d'invention; de l'autre, les collections de zoologie, d'ornithologie, que M. le capitaine Wilkes a recueillies dans son expédition aux îles de l'Océanie; plus loin, des portraits de chefs sauvages faits par l'ordre du bureau des affaires indiennes. Enfin, dans quelques compartiments mêlés à cet hétérogène assemblage, on vous montre les reliques nationales: l'original de l'acte d'indépendance, la canne en épine de Franklin, les épaulettes, l'habit, le sabre de Washington, les assiettes et les fourchettes en fer qui lui ont servi dans ses campagnes. Dans la petite ville d'Alexandrie, à quelques lieues d'ici, on conserve la robe d'enfant avec laquelle Washington fut baptisé, un canif que sa mère lui donna lorsqu'il avait douze ans, et un bouton de sa redingote. J'ai une profonde vénération pour tout ce qui se rattache à la mémoire des grands hommes; une nation se glorifie en glorifiant le nom de ses législateurs et de ses généraux. Mais pourquoi les puritains d'Amérique se raillent-ils des reliques catholiques? Nos saints ont fait un peu plus de bien en ce monde que leurs héros. Si les soldats de la guerre d'indépendance ont affranchi ce pays de la domination britannique, nos saints nous ont sauvés de la barbarie. Si les pères pèlerins furent en Amérique les fondateurs d'une colonie qui devait se développer dans d'immenses proportions, un grand nombre de nos saints furent dans des régions sauvages, pleines de mortels périls, les premiers pionniers de la civilisation. J'ai regardé avec respect le bâton de Franklin. Que dirait un protestant américain si on lui montrait le rameau d'arbre sur lequel, dans sa longue marche, un saint Colomban s'appuyait en pénétrant au milieu des sombres forêts des Gaules pour y ériger une chapelle, pour y établir une communauté? Je pense que, pour ne pas faillir à sa doctrine, il rejetterait loin de lui ce signe d'idolâtrie papale.

XVI

LA LOUISIANE

Ce vaste et magnifique pays, auquel Lasalle, en y plantant le drapeau de la France, avait donné le nom de Louisiane, a été divisé en plusieurs États, successivement joints à la république de Washington, et qui, sous l'étendard étoilé de l'Union, n'aspirent maintenant qu'à marcher dans la même voie que les États du Nord, à étendre au loin leur commerce et leur industrie.

Mais avant cette histoire d'une nouvelle époque, dont les bureaux de douane et les comptoirs des négociants seront les principales archives, la Louisiane en a une autre d'un caractère tout différent, histoire d'entreprises audacieuses, de luttes pénibles, d'actions chevaleresques, où brillent le courage de nos soldats, le zèle de nos missionnaires. Admirable épopée! qui n'a point eu pour théâtre l'étroite plaine de Troie ou la petite rivière de l'Ilyssus, mais les immenses fleuves et les immenses forêts.

D'où venaient ces dix-huit tribus sauvages répandues dans la Louisiane à l'époque de la colonisation? D'où venait cette mémorable nation des Natchez qui adorait le soleil comme les Incas? A quelle époque, par quelle migration, ces hommes à la peau cuivrée étaient-ils venus construire leurs wigwams sur les bords du Mississipi et du Missouri? Obscur problème, sur lequel on a beaucoup écrit et beaucoup disserté sans pouvoir arriver à une complète solution!

Quoi qu'il en soit, ils étaient là, dans ces lieux dont les transformations étonnent les géologues, autour de ce delta du Mississipi qui n'a dû se former que dans une longue suite de siècles, sur un sol où l'on trouve des couches de forêts ensevelies l'une sur l'autre, des ossements d'éléphants, de mammouths, et d'autres animaux antédiluviens. Ils étaient là ces puissants Choctaws, ces indomptables Mobiliens, et les Attakapas anthropophages, et les Chactas avec leurs vénérables sachems, tous vivant du produit de leur chasse, et, non contents de leurs vastes domaines, envahissant ceux de leurs voisins, dansant la danse de guerre et la danse de la victoire. Ils étaient là depuis un temps immémorial, lorsqu'un matin les Indiens de Harriga virent arriver des bâtiments d'une grandeur surprenante, et des hommes d'une figure étrange : c'était la flotte de Hernandez de Soto.

Compagnon d'armes de Pizarre, un des plus nobles et des plus braves, Soto avait acquis à la fois, dans la conquête du Pérou, une renommée brillante et une grande fortune. « Quand il commandait son escadron, dit Garcilasso de la Vega, il s'élançait avec tant d'impétuosité au-devant des ennemis, et il faisait dans leurs rangs une telle brèche, que dix hommes pouvaient le suivre dans le sentier sanglant qu'il leur ouvrait. »

Nommé par Charles-Quint gouverneur de l'île de Cuba, il eût pu jouir en paix du fruit de ses longues campagnes, abandonner le cours de sa vie aux molles langueurs du climat des tropiques; mais le royal diplôme qui l'appelait à administrer cette délicieuse région lui donnait aussi par anticipation le titre de gouverneur de toutes les autres contrées qu'il pourrait subjuguer. A cette époque, une soif ardente de découvertes enflammait tous les esprits. Christophe Colomb avait révélé à l'Europe étonnée l'existence d'un autre monde, et dès la fin du xv siècle, à chaque instant on entendait le récit d'une nouvelle exploration, chaque année élargissait la carte du moyen âge. Le xvi siècle s'ouvre par la découverte du Brésil. Six ans après, Denis reconnaît le fleuve du Saint-Laurent. Sept ans après, Nunez de Balboa voit du haut des montagnes du Darien se dérouler devant lui les vagues de l'océan Pacifique. Puis voici venir l'expédition de Fernand Cortez au Mexique, et celle de Magellan, et celle de Pizarre. En 1584, Walter Raleigh conduit une colonie dans la Virginie. En 1610, Hudson aborde sur la plage où s'élève aujourd'hui la grande ville de New-York. Au nord et au sud, à l'est et à l'ouest, le nouveau monde est atteint, enlacé par des légions de navigateurs que nul danger n'effraie, qui sont partis pauvres et obscurs de leur terre natale, qui y retournent rapportant en triomphe les productions d'une contrée inconnue et léguant à la postérité le souvenir de leur génie. Heureux ceux qui sont venus dans ces temps d'odyssée merveilleuse, ceux qui en s'embarquant dans un port d'Espagne, de Hollande, de France, avec le souvenir des narrations de Marco Polo, de Maundeville, se disaient qu'ils allaient peut-être arriver à l'empire du grand Cathay, au féerique royaume de Cipango! A présent, il n'y a plus rien à découvrir. Si loin qu'on aille à travers l'Océan, on ne fait que suivre la ligne tracée par d'autres navigateurs.

En 1512, Ponce de Léon avait reconnu la Floride. Une tradition indienne rapportait qu'il y avait là une eau magique qui effaçait les rides du visage et donnait

aux vieillards une nouvelle jeunesse. Un tel trésor valait
bien les mines du Pérou. Tandis que Soto s'en allait
chercher dans la Floride cette fontaine de Jouvence, les
insulaires de la Polynésie prétendaient qu'il en existait
une bien plus complète dans une des îles de l'océan
Pacifique, à laquelle ils donnaient le nom de Haupokane.
Non-seulement celle-ci rajeunissait les vieillards, mais
guérissait les blessures, effaçait les infirmités. Quel dommage qu'on n'ait trouvé ni l'une ni l'autre de ces sources
magiques ! Il ne nous manquait qu'une pareille découverte pour compléter la chronique de l'humanité. Vous
figurez-vous les expéditions que les puissants de la terre
auraient dirigées vers la Floride, ou mieux encore vers
Haupokane, les batailles sanglantes qui se seraient li-
vrées sur ce sol de bénédiction, et les désirs frénétiques
qui s'y seraient éveillés ? Naturellement les riches et les
forts auraient pris d'abord la meilleure part de l'onde
merveilleuse ; les pauvres auraient cherché à soustraire
un bien si précieux ; et les tribunaux auraient eu à juger
plus de vols et de crimes pour quelques fioles d'eau que
pour le produit des mines d'argent du Mexique et des
mines de diamants du Brésil. En revanche, on aurait
peut-être vu un fils dévoué abandonner généreusement
son flacon pour prolonger la vie de son père, et un mi-
santhrope anglais casser dans un accès de spleen le
bocal qui pouvait indéfiniment prolonger sa vie. Quel
immense sujet de poëmes attendrissants et de comé-
dies ! Quelle perte pour les écrivains ! Il faut s'y résigner.

Soto partit avec douze cents soldats, dont trois cents
armés à ses frais. Plusieurs gentilshommes, également
distingués par leur bravoure et leur naissance, avaient
voulu s'associer à son expédition : don Juan de Gus-
man, Pierre Calderon, Vasconcellos de Sylva, Muscoso
de Alvarado. Il emmenait en outre vingt-deux ecclésias-

tiques pour prêcher le christianisme aux peuplades parmi lesquelles il allait s'aventurer; car, en ce temps de foi, l'idée religieuse marchait avec l'idée guerrière. Avec l'étendard monarchique, on portait dans les nouvelles contrées l'Évangile et la croix. A présent, on ne songerait qu'au meilleur moyen d'y introduire des barils de liqueurs falsifiées et des balles de toiles peintes.

Arrivé à la baie d'Espiritu-Santo, l'intrépide Espagnol, comme pour éloigner de lui tout projet de retraite, renvoya ses bâtiments à la Havane, puis s'avança au sein des tribus sauvages, qui, après leur première surprise, avaient couru aux armes, et attaquaient hardiment et harcelaient sur toute sa route cette armée étrangère.

Au milieu des piéges que les caciques lui tendaient dans chaque peuplade, des combats qui se renouvelaient chaque jour, des périls dont il était environné, Soto traversa la Géorgie, le Tennessée, le Kentucky, et descendit dans la baie de Mobile. Là il eut à soutenir une bataille effroyable. Onze mille Indiens y périrent, et plus de mille femmes, dans l'excès de leur désespoir, se brûlèrent en voyant leur ville envahie par les Espagnols. De là, il s'en alla camper sur le territoire des Chickasaws, qui, au mois de janvier, la nuit, par un vent froid du nord, lancèrent des dards enflammés sur sa tente et lui tuèrent quarante hommes et cinquante chevaux.

Trois années s'étaient écoulées depuis que Soto avait quitté son paisible gouvernement de la Havane, pour s'aventurer dans cette terrible exploration. Les combats, les fatigues, la fièvre, le manque de provisions, lui avaient enlevé une grande partie de ses soldats. Il touchait aux rives du Mississipi, d'où il lui était aisé de descendre au golfe du Mexique et de rentrer dans l'île de Cuba. Saisi par la fièvre et sentant sa fin approcher, il légua son commandement à Muscoso de Alvarado, recommanda à ses compagnons d'armes l'union, la discipline, surtout la persévérance dans leur entreprise; puis il mourut dans les bras de son aumônier, à l'âge de quarante-deux ans.

J'ai envié le sort des explorateurs du xvıᵉ siècle, et cependant la plupart de ces hommes ont dû expier leur gloire par l'amère ingratitude qui leur navra le cœur, ou par une fin cruelle. Voyez en quelques lignes quels noms inscrits à jamais dans les annales de l'histoire, et quel martyrologe!

En tête d'eux tous, Christophe Colomb, l'immortel Christophe Colomb, outragé et chargé de fers. Puis voici Nunez de Balboa et Walter Raleigh, l'un et l'autre ayant fait de grandes choses, l'un et l'autre décapités. Fernand Cortez meurt dans l'indigence. Magellan, qui le premier pénétra dans l'océan Pacifique, et Diaz de Solis, qui entra dans le Río de la Plata, expirent sous les flèches des Indiens. Pizarre est tué par des rebelles; un de ses frères est condamné à mourir en prison, un autre sur l'échafaud. Verrazani, qui, dès l'année 1524, visita la côte américaine; Cartier, qui remonta le fleuve Saint-Laurent; Humphrey Gilbert, qui prit possession des États du Nord pour le roi d'Angleterre, sont engloutis par les flots. Iberville, l'un des plus vaillants chefs de notre colonie de la Louisiane, meurt, comme Fernand de Soto, à la fleur de l'âge. Ribault, qui, en 1562, conduisit dans la Floride une colonie de protestants français, est assassiné par les Espagnols. Lasalle, notre brave Lasalle tombe sous le fer d'un de ses soldats; Hudson est jeté à la mer par son équipage en révolte; Baffin rend le dernier soupir dans un combat.

Les Espagnols ensevelirent le corps de Soto dans le Mississipi, à l'embouchure de la rivière Rouge. On eût dit que le fleuve implacable exigeait une victime des téméraires qui avaient osé franchir ses rives solitaires, et il prenait la plus noble. Cette douloureuse cérémonie ne s'accomplit point avec un appareil de deuil. Les compagnons de Soto, poursuivis, surveillés par les Indiens, sentaient qu'ils devaient leur cacher la mort de ce chef, dont toutes les tribus de la contrée avaient appris à redouter le courage, et ils s'efforçaient de dissimuler par les cris bruyants, par une apparence de joie, les regrets et l'anxiété qui agitaient leurs cœurs. Malgré cette cruelle précaution, les hommes rouges ne tardèrent pas à découvrir l'événement qui devait accroître leur audace. Pour échapper à leur poursuite, Alvarado voulut d'abord remonter la rivière Rouge jusqu'au Texas, dans l'intention de se rendre par terre au Mexique. Obligé bientôt de renoncer à ce projet, il revint sur le Mississipi et y fit construire des embarcations. Quand il commença à descendre ce fleuve, il ne lui restait que trois cent cinquante soldats et trente chevaux. Une flotte indienne de mille pirogues, montées, dit Garcilasso, par plus de vingt-cinq mille guerriers, le suivit pendant dix jours, l'attaquant sans cesse, lui lançant une nuée de flèches, se retirant pour échapper aux coups de fusil, puis revenant fondre sur lui comme des vautours. Presque tous les Espagnols étaient blessés, et tous auraient sans doute succombé dans cette retraite, plus dramatique que la fameuse retraite des dix mille, si un vent favorable ne les eût enfin conduits dans le golfe du Mexique.

Le Mississipi était découvert, et il se passe cent trente-six années avant que les Européens y touchent de nouveau. L'honneur de le reconnaître et d'en prendre possession était réservé à nos colons du Canada. La campagne de Soto était oubliée, ou ignorée. C'est par une tradition indienne que nos compatriotes apprirent qu'il existait à l'ouest un grand fleuve qui ne coulait ni à l'est, ni au nord, et qui devait, selon les hypothèses des géographes, aboutir à l'océan Pacifique ou au golfe du Mexique. Talon, intendant de la vaste région septentrionale qui portait le nom de Nouvelle-France, voulut illustrer son administration par cette découverte. Cette fois, ce n'était pas une flotte commandée par un brillant seigneur d'Espagne, ce n'était pas une élite de gentilshommes suivie de douze cents soldats qui s'en allait à la recherche du grand fleuve, c'était tout simplement un honnête négociant de Québec, M. Joliet, et un récollet animé d'une religieuse pensée, le père Marquette, auquel s'étaient adjoints cinq bateliers canadiens.

Le 13 mai 1673, les courageux voyageurs s'embarquèrent sur deux canots, avec « un peu de blé d'Inde et quelques chairs boucanées pour toute provision ». Ils s'arrêtèrent d'abord dans la tribu de la Folle-Avoine, à laquelle les religieux du Canada prêchaient l'Évangile depuis plusieurs années. « Je racontai, dit le père Marquette, à ces peuples de la Folle-Avoine le dessein que j'avais d'aller découvrir les nations éloignées, pour les pouvoir instruire des mystères de notre sainte religion. Ils en furent extrêmement surpris, et firent tout leur possible pour m'en dissuader. Ils me représentèrent que je rencontrerais des nations qui ne pardonnent jamais aux étrangers, auxquels ils cassent la tête sans aucun sujet; que la guerre qui était allumée entre divers peuples qui étaient sur notre route, nous exposait à un danger manifeste d'être enlevés par des bandes de guerriers qui sont toujours en campagne; que la grande rivière est très-dangereuse quand on n'en sait pas les endroits, qu'elle était pleine de monstres effroyables qui dévoraient les hommes et les canots tout ensemble, qu'il y a même un démon qu'on entend de loin qui en ferme le passage et qui abîme ceux qui osent s'en approcher; enfin, que les chaleurs sont si excessives, qu'elles nous causeraient la mort infailliblement. »

A ces sinistres prédictions, le bon père Marquette répond en remerciant les Indiens de leurs avis, en leur disant qu'il ne craint pas ce démon du fleuve, et que, quels que soient, du reste, les dangers qui le menacent, il exposera volontiers sa vie dans l'espoir de faire entendre la parole de Dieu à quelques âmes. Et il continue sa route par le lac Huron, le lac Michigan, par la rivière des Outogamis et le Missouri. Le 17 juin, il entre dans le Mississipi. Admirable triomphe de la douceur sur la force, de l'humilité chrétienne sur la pompe guerrière! Les descendants de ces tribus sauvages qui s'élançaient avec fureur contre les escadrons de Soto, accueillent avec cordialité le vénérable prêtre qui s'avance au milieu d'eux avec son bâton de voyage et son crucifix, lui offrent le calumet de la paix, lui donnent des guides et des provisions. Marquette et Joliet descendent le fleuve jusqu'à sa jonction avec la rivière de l'Arkansas. Là ils ne trouvaient plus de village, leurs aliments étaient à peu près épuisés; ils furent forcés de retourner en arrière. Mais ils en avaient assez vu pour pouvoir constater la grandeur du Mississipi et son cours vers la mer. A leur arrivée à Québec, les cloches sonnèrent, et les habitants de la ville, l'évêque en tête, s'en allèrent à l'église chanter le *Te Deum,* pour remercier Dieu de cette heureuse découverte.

Huit ans après, pour qu'aucune image religieuse et chevaleresque ne manque à cette belle histoire de la Louisiane, voici venir sur le Mississipi un de ces hommes au cœur ardent, que leur esprit élevé, leur ambition aventureuse portent aux grandes choses, et qui sont comme dévoués à la gloire et au malheur. C'était Robert Lasalle, simple plébéien, élevé dans un collége de jésuites.

Après qu'il eut fini ses études, il partit pour l'Amérique. Fils du peuple, il voulait s'anoblir par une action d'éclat; pauvre, il voulait devenir riche. Avec les idées géographiques du temps, il rêvait une voie de communication directe du Canada par le Mississipi à la Chine. Il communiqua son plan à Frontenac, gouverneur du Canada, qui l'engagea à aller à Paris solliciter l'appui du prince de Conti. Lasalle part, et, à la recommandation du prince, obtient de Louis XIV une vaste étendue de terre autour du fort Cataraqui, ce même fort sur l'emplacement duquel s'élève aujourd'hui la citadelle anglaise de Kingston. Le royal diplôme l'autorisait à faire toutes les découvertes qu'il jugerait utiles, et lui enjoignait seulement de réédifier le fort situé sur ses domaines. En quelques mois Lasalle était au bord de l'Ontario avec une trentaine de colons, et un chevalier italien, Tonti, autre Gœtz de Berlichingen, qui avait remplacé par une main de fer la main vivante qu'un coup de sabre lui avait enlevée. Le fort est bientôt rebâti en pierres solides, et Lasalle, qui est reconnaissant, lui donne le nom de son premier patron Frontenac. Puis il construit des bateaux et s'embarque pour les lointaines régions.

Il parcourt les lacs du Nord, élève des fortifications sur plusieurs points. Tantôt reçu avec amitié par les Indiens, tantôt menacé d'une ligue hostile, il surmonte par son courage, ou écarte par sa prudence tous les dangers. Mais il en était un auquel son généreux caractère ne lui permettait pas de penser, et qui devait le désoler. Ses soldats, effrayés de la longueur de leur expédition, et ne sachant comment y échapper, voulaient se défaire de lui. Un jour Lasalle s'aperçut que l'un d'eux lui avait préparé du poison, et en bâtissant un fort sur la rivière de l'Illinois, il l'appelait le fort de *Crèvecœur*.

Cependant il poursuit sa marche. A la fonte des glaces, il entre dans le fleuve où les Indiens se jettent avec une croyance religieuse en criant : Meschacébé ! Meschacébé ! Il le descend à travers des tribus qui toutes voulaient s'opposer à son passage. Le 7 avril 1681, il touchait au golfe du Mexique. De Québec jusque-là, il avait parcouru un espace de mille lieues. Il chantait un *Te Deum* d'actions de grâces, et prenait possession de ce pays, en lui donnant le nom de Louisiane.

Lasalle alla porter lui-même en France la nouvelle de sa conquête, et fut accueilli à la cour de Versailles avec toute la distinction qu'il méritait. Le fils du peuple reçut les compliments du grand roi. Il demandait à retourner sur les rives du Mississipi. On lui donna quatre bâtiments sur lesquels s'embarquèrent douze jeunes gentilshommes, douze familles de cultivateurs, cinquante soldats, des ouvriers, en tout deux cent cinquante personnes. Là s'arrêta le dernier rayon de fortune du noble Lasalle. A partir de cette époque, sa vie n'est plus qu'une longue suite de revers, terminée par un affreux drame. M. Beaujen, qui commandait sa flottille, au lieu de se rendre à l'embouchure du Mississipi, arrive par une fatale erreur au fond de la baie de Saint-Bernard, sur les côtes du Texas. Lasalle veut retourner en arrière. Beaujen, qui ne supportait qu'avec peine la situation subalterne qu'il occupait vis-à-vis d'un plébéien récemment anobli, refuse d'obéir à ses injonctions, et part pour la France, laissant un bâtiment de provisions échoué sur les brisants, et Lasalle et ses compagnons à peu près sans ressources, sur une plage où ils ne pouvaient rencontrer que des hordes de sauvages.

Leur premier soin fut d'organiser un moyen de défense contre ces peuplades, qui nuit et jour erraient avec leurs flèches autour d'eux. Ils bâtirent à la hâte un fort où Lasalle caserna une centaine d'hommes. Avec les autres il s'en alla par terre à la recherche du Mississipi. Il lui restait encore un brick, qui sombra dans une tempête avec les munitions de guerre, les ustensiles d'agriculture et diverses denrées dont il était chargé. Pour comble de malheur, la fièvre et les armes des Indiens décimaient sa petite troupe. Dans cette horrible position, il ne lui restait plus d'autre moyen de salut que de demander des secours au Canada. Il en était à mille lieues de distance, et il prit la résolution de s'y rendre par terre. Il se mit en route avec son frère, son neveu, un vénérable religieux et une quinzaine d'hommes. Après neuf jours de marche, deux crimes arrosaient de sang le sol des forêts vierges; deux crimes mettaient fin à cette courageuse expédition. Lasalle et son neveu périssaient sous les balles de deux de leurs compagnons.

Les cent hommes qu'il avait laissés sur les côtes du Texas, qui ensuite s'étaient établis à l'embouchure du Colorado, dans un fort auquel ils donnèrent le nom de fort Saint-Louis, furent également victimes de l'ignominieuse conduite de Beaujen. Les uns tombèrent sous le tomahawk des Indiens, les autres moururent de faim dans les bois. Tel fut notre premier essai de colonisation dans la Louisiane. Le frère de Lasalle et le père Athanase échappèrent seuls à ce désastre général.

De notre lointaine colonie du Canada étaient venus les premiers explorateurs du Mississipi, Marquette et Joliet, puis le premier Français qui des régions du Nord descendit jusqu'au golfe du Mexique, l'intrépide et malheureux Lasalle. Du Canada vint aussi en 1699 le brave Iberville. Cette colonie du Canada, j'ai essayé de vous en dire l'histoire. A cette époque, elle était encore bien faible et bien pauvre. A peine installée sur les rives du Saint-Laurent, elle avait à lutter à la fois contre l'inimitié des Indiens, la jalousie des Anglais, et contre l'apathie d'un gouvernement qui souvent la laissait sans pitié dans l'abandon. Mais elle avait un mâle sentiment d'honneur qui la soutenait au milieu de son indigence et l'exaltait en face de ses périls. Ni les longues marches à travers les immenses forêts, ni les combats contre des ennemis nombreux n'effrayaient son ardeur, dès qu'il s'agissait de donner un témoignage d'affection à ses frères, ou de défendre son drapeau.

En 1685, le fidèle Tonti, en apprenant que Lasalle revenait dans la Louisiane, avait, dans un canot d'écorce, traversé les lacs, descendu le Mississipi jusqu'à son embouchure, pour le plaisir de revoir son ami. Ne le trouvant pas et ne sachant où le chercher, il avait remis à des Indiens une lettre pour lui, comme nous remettons une carte de visite chez un concierge, puis il était retourné à Québec par le même chemin. Mille lieues pour aller, mille lieues pour revenir : quelle visite!

Le père d'Iberville était mort dans le Canada au service du roi. Il avait onze fils, dont cinq étaient restés comme lui sur le champ de bataille [1]. Des six autres, l'aîné, Iberville, s'était déjà signalé en plusieurs occasions par sa bravoure. Il allait fonder la colonie de la Louisiane, et quatre de ses frères devaient s'associer à la même œuvre. Si les nobles ont eu autrefois des priviléges, il faut reconnaître qu'un grand nombre d'entre eux les avaient chèrement acquis. Ils les payaient de leur sang, et les transmettaient à leurs enfants avec une tradition d'honneur et une fière devise: «Noblesse oblige». A présent, on se soucie peu de ces titres de gloire conquis au nom de la patrie, à la pointe du glaive. On a mis, son amour dans le bien-être, ses désirs dans la fortune. Mais parmi ceux qui ont réalisé ce rêve de l'ambition moderne, combien y en a-t-il qui avec une généreuse pensée inscrivent sur leur caisse : « Richesse oblige » ?

Sous les auspices du comte de Pontchartrain, ministre

---

[1] Dans un de ses voyages, l'empereur d'Allemagne Henri II vit venir à lui un de ses vassaux qui, lui présentant ses trente-deux fils, lui dit : « Voilà le trésor que j'offre à Votre Majesté. » L'histoire du père d'Iberville se sacrifiant avec ses onze enfants dans les guerres de la France vaut bien celle du noble Germain.

de la marine, Iberville conduisit deux cents colons à
l'extrémité du Mississipi. C'était tout ce que la France
lui donnait pour prendre possession des rives d'un fleuve
plus long que la Seine, le Rhin et le Danube réunis. Il
visita les environs du sol où s'élève aujourd'hui la Nouvelle-Orléans, donna à un de ses lacs le nom de Pontchartrain, à un autre celui de Maurepas. Il construisit
un fort dans la baie de Biloxi (à trente lieues environ de
la Nouvelle-Orléans), y fixa le siége de sa colonie, puis
visita quelques tribus indiennes. Quand il entra dans un
des villages de Natchez, la foudre venait de mettre le feu
à leur temple, les hommes poussaient des cris féroces;
les prêtres demandaient des sacrifices pour apaiser la
colère de Dieu, et les femmes jetaient avec fureur leurs
enfants dans les flammes. Tel fut le premier spectacle
qu'offrirent à nos compatriotes ces Natchez dont un
illustre écrivain a fait une poétique description. Iberville
ne parvint qu'avec peine à calmer leur frénésie. Le sol
qu'ils y occupaient lui plaisait. Il y traça le plan d'un
fort auquel il donna le nom de baptême de Mme de Pontchartrain : Rosalie. Trente ans plus tard, ce fort devait
être inondé de sang.

Iberville, ayant posé les bases de son œuvre, partit pour
la France afin d'en ramener un renfort nécessaire,
laissant pour chefs et pour otages à la colonie naissante
deux de ses frères : Sauvolle et Bienville. Il revint suivi
d'un autre frère, puis repartit de nouveau. Les ministres
ne s'occupaient guère de ce royaume américain que
Lasalle avait adjoint au royaume de France. Ce n'était
qu'à force de sollicitations qu'on parvenait à obtenir
d'eux quelque résolution en faveur d'un pays qui eût
dû exciter un si grand intérêt.

Cependant Iberville, dans un de ses voyages, mourut
de la fièvre. Sauvolle mourut du même mal à Biloxi.
Bienville resta seul chargé de la direction de la colonie.

Ses deux frères lui avaient, pour tout héritage, légué la
tâche à laquelle l'un et l'autre venaient de succomber,
comme autrefois les bénédictins se transmettaient d'âge
en âge le soin de poursuivre une longue étude. Bienville
dévoua son cœur, son intelligence, à l'entreprise natio-
nale consacrée par une fraternelle pensée. Il passa là
près de quarante années, luttant avec une fermeté inébranlable contre tous les obstacles qui s'opposaient à ses
efforts, aux prises avec l'inquiète jalousie des Anglais et
l'animosité des Indiens, aux prises avec les éléments, qui
en un instant anéantissaient tout le labeur d'une année,
répandaient la désolation dans sa colonie. Souvent abandonné et quelquefois méconnu, outragé par un ministère
qui eût dû donner une éclatante récompense à ses services et qui longtemps le laissa dans un poste subalterne,
il obéit sans murmurer à des chefs indignes de le com-
mander, il vit sans se décourager naître et disparaître
les divers modes d'administration auxquels la Louisiane
fut soumise : gouvernement du Canada ; puis gouvernement local ; puis la gestion commerciale de Crozat, et celle
de la compagnie d'Occident, qui enfanta la fameuse
banque de Law, laquelle enfanta le grand désastre de la
rue Quincampoix.

Nous n'avons pas le génie colonisateur. L'histoire de
nos colonies ne le démontre que trop. Quand la Louisiane
fut abandonnée aux spéculations commerciales de
Crozat (1712), sa population se composait de quatre cents
âmes, dont deux compagnies de cinquante hommes,
soixante-quinze Canadiens volontaires, vingt-huit familles blanches et vingt nègres. Pour régir ces quatre
cents âmes, la France leur envoyait un gouverneur, un
commissaire ordonnateur, un contrôleur, deux direc-
teurs. Bienville restait chargé du commandement des
troupes.

Le gouverneur, M. de Lamotte Cardillac, pauvre cadet

de Gascogne, parvenu au grade de lieutenant-colonel par la protection de sa femme, n'avait qu'un but et une idée : c'était de trouver dans la terre de son gouvernement une mine d'or, ou tout au moins d'argent. L'agriculture, véritable mine d'or de la Lousiane, ne l'intéressait nullement; il lui fallait de bons et sonores lingots pour faire revivre la splendeur de ses aïeux dans son petit castel. Tandis qu'il se livrait à ses recherches métallurgiques avec une avidité et une ignorance qui le rendaient ridicule aux yeux de ses surbordonnés, le fidèle et modeste Bienville déjouait les trames ourdies par les Anglais pour soulever contre nous les tribus indiennes, construisait de nouveaux forts et châtiait les Natchez.

Cette peuplade, qui, comme une ruche féconde, avait donné naissance à un grand nombre d'autres, qui se distinguait entre les diverses tribus de la contrée par son ancienne puissance et par l'autorité de ses institutions, était destinée à couvrir de sang plusieurs pages de l'histoire de la Louisiane.

En 1716, les Natchez ayant égorgé deux Français et dévalisé six voyageurs canadiens, Cardillac, qui avait assez à faire de chercher ses mines imaginaires, qui d'ailleurs, s'il faut en croire quelques historiens, ne demandait pas mieux que d'engager son lieutenant dans une affaire dangereuse, chargea Bienville de sévir contre les coupables. Bienville, qui n'avait à sa disposition qu'un trop petit nombre d'hommes pour attaquer à force ouverte la tribu, eut recours à la ruse. Il invita les chefs à venir le visiter dans son camp, à l'époque où il faisait une de ses tournées annuelles. Il lui en vint dix-neuf, parmi lesquels se trouvaient cinq chefs suprêmes qui portaient le titre de Soleils.

Le plus vieux lui ayant offert le calumet de la paix, Bienville le refusa. Le Natchez, levant les yeux au ciel, pria le Grand-Esprit d'adoucir le cœur de l'étranger et présenta une seconde fois au commandant son calumet. Bienville, ayant alors pris toutes ses précautions, déclara qu'il n'accepterait aucun signe de paix tant qu'on ne lui aurait pas livré les assassins de ses compatriotes. Les meurtriers étaient un Soleil et un guerrier renommé. Dès que les Natchez eurent appris l'arrestation de leurs chefs, un d'eux se dévoua pour sauver le Soleil. Sa tête fut envoyée à Bienville, qui dit que ce n'était point celle de l'assassin. Le lendemain et les jours suivants, sept ou huit autres Indiens se firent avec le même fanatisme trancher la tête, dans l'espoir de tromper celui qui tenait en son pouvoir leurs chefs vénérés. Bienville restait inflexible. Enfin une multitude de Natchez vinrent s'offrir à lui en holocauste, le conjurant seulement d'épargner leurs caciques. Bienville condamna à mort un des Soleils qu'il gardait prisonnier et qui avait pris part au meurtre des Français, puis renvoya les autres.

Vingt-deux ans après, ces mêmes Natchez tramaient un massacre de Vêpres siciliennes. A leur complot ils avaient associé plusieurs autres nations. Des faisceaux de roseaux, tous d'égal nombre, furent envoyés aux différents caciques. Chaque jour on devait en brûler un, et le dernier marquait l'heure à laquelle les peuplades devaient se lever à la fois dans chaque district et égorger les Français.

A l'heure indiquée, les Natchez entrent en grand nombre dans le fort, sous prétexte d'y apporter le tribut auquel ils étaient soumis. Ils se précipitent sur les soldats sans défense, les égorgent, livrent en signe d'ignominie le commandant aux coups des femmes, puis massacrent tout ce qui se trouve sur leurs pas, hommes, femmes, enfants, n'épargnant que les nègres, qui, dit-on, étaient entrés sourdement dans leur complot.

L'année suivante, les Natchez, attaqués par un officier français à la tête d'une tribu de Chactas, perdirent dans une bataille quatre-vingts hommes et se sauvèrent dans les bois. Mais bientôt on les vit se réunir près de la rivière Noire et s'y retrancher, déterminés à soutenir une nouvelle lutte. Une seconde, une troisième bataille dans laquelle ils furent encore vaincus ne suffirent point pour les dompter. Ce ne fut qu'en 1732 que le gouverneur leur ayant livré un nouveau combat où périrent tous leurs chefs, les restes de la tribu, n'ayant plus ni guides ni soutiens, se retirèrent au fond des forêts, ou se dispersèrent parmi d'autres tribus, et dès ce moment le nom des Natchez fut rayé du nombre des nations indiennes.

Pendant que notre jeune colonie était livrée à l'agitation de ces événements, Bienville faisait un voyage en France. A son retour, il eut à soutenir une guerre plus longue et plus redoutable que celle qui venait d'anéantir les Natchez, une guerre contre les peuplades des Chickasas, qui ne dura pas moins de sept ans. Les Chickasas avaient des forteresses construites à l'aide des Anglais. A l'attaque d'un de ces remparts dont plusieurs Anglais dirigeaient la défense, Bienville perdit deux hommes. N'ayant pu, le soir du combat, enlever ses morts, il les vit le lendemain coupés par lambeaux, cloués aux palissades, et ceux de ses soldats qui étaient tombés vivants entre les mains des sauvages furent brûlés à petit feu. Contre cette horde effroyable fortifiée par la tactique européenne, il fallut réunir les troupes du Canada à celles de la Louisiane. Une première fois, ces troupes, surprises par des chaleurs excessives, décimées par la fièvre, privées de provisions, ne purent pas même entrer en campagne. L'année suivante, elles s'assemblèrent de nouveau. Les Chickasas, effrayés, déposèrent les armes, déclarant qu'ils regrettaient amèrement de s'être laissé entraîner à cette guerre par les Anglais, jurant de vivre désormais en bonne intelligence avec la colonie française, et pour gage de leur bonne foi livrant à Bienville deux Anglais qui se trouvaient parmi eux.

Toutes les tribus indiennes n'étaient pas nos ennemies. Plusieurs d'entre elles, résistant au mouvement de leurs voisins, aux cabales des Anglais, nous gardèrent une fidélité inébranlable. Quelques-unes avaient reçu dans leur sein des missionnaires canadiens qui, en leur révélant le dogme du christianisme, leur enseignaient à aimer et à honorer la France. Sauvolle venait à peine de s'installer dans son camp de Biloxi, lorsqu'il reçut la visite de deux religieux français : le père Montigny et le père Davion, qui de Québec étaient venus prêcher l'Évangile aux peuplades de la Louisiane. Voyez-vous dans le vaste espace désert Sauvolle et Bienville accueillant, à l'entrée de leur cabane, les pieux voyageurs, une tente par-ci, une tente par-là, des ustensiles d'agriculture, des armes dispersées sur le sol, les missionnaires s'asseyant au pied d'un sycomore décoré d'une fleur de lis avec les chefs de cette troupe de soldats, de marins qui venaient d'accomplir une expédition bien autrement longue et difficile que la fameuse expédition des Argonautes déifiée par les Grecs ? voyez-vous les colons s'approchant avec avidité et respect des missionnaires; autour d'eux les longues plaines du Mississipi, les profondes forêts ; à leurs pieds, les eaux de la baie de Biloxi étincelant aux rayons du soleil ; un peu plus loin peut-être, un Indien appuyé sur son arc et observant avec surprise ce spectacle si nouveau pour lui ? Quel poétique et majestueux tableau !

Le père Montigny, qui se dévouait à cette humble tâche de missionnaire, était le descendant du brave Gaston de Montigny, qui, à la bataille de Bouvines, eut l'honneur de porter la bannière de France. Le père Davion avait séjourné quelque temps dans la tribu des Tunicas, et s'était rendu si populaire parmi eux, qu'à la mort de leur chef ils voulaient l'élever à cette dignité. Le père

Davion refusa l'honneur qui lui était offert, insistant seulement pour que les sauvages se rendissent à ses instructions. Comme ils ne voulaient point renoncer à leur idolâtrie, un jour, pour leur démontrer l'impuissance de leur dieu, Davion mit le feu à leur temple et détruisit les images grossières qu'ils adoraient. De la part de tout autre, une telle action eût été cruellement punie. Les Tunicas, qui aimaient le vénérable prêtre, se contentèrent de le conduire hors de leur territoire. Il se retira chez les Yazoos, qui, plus dociles que leurs voisins, se convertirent en peu de temps au christianisme. A l'aide de ses néophytes, Davion établit une chaire sur un arbre gigantesque qui s'élevait au-dessus d'une colline. A ce même arbre il fixa les lambris de son sanctuaire. Il enfermait là les vases sacrés, les vêtements sacerdotaux, avec un autel portatif que l'on plaçait sous les vastes arceaux de sa tour végétale quand il voulait dire la messe. Souvent il se retirait là pour prier et méditer. Il vécut très-longtemps, conservant jusqu'à la fin de sa vie le même zèle religieux, les mêmes pratiques austères. Les Yazoos le considéraient comme un être d'une nature surhumaine. Ils ne pouvaient comprendre par quelle force secrète le saint prêtre était en état de supporter tant de fatigues en prenant si peu de nourriture, ni comment, sans qu'on l'eût envoyé chercher, il se trouvait en un instant près du lit des malades, ni comment il savait les délits qui se commettaient dans sa communauté. Quand ils le voyaient assis à l'ombre de son tabernacle, murmurant des paroles dont ils n'entendaient pas le sens, ils pensaient qu'il révélait leurs fautes au Grand-Esprit. Quand son regard s'abaissait sur eux avec bonté, ils se sentaient réjouis comme si un rayon du soleil eût pénétré au fond de leur cœur. Un jour, ils le trouvèrent au pied de son autel, les yeux fermés, les mains jointes. Son dernier soupir s'était exhalé dans une dernière prière. Longtemps encore après sa mort, les femmes des Yazoos avaient coutume de porter leurs enfants à l'endroit où le bon missionnaire administrait le baptême, et elles invoquaient avec une pieuse confiance sa bénédiction.

En 1741, Bienville quitta la Louisiane pour n'y plus revenir. Son âge, ses longs services lui donnaient assez le droit d'aspirer au repos. Quarante années d'efforts, de combats incessants, d'expéditions dangereuses de toutes sortes ! Quel courage et quelle abnégation ! Si jamais les Louisianais ont l'idée de parer leurs villes de quelques statues, j'espère qu'ils commenceront par ériger sur leur plus belle place celle de l'homme qui a fait le berceau de leur enfance, soutenu d'une main fidèle et vigoureuse leurs premiers pas, posé la base de leur avenir.

Bienville avait fini par obtenir, non sans de nombreuses contestations, que le siége de la colonie fût transféré de Biloxi à la Nouvelle-Orléans, et, en se retirant en France, il pouvait dire du moins qu'il laissait son œuvre affranchie des principaux périls qui menaçaient de l'anéantir dans son germe.

Après avoir follement rêvé sur les rives du Mississipi les mines d'argent du Mexique, les Louisianais avaient fini par trouver dans le défrichement du sol une mine moins brillante, mais plus durable. Avec l'aide des nègres qu'ils faisaient venir de la côte d'Afrique, ils s'étaient mis à cultiver l'indigo, le riz, le tabac. Bientôt ils allaient planter la canne à sucre, puis le cotonnier.

Arrivé dans la Louisiane avec deux cent cinquante hommes, Bienville y laissait en partant une population de six mille âmes, parmi laquelle on comptait environ quinze cents nègres et deux cent cinquante cultivateurs allemands établis sur une partie du rivage qui porte le nom de *Côte des Allemands*.

Treize ans après, une douloureuse migration augmentait de plusieurs milliers d'individus cette population.

Dans leur lutte perpétuelle contre notre colonie du Nord, les Anglais en étaient venus à s'emparer des districts que nous appelons l'Acadie, et auxquels ils ont donné le nom de Nouvelle-Écosse. Louis XIV leur avait cédé une portion de ce territoire à la condition que les droits et les propriétés des Français qui y étaient établis seraient respectés, et de son côté seulement, l'Angleterre exigeait qu'ils prêtassent serment de fidélité à leur souveraine. Changer ainsi de drapeau, la chose était bientôt dite ; seulement les braves paysans de l'Acadie ne pouvaient la comprendre, et ni les menaces ni les promesses ne purent surmonter l'énergie de leur patriotisme et les scrupules de leur conscience. En 1754, les Anglais, désespérant de vaincre une telle obstination, et redoutant de laisser cette masse d'ennemis dans une contrée où ils n'avaient eux-mêmes que de très-faibles moyens de défense, se décidèrent à user d'une de ces mesures qui nous semblent monstrueuses, mais qui n'ont jamais arrêté la politique anglaise dans le jeu de ses intérêts.

Les villages des Acadiens furent livrés aux flammes, et, à la lueur de leurs toits embrasés, sept mille enfants de la France furent entassés sur des vaisseaux et jetés comme de vils troupeaux sur les côtes de la Pensylvanie, de la Virginie, de la Caroline, sans autre ressource que le peu de hardes et de provisions qu'ils avaient pu dérober aux ravages de l'incendie... On vit alors ces malheureux errant à l'aventure à travers les bois, repoussant les services de ceux qui parlaient la langue de leurs bourreaux et ne se reposant que sous le wigwam des Indiens, qui, touchés d'une telle infortune, leur apportaient le fruit de leur chasse et les guidaient dans les forêts. Les Acadiens savaient qu'il existait une colonie française dans la Louisiane ; ils voulaient la rejoindre, ils voulaient se rallier à la bannière qui les avait abandonnés, rester fidèles au roi qui les oubliait dans ses grandeurs de Versailles, et sans s'inquiéter de la longueur du chemin, des dangers du voyage, ils s'en allaient, dans leur sublime amour pour la France, à la recherche de la terre lointaine habitée par des Français.

Je vous ai dit que l'histoire primitive de la Louisiane était une belle et noble histoire. Arrêtez-vous un instant à ce dernier épisode, achevez par votre pensée ce tableau dont je ne vous donne qu'une si légère esquisse, et dites s'il y a dans les annales de l'antiquité, dans la sentence d'exil portée par Lacédémone contre les Messéniens, dans la captivité des Juifs, rien de si touchant que ce drame des Acadiens, privés de leur foi, martyrs de leur loyauté.

La moitié d'entre eux périrent en route sur le fleuve, dans les marais. Les autres, après des fatigues inouïes, arrivèrent à la Louisiane, où ils furent accueillis avec une tendre commisération. Le gouverneur leur donna des instruments d'agriculture, leur assigna un vaste terrain au bord du Mississipi, et il s'établit là, à l'endroit qui porte le nom de *Côte des Acadiens,* une colonie de laboureurs dont les descendants se distinguent encore aujourd'hui par la simplicité de leurs mœurs, par leur culte pour les anciennes traditions françaises.

Cependant les proscrits acadiens, qui avaient tant souffert pour se réfugier sous l'étendard de la mère patrie, ne se doutaient guère que cet étendard leur serait ravi dans les plaines de la Louisiane comme dans les plaines de la Nouvelle-Écosse. Le traité de Paris de 1763 abandonnait le Canada aux Anglais, et cédait la Louisiane à l'Espagne.

Cette nouvelle frappa comme un coup de foudre nos pauvres colons. Bien qu'ils eussent eu souvent à se plaindre de l'indifférence, de l'oubli du gouvernement à leur égard, ils étaient Français de cœur et voulaient rester Français. L'ennemi n'avait du reste point pénétré dans leurs domaines comme dans le Canada, et ils n'avaient point perdu de bataille. Après le premier moment de stupeur, l'espérance rentra dans leur cœur. Ils se dirent que peut-être cette incroyable union n'était point définitive, ou que le cabinet de Versailles pouvait encore la révoquer. A l'appel de quelques hommes énergiques, notamment de l'avocat général Lafrenière, les principaux habitants de la colonie se réunirent et signèrent une adresse au roi que deux députés portèrent à Paris.

Bienville, qui avait alors quatre-vingt-sept ans, retrouva la vigueur de sa jeunesse pour appuyer les démarches de ceux qui venaient défendre la nationalité à laquelle il avait consacré sa vie. Mais tout fut inutile. Les délégués ne purent pas même arriver jusqu'au roi. Le duc de Choiseul les reçut, leur adressa quelques belles paroles et fit échouer leurs tentatives.

XVII

LA NOUVELLE-ORLÉANS

C'en est fait probablement à jamais de l'héritage que nos pères nous avaient préparé dans le nouveau monde. Nous avons (je ne puis me lasser de le dire) possédé pendant deux siècles, sur le continent américain, l'immense espace qui du golfe Saint-Laurent s'étend par les lacs du nord, par les rives droites de l'Ohio et du Mississipi, jusqu'au golfe du Mexique. Nous avons eu dans l'archipel colombien la riche terre de Saint-Domingue, l'île de la Trinité, de Tabago, de Grenade, de Saint-Vincent, celle de Sainte-Lucie, de Montserrat, de la Dominique, et celles de Saint-Christophe et d'Antigue.

De tous ces domaines découverts ou conquis et peuplés par nos ancêtres, il ne nous reste sur le continent que les plages insalubres de Cayenne; à Terre-Neuve, l'île de Saint-Pierre et Miquelon, et dans les Antilles, la Guadeloupe et la Martinique.

Le trajet que j'ai fait depuis Québec jusqu'ici est comme un voyage à travers les ruines de l'ancienne France. Partout les traces d'une domination qui n'est plus, d'un empire plus grand que celui d'Alexandre, dont les Américains et les Anglais se sont partagé les dépouilles.

Une consolation reste à celui que le souvenir du passé afflige dans cette longue exploration. C'est de trouver, comme un dernier reflet de notre ancienne puissance, la tradition de la France vivant encore dans les villes, sur les côtes que nous avons occupées. C'est de trouver çà et là des masses de populations qui ont gardé pieusement sous un autre régime gouvernemental l'amour de la patrie lointaine d'où sont venus leurs pères. C'est là ce qui me charmait dans le Canada, et ce qui m'a plus doucement encore surpris à la Nouvelle-Orléans. Car je m'attendais à voir les habitants de cette cité vitrifiés déjà par la fournaise américaine. Pour vous faire mieux comprendre mes appréhensions, il faut se rappeler qu'entre toutes les choses qui étonnent l'étranger aux États-Unis, la plus étonnante peut-être est la puissance d'absorption du génie américain. Supposez un habile chimiste jetant dans un de ses creusets cinq ou six ingrédients de différente espèce, les mêlant, les broyant à la fois pour en extraire un seul et même suc, vous aurez une image de la chimie morale et intellectuelle qui sans cesse agit sur ce pays. Ce que nous appelons le peuple américain n'est qu'une agglomération d'émigrants de diverses régions et de diverses races. Les premiers sont venus de l'Angleterre; les autres, de l'Allemagne, de l'Irlande, de la France, des montagnes de la Suisse, des rives de la Baltique, en un mot, de toutes les contrées de l'Europe. D'abord cette agglomération s'est faite lentement par petits essaims.

Maintenant ce sont des armées entières d'artisans, de cultivateurs, des milliers et des milliers de familles qui chaque année viennent s'y joindre. En posant le pied sur le sol des États-Unis, les étrangers y apportent naturel·lement leurs prédilections particulières, leurs habitudes nationales, sans doute aussi leurs préjugés. Au premier abord, le caractère de l'Américain leur déplaît, ses habitudes les surprennent désagréablement. Ils veulent se séparer de lui, vivre avec leurs compatriotes, conserver sur cette terre lointaine les mœurs de la terre natale, et dans leur langue maternelle ils déclarent énergiquement qu'ils ne seront jamais Américains. Vain projet! inutile protestation! l'atmosphère américaine les enveloppe, et par son action continue attiédit leurs souvenirs, dissout leurs préventions, décompose leur élément primitif. Peu à peu, sans se rendre compte des modifications qui s'opèrent en eux, ils changent de point de vue et de façon d'être, adoptent les usages et l'idiome des Américains, et finissent par s'absorber dans la nation américaine comme les ruisseaux des vallées dans les grands fleuves qui les portent à l'Océan.

Combien d'honnêtes Germains qui, après avoir maudit les rudes formes américaines et regretté amèrement leur *gute, gemüthliche* Allemagne, en sont venus à renverser comme le Yankee le chapeau sur le derrière de la tête, à se roidir comme le Yankee dans leur habit boutonné jusqu'au menton, dédaignant toutes les règles de la civilité européenne et ne parlant plus que la sainte langue des affaires!

Je craignais d'avoir à constater une pareille transformation au sein de la population de la Nouvelle-Orléans, et heureusement je me trompais. Dès les premiers jours de mon arrivée, je me suis senti le cœur saisi par l'urbanité, par l'esprit, par les mœurs hospitalières de nos créoles du Sud, comme il l'avait été, quelques mois auparavant, par les fils de nos vieux colons de Québec et de Montréal.

Il est doux de passer des jours, des semaines en pleine campagne, ou sur les flots de la mer, dans l'éloignement du monde, dans le recueillement de soi-même, au milieu des harmonies de la nature, en face des grandes œuvres de la création, et je plains profondément ceux qui ne sont portés à une telle retraite que par un accès de misanthropie, ou par les noires vapeurs du spleen. Le nuage qui pèse sur leur pensée ne leur permettra peut-être pas de voir le riant azur du ciel. La porte d'or des songes bienfaisants ne s'ouvrira point à leur âme tourmentée. S'ils gardent au fond de leur poitrine un sentiment de haine ou d'envie, ils ne comprendront point les suaves mélodies des eaux, des bois, éternel chant d'amour qui sans cesse s'élève vers Dieu avec le chant du soir et la brise embaumée du matin. Il est doux d'entrer dans cet isolement avec une humble et paisible pensée.

Mais quand on revient dans les villes, on éprouve le besoin de retrouver le regard bienveillant, la parole affectueuse de l'homme, et, sauf quelques rares exceptions dont je conserve un bon souvenir, c'est ce que j'ai vainement cherché dans les grandes cités des États-Unis. Si j'ai mal cherché, je ne sais; si comme un mineur impatient je me suis trop vite éloigné d'une couche de rocs qui cachait de précieux filons, c'est possible. Ce qu'il y a de sûr du moins, c'est que dans le Canada et à la Nouvelle-Orléans la veine sympathique m'est apparue du premier coup, que je n'ai eu qu'à tendre çà et là les mains pour y voir aussitôt tomber des mains amicales. Si dans les remarques que j'ai faites sur les relations sociales des Américains, j'ai été injuste envers eux, je leur en demande sincèrement pardon. La vérité pourtant, après avoir parcouru leur pays sur tant de points différents, après avoir séjourné avec les intentions les plus charitables dans la plupart de ses villes, est qu'il m'en reste une singulière idée que je vous exposerai au moyen d'une comparaison. Vous savez que Buffon représente notre planète comme un globe incandescent qui graduellement se serait refroidi à ses deux pôles, et dont la chaleur se serait concentrée à son milieu. La confédération américaine m'apparaît précisément comme l'opposé de ce phénomène. A ses deux extrémités, c'est-à-dire sur les rives du Saint-Laurent, et près de l'embouchure du Mississipi, elle a conservé toute sa chaleur de cœur ; à son centre, elle est froide comme les froids remparts du cap Nord.

Grâce au Ciel, j'ai quitté cette zone réfrigérante, et je savoure le plaisir de vivre au milieu d'un cercle de négociants, d'hommes d'études que nulle affaire et nul livre n'empêchent de me donner une partie de leur temps et de me servir de guides dans leur cité.

A mon tour, je puis m'offrir à vous comme cicerone, s'il vous plaît de recevoir quelques notions sur cette métropole des États du Sud. On l'appelle la *Crescent City,* à cause du Mississipi qui se déroule autour d'elle en demi-cercle, comme un croissant. D'un côté, elle s'étend sur un espace de cinq milles le long de ce fleuve magnifique, son canal et son port ; de l'autre, elle aboutit à une plaine de plusieurs milles d'étendue, qu'elle envahit peu à peu, et par laquelle, dans quelques années, elle touchera au lac Pontchartrain. Du côté du fleuve, elle porte une ceinture de pierres de dix à douze pieds de hauteur, qu'on appele la *levée.* C'est un moyen de défense contre ce puissant Mississipi, qui, en répandant la richesse sur ses bords, y porte aussi la terreur par ses inondations, et c'est un quai garni de boutiques, de magasins de toutes sortes. C'est la vaste artère par laquelle affluent, par laquelle circulent et s'écoulent les denrées commerciales de deux hémisphères.

J'ai vu, sauf celui de Liverpool, les plus grands ports

de l'ancien et du nouveau monde; après le merveilleux
aspect de la Tamise, entre Blackwall et London-Bridge ,
je ne connais rien de si vivant, de si pittoresque que le
croissant de la Nouvelle-Orléans couvert d'une légion de
bateaux à vapeur gigantesques, d'une triple rangée de
navires, d'une masse de barques et de chaloupes, de
radeaux qui, de Pittsbourg, amènent des montagnes de
charbon de terre, de bateaux remorqueurs traînant à leur
suite les lourds bâtiments qui viennent des régions lointaines. Et sur la levée, quel bruit! quel mouvement perpétuel! Des files de charrettes attelées de deux ou trois mules
conduites par des nègres, chargées des produits du Nord et
du Sud, sautant de cahot en cahot, sur le chemin qu'elles
creusent sans cesse, à travers les fiacres, les omnibus, les
piétons affairés. Coups de fouet, cris de colère du passant
qu'une voiture éclabousse, grincements des roues et des
essieux, retentissent à la fois sur tous les tons dans cette
laborieuse mêlée, tandis qu'à quelques pas de là des mu-
lâtresses ambulantes agitent les castagnettes et font vibrer
la guitare devant un groupe d'oisifs, assis nonchalamment sous la tente d'un café.

La position de New-York, comme ville de commerce,
est certes admirable. Celle de la Nouvelle - Orléans est
plus avantageuse encore. Par le canal et le chemin de fer,
qui la relie au lac Pontchartrain, cette ville communique
directement avec la baie de Mobile et la côte de la Floride; par plusieurs *bayous*[1], avec différents districts de
la Louisiane; par l'embouchure de son fleuve, avec le golfe
du Mexique; et par le cours supérieur de ce même fleuve
elle étend ses relations jusqu'aux extrémités du nord et
de l'est de l'Amérique. Vers le Mississipi convergent de
tous les côtés des rivières qui, dans leur vaste réseau,
forment un rayon de huit mille lieues de navigation.

1 On appelle *bayou* un canal naturel par lequel le fleuve se rejoint à
la mer.

Si New-York, Boston, Baltimore portent au loin leur activité, la Nouvelle-Orléans est le grand marché de l'Amérique. C'est là que les planteurs envoient leur sucre et leur coton, et c'est là que l'Europe va les chercher.

De la levée on entre de tous côtés dans la ville par de longues rues coupées à angle droit, mais qui n'ont point la monotone uniformité des carrés de briques des autres villes de l'Amérique. On y trouve à chaque pas des maisons qui rappellent par leur structure celles de France ou d'Espagne : portiques à colonnes, façades peintes en couleurs riantes, élégants et légers balcons. A l'intérieur est le *patio* où verdoient les rameaux du magnolia, les larges feuilles du bananier, et la galerie en bois où l'on aime à respirer la fraîcheur du soir. Pas un monument d'art ne décore pourtant cette riche cité, si ce n'est l'église de Saint-Patrice, construite sur le modèle de la cathédrale d'York. Les principaux édifices sont des établissements de bienfaisance, la bourse et les presses à coton, remarquables par leurs énormes dimensions. Chacun de ces bâtiments reçoit annuellement de deux cents à deux cent cinquante mille balles de coton, qui sont échelonnées sous des hangars, puis portées successivement sous un cylindre à vapeur, qui en diminue d'un tiers ou de moitié le volume. Pour cet emmagasinage et ce travail de compression, l'entrepreneur perçoit une demi-piastre (deux francs cinquante centimes) et quelquefois trois quarts de piastre par balle, ce qui fait, à la fin de l'année, une bonne addition. Je connais un négociant qui donne par année cent mille francs pour le loyer d'une de ses presses, et qui, tous frais payés, encaisse un joli bénéfice.

Au-dessus de ces vastes bâtiments s'élève un dôme supporté, comme celui du Panthéon, par un cercle de colonnes. C'est le panthéon des hommes vivants assez riches pour payer quinze à vingt francs par jour leur chambre et leur dîner; c'est l'hôtel Saint-Charles, dont la construction et l'ameublement ont coûté quelque chose comme quatre millions. Les ciselures de sa base en granit et de sa colonnade peuvent bien être des ornements superflus; mais il faut de larges espaces aux Américains, qui s'en vont toujours campant d'une ville dans une autre, ou qui parfois s'installent en famille dans une auberge où les repas servis à heure fixe, les domestiques obéissant au coup de sonnette, permettent au mari de vaquer librement à ses affaires et dispensent la femme d'avoir à s'occuper des soins du ménage.

Autour de la Nouvelle-Orléans s'étendent de populeux faubourgs d'un aspect assez agreste. Quelques riches négociants se sont bâti là de charmantes retraites dans des jardins fleuris. Peu à peu la ville s'avancera sur ce terrain à présent rempli d'habitations en bois d'une champêtre simplicité. De ces faubourgs on entre dans une féconde campagne, où tour à tour apparaissent les plantations de sucre avec leurs cabanes de nègres et leurs machines à vapeur, et de splendides enclos où les arbres d'Europe grandissent avec les plantes des tropiques. Le chêne vert y marie son éternel feuillage à la fleur du magnolia. La pomme d'or des Hespérides, l'orange douce et l'orange amère y répandent toute l'année leur parfum, et la rose y éclôt sous les sombres rameaux du cyprès, comme une pensée d'espoir sous un voile de deuil.

Toute cette partie de la Louisiane qu'on appelle la *Côte* est d'une fertilité merveilleuse. Assez de rayons de soleil l'échauffent, assez de rosée l'humecte pour que sa végétation se développe dans toutes les saisons. En hiver elle m'est apparue comme nos îles d'Hyères aux beaux jours de mai.

La population de la Nouvelle-Orléans se compose de plusieurs éléments distincts. D'abord les créoles français, espagnols, américains, c'est-à-dire tous ceux qui sont nés dans le pays[1], puis les émigrants de diverses contrées, puis les hommes de couleur et les nègres, et enfin une masse flottante de marins, de négociants, qui inonde les grands et petits hôtels, et sans cesse se renouvelle.

Une grande large rue, bordée d'arbres, qui formerait une jolie promenade si elle était mieux entretenue, la rue du Canal, coupe la ville en deux parties, l'une occupée par les Français, l'autre par les Américains. L'antagonisme héréditaire du Gaulois et de l'Anglo-Saxon a fait cette division. Réunies sur le même sol par les mêmes lois et et les mêmes intérêts, les deux races n'ont pourtant pu se mêler l'une à l'autre. Comme les Européens et les Asiatiques, elles gardent leur nationalité sur chaque rive de leur Bosphore, et quand on va d'un des côtés à l'autre de la rue du Canal, il semble qu'on entre dans un pays tout différent.

Sur l'un de ces côtés, on n'entend guère que le sifflement de l'Anglais, sur l'autre le cher idiome de France ou la sonore langue de Castille. Le quartier américain, plus riant, a des rues plus larges, des constructions plus régulières. Le quartier européen offre aux regards de l'étranger plus de variété et de mouvement. Le caractère distinctif de ces deux moitiés de la ville se retrouve dans les mœurs de leurs habitants et dans leurs produits industriels. Le quartier américain garde comme un fidèle enfant des États-Unis ses barrooms avec ses flacons de whiskey; le quartier français a ses joyeux cafés et ses restaurateurs à la carte. Si vous désirez acheter une bonne carte marine ou un livre de voyage anglais, franchissez le Sund et pénétrez dans le golfe américain; s'il

---

1 Ce nom de créole constitue, à l'égard des nouveaux venus, un titre d'indigénat, une sorte d'aristocratie que l'on se plaît à faire valoir. Non-seulement on l'applique aux hommes, mais aux animaux. « Voici un cheval créole, » dit le maquignon; « un poulet créole, » dit la marchande de volaille; et le cheval et le poulet ont une valeur particulière.

vous faut un objet de luxe ou de fantaisie, revenez à la sphère française.

Malgré cette séparation, les deux peuples n'ont pu cependant vivre dans un rapprochement si immédiat, dans un contact si fréquent, sans agir quelque peu l'un sur l'autre. La hardiesse commerciale des Américains a donné un plus vif élan à leurs voisins, et ceux-ci ont à leur tour adouci, animé les habitudes des froids colons du Nord.

La Nouvelle-Orléans n'a point le morne aspect des autres villes de la république. On ne pense pas que du premier de l'an à la Saint-Sylvestre, tous les jours doivent s'écouler sous le vitrage du comptoir, comme les grains de sable dans le sablier. On ose se livrer à d'agréables loisirs, passer des heures en de gais dîners. On entend, chose inouïe à New-York et à Philadelphie, les guitares d'une troupe de musiciens ambulants résonner dans les rues, dans l'enceinte des cafés, et l'on va le soir en grande toilette applaudir la musique de Rossini.

Ainsi subsistent l'une en face de l'autre, dans une rivalité pacifique et dans un assez juste équilibre de forces, ces deux populations. Les bassins de la balance où elles pèsent encore à peu près d'un égal poids resteront-ils d'un même niveau? Je n'ose le croire, et celui qui m'inquiète n'est pas celui des Américains. Chaque année, leur nombre s'accroît avec leur fortune. Ils ont à leur disposition plus de capitaux que les Français, et ils sont plus audacieux dans leurs entreprises. Déjà ils obligent l'Européen avec lequel ils sont en relation à apprendre leur langue; tandis qu'eux-mêmes ne daignent pas prononcer un mot de la nôtre. Je crains que peu à peu, avec l'appui que leur donnent les grandes cités des États-Unis, avec le génie de la spéculation qui les distingue, avec cette résolution de caractère qui ne doute de rien, ils n'en viennent à conquérir la domination de la ville, à se placer à la tête des affaires, refoulant leurs rivaux dans les landes du petit commerce.

Après avoir essayé de vous décrire les deux grands quartiers de la Nouvelle-Orléans, je n'ai sans doute pas besoin de vous dire sur quelle rive de la rue du Canal j'ai été m'établir. L'hôtel Saint-Louis, que l'on m'avait recommandé, n'existe malheureusement plus, et il a fallu me résigner à chercher un gîte dans une sombre auberge qui fait un singulier constraste avec les splendeurs du palais Saint-Charles. Mais enfin j'échappais aux rudes expéditions des tables d'hôte américaines, aux beefsteaks coriaces, et j'ai eu toutes les joies gastronomiques d'un Grimod de la Reynière, en retrouvant l'honnête potage bourgeois et le simple morceau de bœuf bouilli avec des légumes.

Si l'auberge où je viens de m'installer ressemble par sa noire entrée à une prison, si dans la chambre que l'on m'a donnée comme la meilleure du logis, il n'y a que deux chaises boiteuses et une table qui a besoin d'être étayée comme celle de la bonne Baucis, si la moustiquaire qui doit protéger mon sommeil est percée de toute part, comme pour ouvrir les avenues de la place au dard des moucherons altérés de sang, je suis là du moins au centre de notre ancienne ville, entre son présent et son passé, entre la maison où vécut Bienville et le cimetière où reposent plusieurs de ses successeurs.

Ce cimetière, situé en pleine cité, comme ceux de Constantinople, au milieu de la rue Saint-Louis, non loin de la bourse et du *Merchants exchange* où fourmillent les gens d'affaires, est tellement rempli qu'il faudra bientôt en creuser un autre. Cette demeure des morts est entretenue avec soin, parsemée de verts arbustes, et souvent en plusieurs endroits décorée de guirlandes de fleurs. On y voit des tombes construites avec un goût sévère, et on y lit de touchantes inscriptions. Deux, entre autres, m'ont frappé; la première est le cri de deuil d'une mère : *Ma pauvre fille!* Rien de plus, et il n'y a rien de plus à ajouter à cette douloureuse exclamation. La seconde est un monument d'une fatale coutume qui a jeté le deuil dans un grand nombre de familles. *A. N., victime de l'honneur à 24 ans.* Il n'y a pas longtemps que les duels éclataient sans cesse à la Nouvelle-Orléans. Et quels duels! Comme, d'après les usages du pays, l'offenseur avait le choix des armes, pour profiter de cet avantage, au premier mot malsonnant que l'on entendait prononcer, on répondait par un soufflet et l'on allait se battre, non point avec des pistolets, mais avec des carabines, à trente, quarante pas de distance.

Tel est le mauvais côté de la nature créole, forte et loyale, ardente dans ses haines comme dans ses amours, hardie jusqu'à l'excès et généreuse jusqu'à la prodigalité, belle et mâle nature, qui au tendre élément de son origine européenne et aux enseignements de la civilisation allie l'impétueuse énergie du sang méridional.

XVIII

SOUVENIR DE LA HAVANE

Une caféière et une sucrerie.

Le soleil n'était pas encore levé, et l'aurore qui le précédait, l'aurore qui a vraiment ici des doigts de rose, colorait déjà les façades des maisons et irradiait l'azur de la rade. Les portes des maisons commençaient à s'ouvrir, et dans le champ de manœuvres résonnaient les clairons militaires. On eût dit la musique des Aztèques saluant les premiers rayons de l'astre du jour adoré des Incas.

Nous montons dans une berline du chemin de fer, nous courons rapidement à travers une terre .riante qui de loin, avec ses fraîches ondulations, m'apparaît quelquefois comme la terre de France, au temps où tout a reverdi, et où les blés se balancent sous les rameaux d'arbres. Seulement, ce ne sont ici ni les mêmes rameaux ni les mêmes arbres. Ce sont des champs de maïs et d'énormes ananas, des haies de tamarins dont les fruits confits ont une douce saveur, des enclos d'orangers au bord desquels éclate le calice des cactus. C'est la ceiba, dont le tronc gigantesque, évasé à sa base, présente quelquefois trois ou quatre compartiments, pareils à des niches de chapelle ogivale. C'est le cocotier qui s'élance comme une flèche, portant à sa sommité, ainsi qu'une fontaine aérienne, ses calebasses pleines d'un suc rafraîchissant.

De temps à autre, nous nous arrêtons devant des habitations à demi voilées par les plantes de leurs jardins. Dans l'une de ces habitations est établi un restaurant. Il n'offre au voyageur ni le coriace beefsteak, ni le lourd roastbeef, mais le chocolat écumant, le gâteau feuilleté, le verre d'orangeade à la glace. Tant pis pour l'Anglo-Saxon qui regretterait là ses repas d'alderman. Le Havanais n'a pas de tels besoins, et la Havanaise vit comme un oiseau.

En trois heures de marche nous avions fait dix-huit lieues. La volante[1] de M. Beguerie, prévenu de notre ar-

---

1 On appelle ainsi l'équipage havanais; c'est un long timon qui lui donne un agréable balancement, deux roues hautes et larges qui, à moins que l'essieu ne se rompe, rendent toute chute impossible. Au milieu de ces deux roues, une caisse comme celle de nos cabriolets, élégamment tapissée à l'intérieur, ombragée à demi sur le devant par un triangle d'étoffe qui suffit pour préserver le visage des rayons du soleil sans obstruer la vue de côté et d'autre. La volante est conduite par un nègre qui s'élance d'un pied agile

rivée, nous attendait à la station. Trois mules attelées de front nous emportent au galop sur une assez belle route : chose rare, il faut le dire, dans ce bienheureux pays. Une barrière s'ouvre. « Voici la plantation, » me dit mon compagnon de voyage. La plantation ! Je l'aurais prise pour la résidence d'un prince. Figurez-vous une avenue d'un quart de lieue de longueur, large comme celle du parc de Saint-Cloud, bordée à droite et à gauche d'une ligne de palmiers royaux (*palmas reales*), pareils à des colonnes de marbre. C'est ainsi qu'on arrive à l'habitation du planteur. Sa maison est, il est vrai, d'une construction modeste, mais très-gracieuse et très-commode. C'est un pavillon carré posé sur une terrasse, à quelques pieds au-dessus du sol, entouré d'une large galerie en bois, sur laquelle un couvert de lambris descend comme la toile d'une tente. D'un côté, elle s'ouvre sur l'avenue que nous venons de parcourir ; de l'autre, sur la cour et les cases des nègres. On en fait le salon habituel. A différentes heures, on s'installe dans celle de l'ouest ou dans celle de l'est. Ici, en aspirant les brises odorantes du matin, on assiste au mouvement de la vie agreste, des ouvriers qui commencent leur labeur, des mules que l'on

sur la selle de sa mule, avec sa veste ronde ornée de galons de diverses couleurs, son *sombrero*, ses bottes à l'écuyère descendant jusqu'à la cheville, et laissant de là à son soulier briller l'ébène de sa peau noire. Telle est la volante banale qui, dans chaque quartier, offre pour quelques réaux ses services aux passants, et lorsqu'une fois on en a usé, et lorsqu'on a connu la rapidité de sa marche et l'humble soumission de son cocher, on ne peut que prendre en grande pitié nos lourdes citadines et nos misérables fiacres.

La volante est, du reste, à peu près le seul équipage que l'on trouve à la Havane. Chaque riche marchand, chaque bon bourgeois veut avoir la sienne ; celle-ci est couverte d'ornements en argent, tapissée de satin. En beaucoup de maisons, on la remise comme un meuble précieux dans la salle même où la famille se rassemble et reçoit ses visites. Une de ces volantes, attelée de deux mules, avec son postillon noir, portant le chapeau et la veste à galons, est certainement une des voitures les plus jolies et les plus aristocratiques qui existent dans le monde civilisé.

conduit à l'abreuvoir, des poules et des poulets qui courent en caquetant après les grains de maïs. Là c'est le silence imposant qui succède aux travaux du jour, c'est le spectacle solennel du soleil qui s'incline sur son lit de pourpre, et, longtemps encore après qu'il a quitté l'horizon, projette dans le vert réseau des bois ses filets d'or et d'argent.

J'ai trouvé là une de ces franches, honnêtes familles, au milieu desquelles le cœur se dilate, comme les germes de la terre au souffle du printemps. Au bout de quelques heures, nous nous sentions tous aussi à l'aise l'un avec l'autre que si nous nous étions connus depuis longtemps.

Aussitôt après notre arrivée, le déjeuner fut servi. Par son caractère local il intéressait bien plus ma curiosité que mon appétit. Ici le sol est si fertile, qu'on use de ses productions sans ménagement. La banane apparaît sur la table sous toutes les formes, crue, cuite, rôtie. L'igname est à quelques pas de distance, au pied d'un arbuste ; il suffit de gratter la couche de terre qui le revêt pour trouver cette savoureuse racine. Près de là est l'aguakate, qui donne le beurre végétal, l'abricotier de Saint-Domingue, l'arbre à pain des îles du Sud. On coupe une demi-douzaine d'ananas pour y trouver une tranche de choix, on taille avec une hache cinq ou six noix de coco pour remplir quelques verres de son lait onctueux, et pour peu qu'un étranger ignorant ou indiscret voulût goûter le chou palmiste, on abattrait pour lui la majestueuse tige qui le porte, car on ne peut l'avoir qu'à ce prix. M. Beguerie, qui est un agronome très-actif et très-intelligent, a de plus fait croître dans son jardin les légumes d'Europe, l'épinard, la laitue, les haricots, productions aussi rares dans cette contrée que les plantes des tropiques dans une riche demeure de notre pays.

Après cette séance gastronomique, qui était pour moi

comme un cours d'histoire naturelle, nous avons été visiter la plantation. Elle se divise en deux parties : l'une couverte d'orangers, de bananiers, et de diverses autres plantes; l'autre réservée spécialement à la culture du café, mais parsemée encore de bananiers, car le caféier doit être abrité à l'ombre de leurs larges feuilles. La fève, dont l'essence aromatique entretient dans une molle rêverie l'imagination des peuples d'Orient et réveille la verve des poëtes, vient sur un modeste arbuste de quatre à cinq pieds de hauteur. Elle est renfermée en double partie dans un fruit rond, pareil à une petite cerise, qui pousse sur une même ligne tout le long des branches, de telle sorte que quand il est mûr, on n'a qu'à passer la main sur chaque rameau pour l'égrener.

Cette culture est beaucoup moins pénible que celle de la canne à sucre; elle n'exige un long et assidu travail qu'à l'époque de la récolte, qui se fait au mois de novembre ou de décembre. Le reste de l'année, il suffit de sarcler légèrement le sol au pied du caféier, et d'élaguer ses branches parasites. Au temps de la moisson, les nègres doivent quelquefois rester à la tâche seize heures par jour. Aux premiers rayons de l'aube, ils partent pour la caféière avec deux paniers, l'un qu'ils gardent au bras, l'autre, plus grand, qu'ils déposent à terre, et dans lequel ils vont verser leur corbeille portative, à mesure qu'elle est remplie.

La fève est ensuite dégagée de sa pulpe par un procédé mécanique, puis séchée au soleil sur les tendales et enfermée dans des sacs. Trois des grands paniers donnent ordinairement trente livres de café sec. Cent mille arbustes en produisent, terme moyen, environ neuf cents quintaux. Si ce produit n'est pas aussi avantageux que celui de la canne à sucre, il exige en revanche un capital beaucoup moins considérable. Deux fèves, enfoncées dans le sol, enfantent un arbuste. On les sème sur des lignes parallèles, à une distance égale l'une de l'autre. Un espace carré de cent yards (cent mètres carrés) peut contenir soixante mille tiges de café, et cinquante nègres suffisent à leur culture.

Mais une caféière est parsemée et entourée d'une quantité d'autres végétaux fructueux. Le bananier qui la protége est sans cesse chargé de lourdes grappes que les maîtres de la maison, les domestiques et les esclaves ne parviennent pas à consommer, et qu'on expédie au marché. Sur un domaine bien administré, l'oranger, le cocotier, la basse-cour, le potager, les ruches d'abeilles entrent pour une bonne part dans les revenus du propriétaire : là, il n'est pas une plante qui n'ait son utilité, et pas une qui, par sa forme ou la nature de son existence, ne soit pour un étranger un curieux objet d'observation.

Le palmier, l'un des plus beaux arbres que l'on puisse voir, s'élève avec sa tige droite, sa peau lisse et blanche comme un pilier de marbre, et se couronne d'un panache de verdure. Il porte un fruit dont le goût ressemble à celui du chou-fleur, et ce n'est pas tout ce qu'on en tire. Chaque année, de sa sommité tombent de larges bandes d'écorce imperméables dont on couvre les cases des nègres; ses branches servent aussi parfois au même usage, ou, malgré leur splendeur, sont réduites à servir de balais.

Le cocotier, plus haut, plus élevé, est aminci à sa base et à sa cime, renflé au centre; on dirait un emblème de la vie humaine, pleine de séve et de force à son milieu, affaiblie à ses extrémités.

Le bananier est un assemblage de filaments spongieux, roulés comme un tapis; il ne porte des fruits qu'une fois. Dès que sa récolte est faite, il s'étiole et succombe; mais aussitôt, sans qu'il soit besoin d'aider à sa reproduction, il est remplacé par un rejeton dont les grappes se développent, tandis que celles du vieillard caduc arrivent à leur maturité.

Une forêt de bananiers présente le plus étonnant spectacle de verdeur et de décrépitude, de débris corrompus et de tiges fécondes, le fond d'un cimetière dans la ville des vivants.

Le caféier doit fleurir deux fois : en avril et en juillet. Il arrive souvent qu'il fleurit encore au mois de janvier, et cette floraison prématurée est pour le propriétaire d'un très-mauvais augure. N'est-ce pas une image des génies précoces, impatients de se montrer au grand jour, avant de s'être affermis par l'étude, ou des pauvres cœurs qui s'épanouissent gaiement aux illusions de la vie, avant d'être assez forts pour résister à la déception?

Un autre arbuste, l'yuca, qui n'a pas plus de trois à quatre pieds de hauteur, jette en terre une dizaine de longues grosses racines, qui sont mûres quand sa fleur tombe. Ces racines renferment à la fois la vie et la mort. Crues, c'est un poison dangereux; cuites, on en tire un excellent amidon, et une farine dont on fait le pain de cassave qui sert à la nourriture des nègres et des pauvres gens. Il y a aussi l'*yuca dulce*, qui n'a point ce principe vénéneux.

De cette caféière que je ne me lassais point de parcourir, nous avons été visiter une vaste sucrerie, appartenant à M. le comte d'Ib..., et sans être attendus, sans y avoir été conviés d'avance, nous avons dû y prendre part à un dîner splendide. L'isolement dans lequel se trouvent les planteurs, loin de toute ville et souvent de tout village, les porte naturellement à se rechercher l'un l'autre, à entretenir entre eux des rapports de bienveillance. On se fait, à quatre à cinq lieues de distance, des visites de bon voisinage, et l'on arrive sans façon pour dîner ou déjeuner.

M. le comte d'Ib... est un riche seigneur espagnol qui,

au lieu de dépenser ses revenus dans l'indolent *far niente*
d'une grande ville, dirige lui-même ses entreprises agricoles et industrielles. Grâce à sa fortune, il s'est fait sur
ses domaines une demeure qui ne lui permet pas de
regretter le séjour de la Havane. Élégante maison, objets
d'art, parc et jardin, salle de bains, chevaux et voiture,
tout ce qui peut contribuer au bien-être et aux agréments
de la vie, se trouve là réuni avec autant de luxe que de
bon goût. Un précepteur français, homme instruit et
aimable, donne des leçons à ses enfants. Un prêtre dit la
messe dans une chapelle ornée d'un précieux tableau de
Murillo, et un médecin reste à poste fixe dans son habitation.

Il possède environ trois cents nègres, dont les cases
construites en charpente s'étendent à quelque distance
de son château, rangées sur une même ligne comme un
village de serfs russes. Une vaste cuisine est affectée à
leur service. Chacun d'eux reçoit deux fois par jour, outre
une distribution de bananes et d'autres fruits, une ration
de tasajo bouilli et de maïs, et deux fois par an un vêtement. Au temps de la récolte et de la *molienda* on leur
donne ordinairement une gratification en argent. A cette
rente annuelle ils ajoutent celle du produit des poules,
des porcs qu'ils élèvent autour de leur cabane et vendent
à un bon prix. Il n'y a peut-être pas un de ces nègres qui
n'amasse un pécule. Aussi, quand il va travailler aux
champs, sa porte est-elle toujours soigneusement ver-
rouillée, cadenassée, comme si elle renfermait un des
portefeuilles de la Banque.

Le maître n'agit directement sur eux que dans certains
cas exceptionnels. Le *mayoral* blanc les gouverne, le
contramayoral noir les suit de plus près dans leurs travaux.

Nous étions là au temps de la récolte et du moulinage,
et une sucrerie considérable comme celle-ci présente

alors un curieux spectacle. Les nègres sont divisés en plusieurs compagnies. Tandis que les uns coupent les cannes avec un sabre, d'autres les chargent sur des charrettes, et viennent les verser près de la fabrique, où bientôt elles s'élèvent comme un amas de rameaux que les bûcherons abattent dans les bois. D'autres les prennent là et les transportent près de la mécanique, où des bras vigoureux sont sans cesse occupés à jeter les faisceaux de cannes sous les cylindres à vapeur, qui les broient et en expriment le suc jusqu'à la dernière goutte. La canne ainsi brisée, pilée, est ce qu'on appelle à la Nouvelle-Orléans la bagasse. Elle ne peut plus servir que de combustible ou de litière. Le suc qui en est extrait tombe dans un bassin, et de là se répand dans des chaudières, où il passe par quatre cuissons successives. Des nègres à moitié nus, armés de longues cuillers en fer, écument à tout instant la vaste cuve en ébullition. Quand cette opération est finie, le jus de la canne est encore noir. On le met, avec un mélange de divers ingrédients, dans des vases en terre d'une forme conique, percés à leur extrémité. Par ces trous découle dans des tuyaux la mélasse dont il est resté imprégné ; puis, lorsqu'il est complétement épuré, on le retire du vase, et on le divise en morceaux de diverses qualités. D'un côté, la partie blanche, qui ordinairement se trouve au fond du cône ; de l'autre, la partie noire ou la cassonade, qui a moins de valeur. Ce que nous appelons le sucre candi est le jus de la canne, cristallisé après la première épuration. De la mélasse et du sirop non raffiné on fait, en y joignant un tiers d'eau, le rhum ou *aguardiente*, qui se vend ici cent francs la pipe de cent vingt-cinq gallons (environ trois cent soixante-quinze litres).

Le sucre est livré au commerce par bocaux de dix-sept arrobes (l'arrobe est de vingt-cinq livres) ; le prix du bocal de sucre brun (quatre cent vingt-cinq livres) s'élève ordinairement à quatre-vingt-six francs, celui du sucre blanc à cent vingt-cinq ou cent trente francs. En mettant le tout au terme moyen de cent francs, nous calculions que cette année M. d'Ib... devait retirer de sa récolte six cent mille francs ; car il ne fera pas moins de six mille bocaux de sucre, et il est des plantations qui en font le double.

Quand on a déduit de ce demi-million les frais d'exploitation, l'intérêt du capital employé à l'achat des esclaves, à la construction et à l'entretien des machines à vapeur, il reste encore une somme énorme ; car il est à remarquer que la culture de la canne à sucre n'exige pas, à beaucoup près, dans cette région autant de travail ni de dépenses qu'à la Nouvelle-Orléans, où la plante doit être renouvelée chaque année. Ici, au temps de la moisson, elle a dix à douze pieds de hauteur ; de son tronc qui reste en terre sortent cinq ou six rejetons, elle peut se reproduire ainsi d'elle-même pendant vingt ans !

Tout compte fait, une plantation de sucre bien administrée ne donne pas moins de quinze à dix-huit pour cent de sa valeur.

.   .   .   .

Si le vrai bonheur existe quelque part sur le globe, n'est-ce pas, me disais-je, dans une de ces retraites éloignées du tumulte orageux des hommes, et dotées de tous les dons de la nature ? Les mauvaises pensées peuvent-elles naître au milieu de ces riantes images qui de toutes parts ici attirent et reposent les regards ? Un songe pénible peut-il descendre dans le cœur à travers cette incessante clarté du ciel ?

Une demeure ainsi abritée, sous les rameaux de la ceiba et le vert feuillage du palmier, quelques êtres aimés pour la remplir, et l'oubli de toutes les vaines ambitions, ne serait-ce pas le paradis reconquis en ce monde ?

Non, il n'y a pas là plus de calme assuré que dans les

régions septentrionales, dont j'ai vu avec tristesse le sol
aride et les sombres horizons. Une mauvaise récolte
suffit pour troubler pendant plusieurs années ces belles
haciendas. Comme pour arrêter l'orgueil de l'homme dans
les présents qu'elle lui a faits, la Providence livre ses
biens aux ravages des animaux les plus chétifs. Un insecte s'attache aux feuilles de l'oranger, en arrête la séve,
et anéantit en quelques mois tous ses bourgeons. Une
fourmi qui se creuse des galeries souterraines, commu-
niquant l'une avec l'autre comme celles du roc de
Gibraltar, ronge les racines du caféier et le fait périr. Une
mouche attaque la canne à sucre et la paralyse dans sa
croissance.

Un autre insecte, la nigua, se loge dans l'épiderme de
l'homme, y dépose ses œufs; si dans les vingt-quatre
heures la vessie qui les contient n'est pas complétement
enlevée, il peut en résulter une lésion qui oblige celui qui
porte cette funeste engeance à se laisser couper un
membre. Il y a encore une araignée dont la douloureuse
piqûre donne la fièvre; un serpent de douze pieds de
longueur, la maja, qui séjourne près des habitations; un
autre, la juba, plus petit et plus dangereux; puis le scor-
pion, dont la morsure doit être, sous peine d'un grave
péril, immédiatement cautérisée; et dans les grandes
solennelles forêts s'élève le juao, redouté des chasseurs,
car son ombre est fatale comme celle du mancenillier.

Non, le repos complet n'est nulle part. En quelque
lieu qu'on aille, la joie de l'homme n'est qu'un rayon
fugitif, et son espérance, une fleur éphémère. Sous la
voûte limpide des tropiques, comme sous le manteau de
nuages du cercle polaire, tout rappelle au voyageur terrestre que s'il lui est accordé de tremper ses lèvres à
l'onde vivifiante jaillissant du rocher, il doit bientôt se
remettre en marche dans le sentier stérile, et porter le
poids du jour dans les sables du désert.

XIX

La Chacarita.

A la porte des villes de Syrie est le morne aspect des campagnes incultes parsemées de pâles oliviers, sillonnées de loin en loin par quelque caravane de chameaux, ou par quelque Bédouin à cheval, armé de sa longue lance. A la porte de Buenos-Aires, de plusieurs côtés, est le même tableau monotone et triste, la vaste plaine livrée au pâturage, çà et là l'ombu au tronc colossal, la *chacra* avec son toit de joncs, la carretta roulant paisiblement dans son bourbier ou dans des flots de sables, et le gaucho poursuivant au galop sa course solitaire.

Ce qu'on appelle ici un chemin n'est qu'une large raie tracée par les charrettes, coupée par des ravins, traversée par des étangs ou des ruisseaux sans pont. C'est ainsi que l'on s'en va à la Chacarita, qui est à deux lieues, et au camp de Santos-Lugares, qui est à quatre lieues seulement de Buenos-Aires.

La Chacarita est un ancien édifice des missions construit auprès d'une forêt de pêchers. Les missionnaires catholiques ont été les premiers civilisateurs de ce pays. La conquête que les gouverneurs espagnols essayaient de faire par la force des armes, les missionnaires l'accomplissaient par la douceur et la persuasion. La croix à la main, la charité dans le cœur, la parole onctueuse sur les lèvres, ils allaient au-devant de l'Indien, assouplissant par leur mansuétude sa nature indomptée, et en gagnant sa confiance l'amenaient peu à peu à des principes d'humanité, à des habitudes d'ordre et de travail.

Au milieu de la tribu sauvage, ils bâtissaient une chapelle, signe de paix, premier point de réunion abrité sous la pensée de Dieu. Près de la chapelle bientôt apparaissait le jardin avec ses fruits, le champ labouré avec sa moisson, puis la grange et le grenier. Eux-mêmes mettaient la main à la bêche, et conduisaient la charrue. Ils devaient tout enseigner à leurs néophytes et joindre dans leur patient professorat la pratique à la doctrine, l'exemple au précepte. Contents de leur noyau d'établissement, ils se formaient un cercle de familles. Le labeur productif succédait à l'oisiveté du pâturage. L'Indien apprenait à défricher le sol, à mieux soigner ses bestiaux. Le commerce qui aujourd'hui enrichit la république argentine a été fondé par ces colonies religieuses. Des deux côtés des Andes, des rives du Sacramento à celles du Rio de la Plata, les jésuites ont été les premiers agriculteurs et les premiers estancieros. Partout où ils se sont fixés, ils ont réuni les germes de la prospérité. La politique ombrageuse les a bannis de la contrée à laquelle ils avaient donné tant d'utiles leçons, et la tâche qu'ils laissaient inachevée ceux qui les proscrivaient n'ont pu la continuer. Dans la Nouvelle-Californie, au Mexique, au Chili, et dans plusieurs provinces de la république argentine, qui dit mission dit un large district agricole, une église, un village jadis florissant, et maintenant ruiné, abandonné.

Les philosophes ont fait beaucoup de belles phrases sur l'ambition démesurée des jésuites. Pas un de ces éloquents défenseurs des libertés humaines n'a eu la noble pensée d'aller dans le désert contre-balancer par ses enseignements cette fatale ambition, faire au péril de sa vie, parmi les races sauvages, la propagande de la raison.

La Chacarita a été un de ces beaux édifices tels que les jésuites en élevaient autrefois dans les plaines désertes de l'Amérique, un vaste corps de logis en briques, avec un patio carré entouré d'arcades ; plus loin un autre corps de logis avec un second patio, un coral, des écuries. A l'entrée est la chapelle, d'une structure gracieuse et imposante. Les sages administrateurs qui ont proscrit le dogme que prêchaient les jésuites n'ont sans doute pas voulu se servir de leurs œuvres architecturales, et d'année en année la Chacarita tombe en ruine. Le toit de l'église est brisé, le plafond ouvert à la pluie et au vent, l'autel dépouillé de ses ornements. Sous les arcades campent quelques soldats, et dans les caves on voit grouiller des familles d'Indiens à moitié nus, qui vivent d'une chétive aumône au lieu même où leurs pères étaient protégés par une autorité paternelle et enrichis par un utile travail.

XX

LA CALIFORNIE

M. Marmier n'a point, croyons-nous, exploré la Californie ; mais il a traduit le savant travail fait sur ce pays par M. Ed. Bryant, dernier alcade de San-Francisco. Le chapitre qui termine notre volume est extrait de la préface que M. Marmier a placée en tête de sa traduction.

La Californie fut découverte en 1548 par un navigateur espagnol, visitée en 1578 par Francis Drake, occupée pour la première fois par l'Espagne en 1768 : telle est dans l'espace de plus de deux siècles toute son histoire. Les Espagnols, qui s'étaient emparés de cette contrée, où ils eussent pu fonder un nouveau royaume, en formaient tout simplement une province du Mexique. Le Mexique l'entraînait à sa suite dans ses guerres d'indépendance, lui faisait subir le contre-coup de ses luttes anarchiques; puis 1846 la livrait sans défense comme une proie sans valeur aux États-Unis. Cultivée, éclairée, protégée seulement par quelques vertueux et intelligents missionnaires catholiques, ces premiers pionniers de la civilisation moderne, ces courageux apôtres dont on retrouve les traces bienfaisantes dans toutes les régions sauvages, la Californie était oubliée de l'Europe, négligée par les descendants du superbe Charles-Quint; et lorsqu'en 1846 les Américains prirent possession de la haute Californie, ils n'y entrevoyaient peut-être pas un plus grand avantage que de toucher par là à un autre côté de l'Océan.

Soudain un cri s'élève de la rive du Sacramento ; une nouvelle se répand de vallée en vallée, de plage en plage, fait tressaillir dans son comptoir le banquier de Boston, l'armateur de New-York, et surprend l'Europe au milieu de ses bouleversements. Dans ces ruisseaux de la haute Californie, dont on connaît à peine le nom, dans ces ravins déserts, on a trouvé de l'or. Ce n'est point une illusion. Ce n'est point un trompeur mirage qui fascine les regards avides. C'est de l'or pur qui brille en paillettes à la surface d'un sable noir, de l'or en pépites dans le fond des torrents desséchés, de l'or à pleines mains, de l'or partout. La merveilleuse fable de l'Eldorado, qui occupa tant l'imagination du moyen âge, est réalisée; chaque petit filet d'eau de la haute Californie est un Pactole, chaque *canadas* ou ravin obscur est une mine abondante.

Depuis le jour de cette découverte, on sait ce qui est arrivé. La Californie, naguère encore si oubliée, devint l'objet de l'attention universelle. Son nom éclate chaque

jour en grosses lettres sur toutes les murailles des grandes
villes, en tête de prospectus pompeux, de promesses
éblouissantes. Son nom va conduire au delà des mers une
armée de nouveaux Argonautes. La chevaleresque, la
majestueuse, la savante Europe, emportée par le tourbillon révolutionnaire hors de sa noble route, n'a plus
que deux pensées pour occuper sa mâle vertu : les théories
du socialisme et les mines d'or de la Californie. Ah!
quand nous relirons.dans la Bible le chapitre qui raconte
de quelle façon les Israélites se prosternaient devant le
veau d'or, ne nous raillons pas de cette adoration de la
matière, car elle ne fut ni si ardente ni de si longue durée
que la nôtre.

Si obscure qu'elle soit restée, dès le jour où Cabrillo
la découvrit, la Californie ne peut cependant pas être
classée au nombre des régions inexplorées. A diverses
époques, elle a été visitée par des voyageurs qui se sont
plu à reconnaître les avantages dont la nature l'avait
douée. Vancouver, La Pérouse, Beechey, Langsdorff,
Forbes, Dupetit-Thouars nous ont donné sur cette
lointaine région plus d'une notion intéressante. Le
P. Venegas a écrit sur les deux Californies un ouvrage
très-volumineux[1]. Le P. Palon a publié, en 1787, l'histoire
des missions californiennes. Il n'est pas un de ces écrivains dont les récits n'eussent dû attirer les regards vers
cette riante lisière du continent américain.

M. de Humboldt parle en ces termes de la haute Californie : « Autant le sol de la vieille Californie est aride et
pierreux, autant celui de la nouvelle est arrosé et fertile.
C'est un des pays les plus pittoresques que l'on puisse
voir. Le climat y est beaucoup plus doux que sur les côtes
orientales du nouveau continent situées à la même latitude. Le ciel est brumeux ; mais les brouillards fréquents,

---

[1] *Noticia de la California.* Madrid, 1757 ; 3 vol. in-4º.

qui rendent difficiles l'atterrage sur les côtes de Monterey et de San-Francisco, donnent de la vigueur à la végétation et fertilisent le sol, qui est couvert d'un terrain noir et spongieux[1]. »

La Pérouse dit que le climat de la Californie diffère peu de celui de la France méridionale. Le froid n'y est jamais plus vif, et les chaleurs de l'été y sont plus modérées.

« Tous les voyageurs, dit M. Forbes, qui ont vu la Californie, ont été frappés de sa beauté et surtout de sa fertilité. Cependant, sur quelques points de la côte, les vents de mer et les brumes flétrissent le feuillage des arbres. Mais, en pénétrant dans l'intérieur du pays, on ne voit qu'une suite de charmants tableaux. »

Vancouver raconte ainsi son excursion de Monterey à Santa-Clara :

« Nous suivîmes le long d'une chaîne de montagnes un chemin parallèle à la côte. A mesure que nous avançons, nous voyons se dérouler devant nous une vaste et charmante perspective : des collines fertiles, des forêts superbes, des taillis de diverses formes et de diverses dimensions, et de vertes prairies parsemées d'arbres à fruit.

« Vers midi, nous traversâmes un délicieux vallon, ombragé par de frais arbustes, arrosé par une eau limpide. A quelque distance de là, nous vîmes un magnifique paysage. Qu'on se figure, sur un espace de vingt milles, un parc anglais planté de beaux chênes, qui étendent leurs larges rameaux sur un riche gazon; çà et là de riantes vallées, des collines ondulantes, et à l'horizon une chaîne de montagnes escarpées. Il ne manquait là que le mouvement et l'animation de nos pays indus-

---

[1] *Essai sur la Nouvelle-Espagne.*

trieux pour faire de ce lieu un des plus beaux points de vue que la fantaisie de l'artiste pût imaginer[1]. »

Mais il ne faut pas chercher dans le mouvement de migration qui, depuis un siècle, entraîne tant de familles vers les parages américains, le caractère épique des anciennes migrations qui apparaissent en traits gigantesques dans l'histoire de l'humanité. Ce n'est plus cette sublime ardeur d'entreprises aventureuses qui, au XVIe siècle, entraînait à la suite de Christophe Colomb les marins de l'Europe, à la découverte d'un nouveau monde. Ce n'est plus cet héroïque sentiment de religion et de chevalerie qui, à l'appel des papes, à la voix de Pierre l'Ermite, poussait, au moyen âge, les légions de l'Occident vers celles de l'Orient. Ce n'est plus l'action providentielle qui conduisait aux portes de Rome les hordes du Nord, pour achever la ruine d'un empire qui avait assez vécu, et régénérer par sa séve vigoureuse une race décrépite. Mais c'est sans doute encore un bienfait de la Providence. L'Amérique est comme une jeune sœur qui tend ses bras à ses vieux frères d'Europe, et qui, en échange de leurs travaux, de leur expérience, ne demande qu'à lui faire part de ses immenses richesses.

Ces richesses, on ira les chercher avec ardeur dans les veines métalliques des Andes, dans les flots brésiliens qui roulent des diamants, dans les sables éblouissants du Sacramento. Il y en a d'autres plus sûres et plus solides au sein de ces plaines revêtues d'un éternel gazon, de ces vallées désertes qu'il suffit de cultiver pour en tirer d'abondantes moissons.

Le travail des mines d'or a été partout funeste à ceux qui l'entreprenaient et souvent inutile à ceux qui en retiraient les produits. Les mines du Mexique et du Pérou ont

---

[1] *Voyage round the world.*

été un fléau pour des millions d'individus, et n'ont point enrichi l'Espagne. L'or que l'on acquiert si aisément se dissipe aisément. Cet or, qui éclate en longs filons dans une veine de rocs, ou brille en poudre fine à la surface du sol, a la propriété fatale des rouleaux qu'un coup de râteau amasse sur une table de jeu. Il brûle la main de celui qui le touche, il lui donne toutes les angoisses, toutes les joies désordonnées et toutes les passions fiévreuses du joueur.

Le travail agricole, au contraire, moralise l'ouvrier, tient son esprit et ses sens dans un juste équilibre, et le réjouit honnêtement par une récompense qui n'est point le résultat étourdissant d'un coup de dé, mais le fruit régulier de son intelligence et de sa patience.

Je plaindrais la riche Californie, si elle ne devait être envahie que par des chercheurs d'or. Mais il est à croire que, parmi ceux qui, au nord et au sud, s'embarquent pour courir aux précieux gisements, il y en a qui, se laissant tenter par le fécond aspect d'un vallon solitaire, voudront s'établir là, construire un rancho, défricher des champs, élever des bestiaux; et la fortune de ceux-là, pour être moins rapide, n'en sera que meilleure et plus durable.

FIN

# TABLE

AVIS DES ÉDITEURS.   5
I. — Le départ.   7
II. — En mer. 14
III. — New-York. 31
IV. — De New-York à Albany. 42
V. — D'Albany à Montréal. 55
VI. — Montréal. 69
VII. — Les cinq nations. 87
VIII. — Les missionnaires français en Amérique. 114
IX. — A travers le Canada. 118
X. — La rivière des Français. 142
XI. — Le lac Huron. 146
XII. — Québec.. 151
XIII. — Le paysan canadien. — Les coureurs de bois. 174
XIV. — Le Niagara. 181
XV. — Washington. 186
XVI. — La Louisiane. . . , ... 193
XVII. — La Nouvelle-Orléans. 216
XVIII. — Souvenir de la Havane. — Une caféière et une sucrerie. . 227
XIX. — Souvenir de Buenos-Aires. — La Chacarita. 238
XX. — La Californie. 240

3239. — Tours, impr. Mame.

9 782019 137274